# 明清之際士大夫研究：
# 士風與士論

趙園　著

# 目次

# 說「戾氣」

　　明代的政治暴虐，已是一個常識性話題，且已獲得某種象喻資格——常常被人因特定情景而提到，如在本世紀三四十年代。丁易那本《明代特務政治》，就是當時的諷喻之作。一時的左翼史學家，很少不利用這現成的題材的。我以為，較早而有力地運用了這象喻的，仍然是魯迅。這是後話。在本文中，我更關心親歷過那時代的士大夫的反應和反應方式，尤其它們對其所處時代的批判及其所達到的深度，以及他們對其所置身其間的時代氛圍——也即他們本人的生存情境的感覺與描述。明代學術雖以「荒陋」為人詬病，明代士人卻不缺乏對自己時代的批判能力，尤其在明清之交，在經歷了劫難的那一代人，在其中的思想家。那一代士人中的優秀者所顯示的認識能力，為此後相當一段時間的士大夫所不能逾越。

　　我注意到了王夫之對「戾氣」對於士的「躁競」、「氣矜」、「氣激」的反覆批評。以「戾氣」概括明代尤其明末的時代氛圍，有它異常的準確性。而「躁競」等等，則是士處此時代的普遍姿態，又參與構成著「時代氛圍」。

　　我還注意到同處此時代的著名文人，與如王夫之這樣的大儒的經驗的相通：對上文所說「時代氛圍」的感受，以至於救病之方；儘管他們完全可能是經由不同的途徑而在某一點上相遇的。但這決不像是偶而的邂逅。事實與認識的積纍，使得有識之士在不止一個重大問題上默契、暗合。就本文所論的問題而言，我注意到的，就有錢謙益的有關議論。

　　錢謙益以其文人的敏感，也一再提到了彌漫著的戾氣。他在《募刻大藏方冊圓滿疏》中描述他對於世態人心的體察：「劫末之後，怨對相尋。拈草樹為刀兵，指骨肉為仇敵。蠱以二口自齧，鳥以兩首相殘」（《牧齋有學集》卷四一第1399頁）。他說到普遍的「殺氣」，說「刀途血路」，說毀滅人性的怨毒和仇恨。他另由一時詩文，讀出了那個殘酷時代的時代病。「兵興以來，海內之詩彌盛，要皆角聲多，宮聲寡；陰律多，陽律寡；噍殺恚怒之音多，順成啤緩之音寡。繁聲入破，君子有餘憂焉」（《施愚山詩集序》，同書卷一七第760頁）。「噍殺」是他常用的字面。以降清者作此詩論（所論且多為遺民詩），你得承認，是需要點勇氣的。由此不也可見錢氏的氣魄？無論開的是何種藥方，錢謙益是明明白白提到了「救世」的。他所欲救的，也正是王夫之顧炎武們認為病勢深重的人性、人心。[1]

　　一時的有識者對時代氛圍有感受的相通。朱鶴齡說：「今也舉國之人皆若餓豺狼焉，有猛於虎者矣」（《獲虎說》，《愚庵小集》卷一四第658頁）。張爾岐《廣戒殺牛文》極言「殺人之慘」，曰：「殺牛之慘，戒懼迫蹙，血肉淋漓而已；殺人之慘，則有戰懼而不暇，迫蹙而無地，血肉淋漓充滿世間而莫測其際者；何也？殺牛者，刀砧而已；殺人者，不止一刀砧也。」說「使天下之人無生路可移，相率委溝壑而死，即為殺人」（《蒿庵集》卷三第144頁）。方以智寫於喪亂中的文字，亦頗有血的意象，如曰「彌天皆血」、「古今皆血」（參看《浮

---

錢氏在《徐季重詩稿敘》中引師曠語（「南風不競，多死聲」云云），說：「何謂死聲？怨怨哀思，噍殺之音是也」，其與夏聲皆「生於人心，命乎律呂，而著見於國運之存亡廢興、兵家之勝敗」（《牧齋有學集》卷一八第796頁）。在《題紀伯紫詩》中，說「願伯紫少之」，「如其流傳歌詠，廣賣焦殺之音，感人而動物，則將如師曠援琴而鼓最悲之音，風雨至而廊瓦飛，平公恐懼，伏於廊屋之間，而晉國有大旱赤地之凶。可不慎乎！可不懼乎！」（同書卷四七第1549頁）但錢氏非全用此一標準，如《題燕市酒人篇》，即有對時調的理解。

山文集後編》。王夫之的《蟻鬥賦》(《船山全書》第 15 冊)也可讀作有關其時時代空氣、歷史氛圍的寓言。明末劉宗周致書其時首輔溫體仁曰:「乃者囂訟起於臣,格鬥出於婦女,官評操於市井,訛言橫於道路,清平世宙,成何法紀,又何問國家擾攘!」(《上溫員嶠相公》,《劉子全書》卷二○)吳偉業、陳維崧也說戾氣、殺氣,甚至也用「嚘殺」的字面,當然也不是偶然的思路相遇。[2]

　　王夫之等所提供的以上描述,並不足以標明「深度」。由儒家之徒與受儒家思想薰陶的士人說出上述明顯事實,是不會令人驚訝的。明清之際有識之士的深刻處,更在於他們由此而對明代政治文化、明代士文化的批判,比如對暴政所造成的精神後果的分析。在這方面,王夫之的有關評論,具有更為犀利的性質。

## 暴政—對抗

　　不消說,明末上述民情士風,是整個明代政治的結果。王夫之借諸史論(亦政論)對於暴政的批判,有著無可置疑的針對性。

　　士所談論的政治暴虐,首先繫於士群體的經驗,也即施之於士的暴政。明太祖的殺戮士人,對於有明二百餘年間「人主」與士的關係,是含義嚴重的象徵。明初的士人,就已由此敏感到其生存的極端嚴峻性。蘇伯衡比較了元明當道的對於士,以為元之於諸生,「取之

2　吳偉業說戾氣、殺氣,見吳偉業《太倉州學記》、《觀始詩集序》、《扶輪集序》等篇,均見《吳梅村全集》。陳維崧《王阮亭詩集序》說:「勝國盛時,彬彬乎有雅頌之遺焉。五六十年以來,先民之比興盡矣,幼渺者調既雜於商角,而亢戾者聲直中夫,淫哇嚘殺,彈之而不成聲。夫青絲白馬之禍,豈侯景任約諸人為之乎?抑王褒庾信之徒兆之矣」(《湖海樓全集》文集卷一)。與錢、吳等人思路相接。顧炎武也曾批評「北鄙殺伐之聲」(參看《日知錄》卷三《孔子刪詩》條)。

難，進之難，用之難者，無他，不貴之也。不貴之，以故困折之
也」。明之於諸生則不然，「取之易，進之易，用之易者，無他，貴之
也。貴之，以故假借之也」。蘇氏不便明言的是，與其「假借之」，不
如「困折之」：「夫困折之，則其求之也不全，而責之也不備。假借
之，則其求之也必全，而責之也必備」（《蘇平仲文集》，四部叢刊）。
到明清之交，士人對其命運的表達，已無須如此含蓄。黃宗羲就徑直
說明代皇帝對士「奴婢」蓄之，怨憤之情，溢於言表。[3]

　　明代士人對施之於士的暴政，批判在「廠衛」及「廷杖」、「詔
獄」上尤為集中。據《明史》刑法志，明代的廷杖之刑自太祖始；到
正統時，「殿陛行杖」已「習為故事」。詔獄始於漢武帝，「明錦衣衛
獄近之，幽繫慘酷，害無甚於此者」。「廷杖」「詔獄」是士人蒙受恥
辱的標記，透露著明代「人主」面對士人時的複雜心態，包括隱秘的
仇恨。王夫之在其史論中說到廷杖、詔獄之為對臣的污辱（「北寺之
獄，殘掠狼藉，廷杖之辱，號呼市朝」），以之為「為人君者毀裂綱常
之大惡」。[4]王氏更關心三代以下對於士的戮辱的後果：「身為士大
夫，俄加諸膝，俄墜諸淵，習於訶斥，歷於桎梏，裼衣以受隸校之凌
踐」，隱忍偷生，又怎能指望他們「上憂君國之休戚，下畏小民之怨」
（《讀通鑑論》卷二第106頁）呢！王夫之無疑以為彌漫天下的「戾

---

3　參見《明夷待訪錄‧奄宦上》，《黃宗羲全集》第1冊。黃宗羲還借闡發師說（按師
　　即劉宗周），曰：「顧後來元明之開創者，不可稱不嗜殺人，而天下為威勢所劫，亦
　　就於一，與秦隋無異……蓋至此天道一變矣……」「然後世君驕臣諂，習而成故，
　　大略視臣如犬馬，視君如國人者，居其七八。顧亦有視之如土芥，而視君如腹心
　　者，君子多出於是，如黃石齋、成元升之類；……」（《孟子師說》，同上第51、105
　　頁。黃石齋，黃道周；成元升，成德）
4　《讀通鑑論》卷三○第1137頁。《讀通鑑論》，《船山全書》第10冊。因此冊僅載有
　　《讀通鑑論》，以下引用時即略去「《船山全書》第10冊」字樣。祁彪佳也說過：
　　「蓋當血濺玉階，肉飛金陛，班行削色，氣短神搖。即恤錄隨頒，已魂驚骨削
　　矣。」語見《明季南略》卷二第79頁。

氣」，正由人君所激成（參看同書卷二四）。[5]

處此時代，士人的命運之感，其精神創傷是不待言的。王夫之說宋太祖的「盛德」（其對立物即「涼德」），即不免是一種命運感的表達，充滿了遺憾與無奈。「易代」固然是痛苦，但如王夫之、黃宗羲的大膽言論又使人想到易代的某種「解放意義」——那種批判以及怨憤表達，也只有在明亡之後才能成為可能；儘管即使激烈如黃宗羲，也並未發揮其「君」論、「公私」論的邏輯可能性，比如對其自身社會角色、其與「明」的政治關係，做出不同於他人的描述。

歷史文本關於廷杖、詔獄以及其它肉刑的記述中，往往即有創傷感，比如由明遺臣或親歷過明末政治的士人參與撰稿的《明史》。有明二百餘年間，關於廷杖詔獄以及明代刑法的其它弊端，屢有批評。[6]即如廷杖，批評者所強調的，幾乎從來不是肉體的痛楚，而是其對於士的侮辱。明代人主似乎特別有侮辱臣下的興致。太祖朝即有大臣「鐐足治事」（《明史》卷一三九茹太素傳）；成祖則在「巡幸」時，令「下詔獄者率輿以從，謂之隨駕重囚」（《明史》卷一六二尹昌隆傳）；正德朝「杖畢」了公卿即「趣治事」（《明史》卷九五），也就

---

5　同卷王氏說：「習氣之薰蒸，天地之和氣銷爍無餘。推原禍始，其咎將誰歸邪？習氣之所由成，人君之刑賞為之也」（第929頁）。萬斯同《讀洪武實錄》也說明太祖「殺戮之慘一何甚也」，「蓋自暴秦以後所絕無而僅有者」（《石園文集》卷五）。孟森說崇禎「茫無主宰，而好作聰明.果於誅殺」（《明本兵梁廷棟請斬袁崇煥原疏附跋》，《明清史論著集刊》第27頁）。錢穆《晚學盲言》四一《帝王與士人》：「在中國歷史上，開國之君與其同時之士最疏隔者，在前為漢高祖，在後為明太祖。而明太祖尤甚」。

6　洪武朝劉基、葉伯巨，嘉靖朝霍韜，萬曆朝李沂，南明弘光朝祁彪佳對廷杖詔獄的批評，均載在《明史》（分別見《明史》卷一三六、卷一三九、卷九五、卷二三四、卷二七五）。趙翼《廿二史札記》卷三四「擅撻品官」條，也記有明代「違例肆威」「擅撻品官」的事例。

不能不說合於祖宗的家法了。[7]

　　王夫之在其《宋論》中，說宋代人主的寬仁（「不殺士大夫」，「以寬大養士人之正氣」，「文臣無歐刀之辟」，「其於士大夫也……誅夷不加也，鞭笞愈不敢施也」），[8]無疑有甚深的感慨在其間。但王氏不同於常人的思路，更在對士大夫反應方式的關注。堪稱怪論的是，他以為正是士的隱忍偷生，鼓勵了暴政。士處廷杖詔獄之辱的對應方式，應是如高攀龍似的以自殺保全尊嚴（《讀通鑑論》卷二第107頁）。[9]這裏姑且不論責人以死的是否正當，不妨認為，王氏在此所論「臣道」（即不辱身），更出於某種對朝廷政治的深刻的失望。

　　由王夫之的著述看，似乎「競」、「爭」等字樣，更能概括他所以為的明代的政治文化性格，與他所感受到的時代氛圍。君臣「相摧相激」，「尊卑陵夷，相矯相訐」，主上刻核而臣下苛察，浮躁激切，少雍容，少坦易，少宏遠規模恢闊氣度，君臣相激，士民相激，鼓勵對抗，鼓勵輕生，鼓勵奇節，鼓勵激烈之言亢直之論，輕視常度恒性，以致「天地之和氣銷爍」，更由「習氣之薰染」，「天下相殺於無已」（參看《讀通鑑論》卷八、卷六、卷二四等）——可由明清之交種種酷虐景象證明。王夫之之謂「戾氣」，首先即指此相爭相激的時代風氣。在他看來，人之有邪正，政之有善惡，均屬「固然」；「尤惡其相激相反而交為已甚也」（同書卷二一第818頁）。明亡於此種「爭」。

---

7　其它如武宗的剝光臣子的衣服，與景帝的命中官擲錢於地，令經筵講官遍拾，均之為辱。見《明史》卷一八八劉士元傳、卷一五二儀銘傳。

8　分別見《船山全書》第11冊《宋論》卷一第23、24頁，卷一○第227頁。因《宋論》引用率較高，以下引用時只注出卷數、頁碼，省略「《船山全書》第11冊」字樣。

9　王夫之說：「臣之於君，可貴、可賤、可生、可殺，而不可辱。」「至於辱，則君自處於非禮，君不可以為君；臣不知愧而順承之，臣不可以為臣也。」「使詔獄廷杖而有能自裁者，人君之辱士大夫，尚可懲也。高忠憲曰：『辱大臣，是辱國也。』大哉言乎！故沈水而逮問之禍息……」（同書卷二第107頁）

對此，那些一味與小人「競氣」的君子，「使氣而矜名」的正人，是不得辭其咎的。這意思他也不厭重複地說過，可見感慨之深。

上下交爭，構成了明代政治文化的特有景觀，有關的歷史文本，令人看到的，是極度擾攘動盪的圖畫。正德、嘉靖朝諸臣的群起而爭，人主對群臣的大批杖殺、逮繫，足稱古代中國政治史上的奇特一幕。「諸臣晨入暮出，若重囚，道途觀者無不泣下。而廷臣自大學士楊廷和、戶部尚書石疏救外，莫有言者。士民咸憤，爭擲瓦礫詬詈之」（《明史》卷一八九）。這場面在正德朝。至若嘉靖朝，則「笞罰廷臣，動至數百，乃祖宗來所未有者」（《明史》卷一九〇）。兩朝諸臣之爭，都聲勢浩大。史稱「抗言極論，竄謫接踵，而來者愈多；死相枕藉，而赴蹈恐後」（《明史》卷一八九）。至於景帝時，且有廷臣群毆，當場捶殺政敵，「血漬廷陛」者。清議也參與了爭持。「居官有所執爭，則清議翕然歸之」（《明史》卷二五四）；「朝所為縲辱擯棄不少愛之人，又野所為推重愾歎不可少之人。上與下異心，朝與野異議」（《明史》卷二五八）。至於「草民」，則以「罷市」、「訴冤」、「遮道號哭」或「詬詈」，以至登屋飛瓦，來干預政治。這裏還沒有說到其它的形式多樣的對抗，以及規模愈來愈大的民變、奴變。梁啟超在其《中國近三百年學術史》中，說明代「士習甚囂」，印象即應得自有關的歷史文本。不妨認為，明末士人的前仆後繼的赴死，也應因這個蔑視生命的時代，和無休止的對抗所激發的意氣。

以布衣參與明史局的萬斯同，所見也正是這樣的戾氣充溢的時代。他說嘉靖朝，「……至大禮議定，天子視舊臣元老真如寇讎。於是詔書每下，必懷忿疾，戾氣填胸，怨言溢口。而新進好事之徒，復以乖戾之性佐之。君臣上下，莫非乖戾之氣……」（《書楊文忠傳後》，《石園文集》卷五）「人主略假以恩寵，遂人人咆哮跳踉，若獮

犬之狂噬」（《書霍韜傳後》，同上）。黃宗羲《子劉子學言》錄劉宗周語，謂「上積疑其臣而蓄以奴隸，下積畏其君而視同秦越，則君臣之情離矣，此『否』之象也；卿大夫不謀於士庶而獨斷獨行，士庶不謀於卿大夫而人諾，則僚採之情離矣，此『睽』之象也」（《黃宗羲全集》第1冊第276-277頁）。黃宗羲描述明末政治，也引陸贄「上下交戰於影響鬼魅之途」為言。[10]儒家之徒從來不乏此種政治敏感。

乖戾、睽、否，已屬共識。王夫之持論的特出處，在於他所說「戾氣」，不止由人主的暴虐，也由「爭」之不已的士民所造成。這裏的「士」的、「民」的批評角度，才更是他特具的。

王夫之不斤斤於辨別正義與否，他更注重「爭」這一行為的破壞性，近期與長期效應，尤其於士本身的精神損害，自與俗見時論不同。他一再批評明代士人的「氣矜」、「氣激」、「任氣」、「躁競」，「激昂好為已甚」，好大言「天下」，好幹「民譽」，「褊躁操切」，「矯為奇行而不經」；批評他們所恃不過「一往之意氣」、「一時之氣矜」，「有聞則起，有言必諍」（參看《讀通鑒論》卷五、卷八等）；說「爭」中的君子小人，因其「術」近（即爭之不以其道），相去不過「尋丈之間而已」（《宋論》卷三第103頁），適足以貽害世道人心；真正的「社稷之臣」不如此，他們「夷然坦然」，「雅量沖懷」，「持志定」而不失「安土之仁」，是「不待引亢爽之氣自激其必死之心」的（《讀通鑒論》卷八第332頁）。這意思，他也不厭其煩地一再說過。

明代士習之囂，不止表現於朝堂之上。黃宗羲以及錢謙益、吳偉業等人都說到過士人的好攻訐，後進晚生的好妄評前輩詆毀先賢（黃宗羲比之為「裏婦市兒之罵」）；錢謙益本人亦蒙好罵之譏。至於王夫之所說士大夫的「詆訐」、「歌謠諷刺」，則仍屬政治鬥爭的手段，是廷上之爭的繼續。

---

10 《黃宗羲全集》第10冊第239頁。

　　然而王夫之所開的藥方也未必恰對症候。「正人」不與爭鋒，使小人「自敝」，代價若何？王氏的「非對抗」（不相激，不啟釁，守義俟命）的原則，其實踐意義是大可懷疑的。可以確信的是，到啟禎朝，「交爭」之勢已無可改變，雖然爭亦亡不爭亦亡，其間得失仍有事後不可輕論的。且「不爭」說亦嫌籠統。「爭」也有種種。陳垣論明清之交法門紛爭，說：「紛爭在法門為不幸，而在考史者視之，則可見法門之盛。嘉隆以前，法門闃寂，求紛爭而不得」（《明季滇黔佛教考》卷二第 48 頁）。至於王氏本人的史論，其鋒銳犀利，也正是明人作風，在王氏，不消說出諸「不容已」——不也可據此理解明代士人之爭？

## 施虐與自虐

　　我到現在為止，還只談到了明代士人對暴政反應之一種：對抗姿態，還未及於這種反應之於他們本身的作用，以致他們與暴政的更深刻的聯繫。我將逐步涉筆這一層面。

　　不妨認為，明代的政治暴虐，非但培養了士人的堅忍，而且培養了他們對殘酷的欣賞態度，助成了他們極端的道德主義，鼓勵了他們以「酷」（包括自虐）為道德的自我完成——畸形政治下的病態激情。即如明代士人對於「薄俸」的反應。

　　「薄俸」較之廷杖詔獄，是動機更為隱蔽的虐待。《明史》中所描述的士人（且是其「仕」者）之貧多出乎常情，「貧不能葬」、「歿不能具棺殮」、「貧不能歸」、「貧不能給朝夕」、「貧不能舉火」、「炊煙屢絕」、「所居不蔽風雨」等等。曾秉正「以忤旨罷」，「貧不能歸，鬻其四歲女。帝聞大怒，置腐刑，不知所終」（卷一三九），是洪武朝的事。宣德皇帝也不禁歎曰：「朝臣貧如此」（卷一五八）。

　　薄俸鼓勵「貪墨」，也鼓勵極端化的「砥礪節操」。士以「苦節」作為對虐待的回應，「士論」、「民譽」則有效地參與了這一塑造「士」的工程。「寒暑一青布袍，補綴殆遍，居常蔬食，妻子親操井臼」（《明史》卷一五八）；秦紘「廉介絕俗，妻孥菜羹麥飯常不飽」（同上卷一七八），均號稱廉吏。陳有年「兩世仕，無宅居其妻孥，至以油幔障漏。其歸自江西，故盧火，乃僦一樓居妻孥，而身棲僧舍」，時人許為「風節高天下」（卷二二四）。陳道亨「窮冬無幃，妻御葛裳，與子拾遺薪爇以禦寒」，與鄧以讚、袁貞吉，號「江右三清」（卷二四一）。然而終明之世，對薄俸的批評，較之對廷杖詔獄的批評，聲音要微弱得多。因而王夫之對薄俸的人性後果的分析就尤為難得，對此，我將在下文中談到。

　　平居貧，臨難死，且是可不貧之貧，非必死之死──似與生命有仇，非自戕其生即不足以成賢成聖。這裏有傳統儒家的「造人」神話；但在如明代這樣嚴酷的歷史時代，儒家道德仍不可避免地被極端化了。一種顯然的政治虐待，被作為了士人被造就的必要條件；被強加的政治處境，倒像是成全了苦修者。這種準宗教精神，開脫了暴政，將施虐轉化為受虐者的自虐（且以「甘之若飴」為高境界）。明儒相信「緊隨身不可須臾離者，貧賤也」（朱得之《語錄》，《明儒學案》卷二五第 589 頁）；相信「苟不能甘至貧至賤，不可以為聖人」（王陽明語，同上卷一九第 443 頁）。至於王艮的說尊生，以為「人有困於貧而凍餒其身者，則亦失其本而非學也」（《心齋語錄》，同上卷三二第 715 頁），在道學中人，真乃空穀足音。

　　「砥礪」至於極端，即是自虐；有關的清議、士論，欣賞、讚美苦行，則屬幫同肆虐。明人的自虐並非只在宗教修行的場合。你讀徐渭、李贄的傳記材料，會震驚於其人的自戕所用方式的殘酷──施之於自身的暴力。宋、明儒者好說「氣象」，如說「王道如春風和氣，

披拂萬物，墨者之憔勞瘠骹，純是一團陰氣」（《孟子師說》，《黃宗羲全集》第 1 冊第 82 頁）。而明代士人的提倡堅忍頌揚苦行，其氣象正有近墨處。從朝堂上的爭持，到明亡之際的「赴義」，凡知其不可而為的，有不少即出於自虐以至自殺（死是最甚的虐待）的衝動，其「從容」與「慷慨」（王夫之對這二者，又有精細的辨析），常常正源於絕望的慘烈激情。

《小腆紀傳》卷五六記姜埰事：「……與熊開元同下詔獄，逮至午門，杖一百，幾死，復係刑部獄。甲申，正月，謫戍宣州衛。」明亡，姜氏自稱「宣州老兵」，「病革，語其子曰：『敬亭，吾戍所也，未聞後命，吾猶罪人也，敢以異代背吾死君哉！』卒葬宣城」（第615 頁）。吳偉業「脾肉猶為舊君痛」句（《東萊行》）即記此事。姜埰事，黃宗羲也曾記及，作為明臣不記舊怨盡忠於明的例子。歸莊《敬亭山房記》記姜、熊之獄，說崇禎「始不知輔臣之奸，故罪言者，然刑亦已濫矣」；到「劾者之言既驗」，「而猶久錮之獄，烈皇帝毋乃成見未化而吝於改過歟！」同案的熊開元「每言及先朝，不能無恨」，姜氏的「絕無怨懟君父之心」，「可謂厚矣」（《歸莊集》卷六第361 頁）。在有關姜埰的記述中，確也是將其作為對待政治不公正的範例表彰的。

明儒好談處患難，也因「患難」是他們的經常處境。[11]《明儒學案》中屢見明代士人以廷杖詔獄為修煉的記述。「周子被罪下獄，手有梏，足有鐐，坐臥有，日有數人監之，喟然曰：『餘今而始知檢

11 但也必須說明，苦行仍然只是一部分士人的生存方式。明人（尤其江南文人）的豪奢，也屢見於記述，且被作為「江左風流」而為人所樂道。如黃宗羲所記陳繼儒、吳偉業所記冒襄。吳氏《冒辟疆五十壽序》中有「青溪、白石之盛，名姬駿馬之遊，百萬纏頭，十千置酒」等句（《吳梅村全集》卷三六第774頁）。即遺民中亦有另一種生活：不但不廢吟詠，且依然置酒高會，聲伎滿前，雖詩中例有愁苦之句，日常生活卻頗不寂寞。如清初吳中詩人的社集、文酒之會，豪興即不減明亡之前。

也……」（周怡《囚對》，《明儒學案》卷二五第 593 頁）聶豹係詔
獄，慨然曰：「嗟乎！不履斯境，疑安得盡釋乎！」（羅洪先《雜
著》，同書卷一八第 419 頁）楊爵久處獄中，以為「今日患難，安知
非皇天玉我進修之地乎？」（楊爵《漫錄》，同書卷九第 170 頁）而獄
中講學論道，更被傳為佳話。吳偉業撰謝泰宗墓誌銘，其中所記黃道
周事，有令人不忍卒讀者。「……予杖下詔獄，萬死南還，余與馮司
馬遇之唐棲舟中，出所注《易》讀之，十指困拷掠，血滲漉楮墨間，
餘兩人眙歎服，不敢復出一語相勞苦，以彼其所學，死生患難豈足以
動其中哉！」（《吳梅村全集》卷四五第 941 頁）但你畢竟不是吳偉
業。你由此類記述中，讀出的就不只是明儒的堅忍，還有他們心性的
「殘」與「畸」，他們的以受虐（亦自虐）為政治摧殘下痛苦的宜
泄；你甚至疑心這種嗜酷，掩蔽著弱者式的復仇：以血肉淋漓、以死為對
施虐的報復。當然黃道周、劉宗周之類的大儒或應除外。明代學術或
無足誇炫、令明人驕傲的，或許即此一種「刀鋸鼎鑊學問」的吧。

患難之大，莫過於死，關於處生死的談論自是士人的常課——並
非到明亡之際才如此。王守仁居龍場時，「歷試諸艱，惟死生心未
了，遂置石棺，臥以自煉」（《明儒學案》卷二二第 527 頁）。可知士
人於明亡之際的處生死，亦漸也，非一朝一夕使然。明代士論不僅鼓
勵難進易退，且鼓勵難生易死。「平日袖手談心性，臨難一死報君
王。」談心性固可議，而不惜一死，確可認為是一種「士風」。

自虐式的苦行以及自我戕害，更是明遺民的生存方式。受虐與自
虐，在許多時候難以再行區分。至於遺民的「苦節」，甚至在形式上
都與節婦烈女如出一轍，其自虐且競為「不情」極其相像：有關「節
操」運算式的匱乏。顧炎武的「餌沙苑蒺藜」，尚可言「恢復」的準
備，而其它著名遺民（如徐枋，如李確）的苦節，則更像蓄意的自
懲。全祖望記周元初明亡後與友唱和，其詩「務期僻思澀句，不類世

間人所作」，其行之奇僻亦類此：「黃脫粟，麻衣草履，極人間未有之困，方陶然自得也」（《周監軍傳》，《鮚埼亭集》卷二七）。方以智以貴公子、朝臣（崇禎朝）一旦披緇，即如苦行頭陀，「披壞色衣，作除饉男」，亦像刻意為之。厲風節而趨極端，一向為明代士風所鼓勵。辭受取與不苟，必至絕粒如沈蘭先（沈昀），「風節」才堪稱「殊絕」（同書卷一三《沈華旬先生墓碣銘》）[12]──時人及後人，樂道的即此「殊絕」；在這一點上，「雅」「俗」文化正有同好。遺民中更有自戕以祈死者。周元懋狂飲成疾，全祖望說：「其四年中巧戕酷賊以自盡，其宋皇甫東生之流與？」（《周思南傳》，同書卷二七）這裏尚未說到遺民群體的自我監督，其較之平世尤為苛酷的道德標準（竟少有人能「確然免於疑論」），遺民在此士風時論之下用心之苦、守節之難。在我看來，明遺民的自我懲創也正因於創傷感；這也是明清之交時代病之一種。不妨認為，明遺民行為的極端性，是有明二百餘年間士風的延展；但因有此極致，其不合理，其為對生命的戕害，也更清楚地呈露出來，啟發了士之有識者的批判意識。

自虐而為人所激賞的自然還有節婦烈女，亦亂世不可或缺的角色。本來，苦節而不死的貞婦也是一種「遺民」，其夫所「遺」，倒不為亂世、末世所特有，也證明了女性生存的特殊艱難。[13]失節者則另有其自虐。讀吳偉業文集，你不難感知那自審的嚴酷，與自我救贖的艱難。這一種罪與罰，也令人想到宗教情景。

處「酷」固屬不得不然，但將處酷的經驗普遍化（也即合理

---

12 李確（蔑園先生）的窮餓而死更是顯例。關於其事，魏禧記之甚詳，參看《魏叔子文集》卷六《與周青士》。全祖望《蔑園先生神道表》（《鮚埼亭集》卷一三）亦有記述。

13 明清之際的文獻，記烈婦貞女，其死亦有至慘者，時論之嗜「奇」嗜「酷」，更甚於對男子。論男子之死，尚顧及所謂的「經」，對婦人女子，則更稱許其「過」（過情之舉）。那些出諸男性手筆的節烈事狀，正透露著男性的自私與偏見。

化），不可避免地會導致道德主義；更大的危險，還在於模糊了「仁」、「暴」之辨，使「酷虐」這一種政治文化內化，造成對士人精神品質的損傷。這種更隱蔽也更深遠的後果，是要待如王夫之這樣大儒才能發現的。

## 仁暴之辨

道德化是儒家文化的一部分，自虐式的「砥礪」仍可認為是反應過當。更令有識之士為士風民俗憂的，是遠為兇險且不易救治的精神疾患：普遍的殘忍（包括士的嗜殺）與刻核。這類時代病的發現與救治要求，才出諸更深入的人性體察，也更能見出儒家之徒的本色。張履祥說「亂世殘酷之跡」，曰：「後代史書有最不忍讀者，如『屠城』、『坑卒』、『盡殺之』之類，又如『夷其族』、『族其家』、『下獄論死，天下惜之』、『皆棄市，天下冤之』之類，不能不使人唏噓流涕也。……春秋而後，不仁之勢，若火之燎於原，若水之滔於天……」（《備忘（二）》，《楊園先生全集》卷四〇）至於如王夫之的將上述精神病象歸因於明王朝的政治性格對於士人的塑造，出自獨見，亦其史論及政論的深度所在。他的政治文化批判，同時指向朝廷政治的苛酷與士人的刻核，同時指向施之於自身的與施之於他人的暴力——尤其其間的邏輯聯繫，於此而論病態政治下士人人性的斲喪，於此而論「仁」「暴」之辨，尤令人驚心動魄。

鄭曉《今言》卷二第167條記劉瑾「坐謀反淩遲」，「諸被害者爭拾其肉嚼之，須臾而盡」。袁崇煥之死在崇禎三年。據《明季北略》（中華書局，1984），袁崇煥被磔時，京都百姓「將銀一錢，買肉一塊，如手指大，啖之。食時必罵一聲，須臾，崇煥肉悉賣盡」（卷五

第 119 頁）。前於此，另一名將熊廷弼亦死於人主的苛察與朝臣的黨
爭。其人被逮後，每遇朝審，行道之人必以瓦礫擲熊流血滿面（此亦
草民干政的情景）──如此人主，如此百姓！這才可稱末世景象。食
人在明代已有先例，但明末的殺袁崇煥與殺鄭鄤，仍然是殺戮士人
（且殘酷到令人髮指）的突出例子。在這方面，明王朝也有始有終，
完成了其政治性格。

魯迅在《忽然想到》中說：「試將記五代，南宋，明末的事情
的，和現今的狀況一比較，就當驚心動魄於何其相似之甚，彷彿時間
的流駛，獨與我們中國無關。現在的中華民國還是五代，是宋末，是
明季」（《魯迅全集》第三卷第 17 頁）。此時乃 1925 年。魯迅以為可
比的，首先即「凶酷殘虐」。他另在《偶成》中提到剝人皮的永樂皇
帝與流賊張獻忠（《魯迅全集》第四卷）。在《晨涼漫記》裏，又說到
張獻忠的「為殺人而殺人」（《魯迅全集》第五卷第 235 頁）。寫《病
後雜談》時，他再次談到記述張獻忠暴行的那本《蜀碧》以及《蜀高
抬貴手》，仔細錄出其中記剝皮的文字，由張獻忠之剝皮說到孫可望
之剝皮，更上溯到永樂的剝皮，說「大明一朝，以剝皮始，以剝皮
終，可謂始終不變」（《魯迅全集》第六卷第 167 頁）。關於永樂的殘
忍，還在《病後雜談之餘》中說起過。但魯迅以為「酷的教育，使人
們見酷而不再覺其酷」，「所以又會踏著殘酷前進」（《偶成》，《魯迅全
集》第四卷第 584、585 頁），[14] 仍是那個革命年代的趣味，與下面將
要談及的王夫之，思路容或不同。

為魯迅所痛疾的剝皮，確也更是明代人主的嗜好：由太祖朝的剝

---

14 魯迅此說，倒可用明清之際士人的言論注釋。魏禧即說過：「民習榜掠，視斧若未
邦，不護其生」（《平論（四）》，《魏叔子文集》卷一）。同卷《地獄論（上）》說
「門誅」、「赤族」的效果，曰：「今夫剛狠之人，恐不畏死；殘忍之人，則立視其
父母子姓之死，不以動其心。」

皮囊草，到武宗（正德）的剝流賊皮制鞍鐙，「每乘騎之」（《明史》
卷九四刑法志二），到熹宗朝廠衛的剝皮、刲舌。至若張獻忠、孫可
望的剝皮，師承有自，所謂上有所好，下必甚焉。[15]

　　在當時的士人、尤其儒家之徒，更可怕的，是士論、人心普遍的
嗜酷。[16]顧炎武為人所陷，令他震撼的，是傾陷者「不但陷黃坦，陷
顧寧人，而並欲陷此刻本有名之三百餘人也」。「其與不識面之顧寧
人，刻本有名之三百餘人何讎何隙？而必欲與黃氏之十二君者一網而
盡殺之。」[17]明清之際殺機四伏，其時的告訐，多屬借刀（清人之
刀）殺人（仇人）之類；顧炎武更發現了上述莫名其所自的仇恨。

　　半個世紀之後，你更由當時的文字讀出了對殘酷的陶醉——不止
由野史所記圍觀自虐的場面，而且由野史的文字本身。那種對暴行的
刻意渲染，正令人想到魯迅所一再描述過的「看客」神情。這裏有壓
抑著的肆虐、施暴願望。在這方面，士文化與俗文化亦常合致。你由
此類文字間，察覺了看客與受虐者的相互激發，那種涕泣號呼中的快
感。這裏有作為大眾文化品性的對「暴力」、「暴行」的嗜好——弱者
的隱蔽著的暴力傾向。嗜殺也即嗜血。在這類書的作者，似乎唯血色
方可作為那一時代的標記，也唯血色才足作為士人激情的符號。二十
四史固是「相斫書」，但有關明史的記述，仍有其特殊的殘忍性。

　　在為風尚所鼓勵的普遍的復仇中，士人的復仇之舉，仍然更為怵

---

15 參見《明史》卷三〇九及卷二七九有關張獻忠、孫可望剝人皮的記述。

16 其時人的嗜暴、嗜酷，見諸記載，如錢謙益所詳記的路振飛對「叛人」、「偽將」的
　虐殺（《牧齋有學集》卷三四第1221頁）。《南渡錄》說易代之際「……或假忠義名
　荼毒從逆諸姓，蘇、松、常、鎮為最」（卷一第7頁）。同書卷三：「可程，督輔可法
　弟。南歸後，子蔚、青，弟可遵與婦父韓大忠六人皆被殺」（第117頁）。

17 《與人書》，《顧亭林詩文集》第233頁。該書收入《亭林文集》、《亭林餘集》、《蔣
　山傭殘稿》、《亭林佚文輯補》、《亭林詩集》、《熹廟諒陰記事》六種，僅注明頁碼，
　上述諸書即不一一注出。

目驚心。如《清史稿》所載王餘佸、餘嚴的復仇。順治初，其父「為仇家所陷，執赴京。餘佸揮兩弟出，為復仇計，獨身赴難，父子死燕市。餘嚴夜率壯士入仇家，殲其老弱三十口」。如此血腥的復仇，仍有上官「知其枉」而「力解」使「免」，亦可見時論對於「復仇」行為的態度（《清史稿》卷四八〇王餘祐傳）。至於黃宗羲的袖錐刺仇，顧炎武的處死叛奴，則更非承平之世的學人、儒家之徒所能想見（王夫之則有自創行為），[18]對這類行為，其同時人不但不以為異，且不吝稱許。三大儒中，王夫之對於那個暴力充斥的時代，持更清醒而嚴峻的批判態度，其議論也更能代表那個時代及士人的反省深度。

洞見了「嗜殺」對於人心的戕害的，不止於王夫之。錢謙益在《馮亮工六十序》中說：「殺者非他也，殺吾之心而已矣，殺天地之心而已矣。殺一生，即自殺一心。殺兩生，即自殺兩心。殺百千萬億生，即自殺百千萬億心……」（《牧齋有學集》卷二二第 907 頁）另在《募刻大藏方冊圓滿疏》裏說：「但謂此人殺彼人，不知自心殺自心」（同書卷四一第 1399 頁）。被明代士人奉為宗師的方正學（孝孺）說過：「仁者陽之屬，天之道也，生之類也；暴者陰之屬，地之道也，殺之類也」（《侯城雜誡》，《明儒學案》卷四三第 1049 頁）。到明亡之時，此義已不為士人所願知了。但儒家之徒中的敏感者，仍未失去他們的警戒。據《清史稿》：「山陽祁彪佳以御史按江東，一日，杖殺大憝數人，適國模至，欣然述之。國模瞠目字祁曰：『世培，爾亦曾聞曾子曰「如得其情，則哀矜而勿喜」乎？』後彪佳嘗語人曰：『吾每慮囚，必念求如言。恐倉促喜怒過差，負此良友也』」（《清史稿》卷

---

18 黃宗羲《思舊錄·周延祚》自述「會審對簿」，「因以長錐錐彼仇人，血流被體」及「錘死」獄卒顏語等（《黃宗羲全集》第 1 冊第 346 頁）。王夫之自記其「髠面刺腕」（《石崖先生傳略》，《船山全書》第 15 冊卷二第 103 頁）「殘毀支體」（《家世節錄》，同書卷一〇第 222 頁）。

四八○沈國模傳。求如，沈國模字）。但到了殺聲四起之時，士人的
「不殺」說，也的確像是迂論。如唐樞所說須有「一片不忍生民之
意」，「只有不殺倭子之心，便可萬全」云云，迂則迂矣，但其所謂
「若唯以殺為事，乃是倚靠宇宙間戾氣」（唐樞《語錄》，《明儒學
案》卷四○第 966-967 頁），與王夫之所說「嗜殺者非嗜殺敵，而實
嗜殺其人」（《讀通鑑論》卷一三第 498 頁），都確屬洞見了世情人心
的清醒之論。顧炎武《日知錄》卷一三「正始」條那段著名的話——
「有亡國有亡天下」，「易姓改號，謂之亡國；仁義充塞，而至於率獸
食人，人將相食，謂之亡天下」（《日知錄》），也非置諸明清易代之際
的歷史情境中，才便於解釋。

　　王夫之論「仁」「暴」之辨，最精彩處，我以為在其對張巡許遠
這一歷史公案的詮釋。張、許的守睢陽而至於人食人，也如「竊負而
逃」、「證父攘羊」之類，是對儒家之徒倫理論辯能力的考驗。這裏的
難點似更在「忠」與「仁」孰輕孰重上。王夫之在《讀通鑑論》中
說：「若巡者，知不可守，自刎以徇城可也。」最不可諒的是食人。
「至不仁而何義之足雲？孟子曰：『仁義充塞，人將相食』」（卷九
第 353 頁）。同書卷二三還說：「無論城之存亡也，無論身之生死也，
所必不可者，人相食也。」張巡「捐生殉國」，功固不可沒，但「其
食人也，不謂之不仁也不可」（第 870 頁）。人相食，「必不可」，這是
一條絕對界限，守此，是無條件的。正是在此一「必」上，才足以見
出儒者面目。

　　王氏之論，當然絕非出自純粹的史學興趣。王夫之的批判激情正
由於，明清之交，一再重演著張巡許遠故事。李耘守貴陽，圍城中人
「食糠核草木敗革皆盡，食死人肉，後乃生食人，至親屬相啖。彥
芳、運清部卒公屠人市肆，斤易銀一兩」。「城中戶十萬，圍困三百
日，僅存者千餘人。」（《明史》卷二四九）。南明金聲桓等守南昌，

「城中饑甚」，殺人為食，「呼人為『雞』」，「有孤行者，輒攫去烹食，棄骸於道，顱骨皆無完者，食腦故也」。[19]但你也會感到，這裏的「重演」，更少道義支撐。王夫之曾說攻城之為「嗜殺其人」，這樣的守城何嘗不為「嗜殺」？只不過人們惑於狹隘的節義論，於此不覺罷了。[20]

　　或許自明太祖一度罷祀孟子，劉三吾奉旨為《孟子節文》，明代士人就多少冷落了孟子的有關思路。心性之學也像是對現實政治尖銳性的迴避。明清之交劉宗周、王夫之的說孟子，說仁暴，均提示了某些重要的原則。仁暴之辨，也即人獸之辨。在如王夫之這樣的儒者，明清之交最嚴重的危機，即此施暴嗜殺以至受虐自戕中「人道」的淪喪。「人道不存」是較之亡國更為絕望的情境。有識者於此看到了比經濟殘破更可怕的人心的荒蕪。在此，王夫之一類大儒，以存人道（也即所以存天下）為己任，就是順理成章的了。[21]

---

19　黃宗羲《行朝錄》（《黃宗羲全集》第2冊）。《張蒼水集》附錄全祖望《年譜》：「順治九年壬辰，公三十三歲。」注：「是年鄭成功圍漳，屬邑俱下，獨郡城以援至，不克。成功防鎮門山以水之，堤壞不浸，城中食盡，人相食，枕藉死亡者七十餘萬。時又遭派垛索餉之慘，夜敲瘦骨如龍瓦聲。千門萬戶，莫不洞開，落落如遊墟墓，饞鼠饑鳥，白晝充斥。圍解，百姓存者，數而指溝中白骨，非其父兄，即其子弟；歷數告人，然氣息僅相屬，言雖悲，不能下一淚也。時有一人素慷慨，率妻子閉戶，一慟而絕。鄰舍兒竊煮啖之，見腹中累累皆故紙，字畫隱然，鄰舍兒亦廢箸死。延平陸梁海上以來，沿海居民，受荼毒亦至矣，然莫暴於漳州之師……」（第216頁）

20　王夫之在其史論中，一再談到「民之生」之為原則，即對所謂「篡」、「弒」亦區以別之，若「止於上」，「下之生」「不驚」，則「天下」猶存（《讀通鑒論》卷一七第668頁）；還說：「聖人之所甚貴者，民之生也」（同書卷一九第723頁）；以為當「君非君而社稷亦非社稷」之時，能「貴重其民」「順民物之欲者」，「許之以為民主可也」（卷二七第1049頁）。

21　此種憂懼亦不唯儒者才有。錢謙益在《太原王氏始祖祠堂記》（《牧齋有學集》卷二七）中表達的憂慮亦與此相通，如對於「宗法之亡」，人之為禽獸，文化荒蕪等的憂慮。吳偉業《太倉州學記》則描繪了禮壞樂崩的景象：「天下靡然，皆以陰謀秘

　　王夫之的犀利，尤在他對於隱蔽的暴力傾向的察知，如已成風尚的苛酷刻核。「苛」幾可視為明代士人（包括明儒）的性格。這本是一個苛刻的時代，人主用重典，士人為苛論，儒者苛於責己，清議苛於論人。雖有「名士風流」點綴其間，有文人以至狂徒式的通脫、放蕩不羈，不過「似」魏晉而已，細細看去，總能由士人的誇張姿態，看出壓抑下的緊張，生存的缺少餘裕，進而感到戾氣的彌漫，政治文化以至整個社會生活的畸與病。「苛」，即常為人從道德意義上肯定的不覺其為「病」的病。

　　黃宗羲說劉宗周「門牆高峻，不特小人避其辭色，君子亦未嘗不望崖而返」（《子劉子行狀》，《黃宗羲全集）第 1 冊第 259 頁）。此亦時人樂道的「儒者氣象」。文人亦然。有人批評陳子龍「標榜太高，門牆過峻，遂使汝南之月旦，幾同釋之之爰書」（徐世禎《丙戌遺草序》，《陳子龍詩集》第 772 頁）。非但不苟且，不假借，且有嚴格的道德自律，近於宗教苦行，如此才足稱士儀世範。至於東林復社中人的嚴於疾惡，務求「是非」了了分明，更釀成風尚。你不難注意到那個時代隨處必辨的善惡邪正（以及君子小人、善類非善類、正人非正人等等）。「苛察」從來更施之於士類自身。全祖望論莊，以陳獻章黃宗羲對莊氏的批評為非「中庸」：「二先生之言高矣。然則定山之仕竟為晚節之玷乎？全子曰：殆非也……必謂當以不仕為高，聖賢中庸之道不然也」（《鮚埼亭集》卷二九《莊定山論》）。

　　士風的苛酷刻核，正與「朝廷政治性格」互為因果。王夫之的「循吏論」批評有關的政治性格，也與其對明士風的批判相表裏。在《讀通鑑論》中，他說：「有宋諸大儒疾敗類之貪殘，念民生之困

──────────

策、長槍大刀，足以適於世達於用，而鄙先儒之言為迂闊……其牧守師傅亦因循苟且，無守先崇聖之心，無講道論德之事，即使過闕里，登其堂，摩掌植柏，觀俎豆與禮器，恐無足以感發其志思者……」（《吳梅村全集》卷六〇第1220頁）

瘁，率尚威嚴，糾虔吏治，其持論既然，而臨官馭吏，亦以扶貧弱、
鋤豪猾為己任，甚則醉飽之愆，簾幃之失，書筐之饋，無所不用其舉
劾，用快輿論之心……聽惰民無已之怨，信士大夫不平之指謫，辱薦
紳以難全之名節，責中材以下以不可忍之清貧，矜纖芥之聰明，立難
繫之威武……當世之有全人者，其能幾也？……後世之為君子者，十
九而為申、韓，鑒於此，而其失不可掩已」（卷二二第 827-828 頁）。
這番議論，痛快之至！王氏屢次說到「申韓之慘核」，他以為虐風淫
刑不但自小人始，更須推究「君子」因「狷疾」（亦一種心理疾患）
而用申韓的政治責任。於此，他已經指出了道學君子的殘忍性（亦
「賊仁」）。由士論「民譽」所稱許的清官循吏看出「申韓」，看出殘
忍，看出人性的畸與病，是要有鋒銳的洞察力的。

海瑞或可置諸明代循吏之首，王夫之以其與包拯為「弗足道」，
以為「褊躁以徇流俗之好惡，效在一時，而害中於人心」（《讀通鑒
論》卷四第 168 頁）。[22]其所謂「害」，即應指使得草民嚚暴與嗜酷。
《明史》海瑞傳記海瑞「下令飆發凌厲，所司悚悚奉行……而奸民多
乘機告訐，故家大姓時有被誣負屈者」。還記其曾「舉太祖法剝皮囊
草」「論絞」等「勸帝虐刑」以「懲貪」；「有御史偶陳戲樂」，他即
「欲遵太祖法予之杖」，他本人的清貧，則「有寒士所不堪者」（卷二
二六）——正合為王氏之論作注。海瑞之為「現象」當然不是孤立
的。吳偉業記張採，說其「敢為激發之行，數以古法治鄉黨閭左，銖
兩之奸，輒誦言誅之，若惟恐其人弗聞知者」（《復社紀事》，《吳梅村
全集》卷二四第 602 頁）。本文已談到廷杖詔獄，這裏則讓人看到了
其「社會基礎」，雖然這基礎也應由廷杖詔獄所造成。至於海瑞式的

---

22 在同書卷七、卷二二，均提到包拯、海瑞的「狷疾」、「狷急」，以為「不足論」。

「剛」與人主及時代空氣的「戾」的一致性，更是賴王夫之這樣的大
儒才能洞見的。

正如暴力到明亡之際發展到了極致，士論之苛當此際也達到了極
致。如對於遲死者的苛評，如遺民施之於同類的苛論。全祖望傳狀明
遺民，常慨歎於明人的「過於責備賢者」，以為「必謂」遺民「當窮
餓而死，不交一人，則持論太過，天下無完節矣」（《春酒堂文集
序》，《鮚埼亭集》外編卷二五）。全氏一再為明末忠義辯誣，「嗚呼！
忠義之名之難居也」（同書卷一〇《王評事狀》）。「長逝者之屈，其有
窮乎！」（同書同卷《屠董二君子合狀》）士人留給同類的生存空間何
其狹窄！[23]

王夫之看出了明代士風的偏執，不但殊乏寬裕，且輿論常含殺
氣，少的正是儒家所珍視的中和氣象。他更由政治暴虐，追索造成上
述人性缺損之深因。王氏關於憂患之於人性、「坎坷」「痰疾」之戕賊
性情的論說，或更足作為其人性洞察力的證明。其間尤深刻者，我以
為是關於憂患影響於「正人」的分析。王夫之將有關後果歸結為「德
孤」：摧殘之餘的正人，不復有「先正光昭俊偉之遺風」，「含弘廣大
之道」，其性情心性的殘缺，其「隘」其「苛」，注定了其器使之途的
不能廣，體道的不能弘，「正」則正矣，終不能成「天下士」，「社稷
臣」。我從中讀出了明代士大夫最深刻的「命運」表達。屢為摧折的
明代士人中，確不乏「正人」，他們「婞婞」，強毅而未能弘通，節六

23 劉宗周亦明末大儒，其在南明朝廷彈劾路振飛，以及主張「凡係逃臣皆可斬」，均
可作為「苛」的例子（參看黃宗羲《行朝錄》卷三，《海外慟哭記》，均見《黃宗羲
全集》第2冊）。黃宗羲批評錢謙益好罵，他本人論及時人，苛刻決不遜於錢氏，筆
下常不免憤憤。如說「余見今之亡國大夫，大略三等，或齷齪治生，或丐貸諸侯，
或法乳濟、洞，要皆胸中擾擾，不勝富貴利達之想，分床同夢，此曹豈復有性
情……」即大有罵倒一切的氣概（《憲副鄭平子先生七十壽序》，《黃宗羲全集》第
10冊第671頁）。

而「過於絕物」，多屬苦節之士，諍諫之臣，卻終不能稱王夫之所謂「君子之器」，「天下之才」。這又可讀作對貧賤憂戚「玉成」非常之人的政治神話的有力質疑。所謂「劫運」，被王夫之視為對人性的劫奪。這使他的流品論雖有強烈的等級偏見，卻仍含有洞察人事的特殊智慧，其言未必「當」，卻自有警策（參見《讀通鑑論》卷一一、卷二二）。至於黃宗羲歸結政治壓抑的精神文化後果，為「一世之人心學術為奴婢之歸」（《明夷待訪錄・奄宦上》，《黃宗羲全集》第 1 冊第45 頁），則屬另一思路，也另有其深刻性。

不妨認為，明代政治的暴虐，其間特殊的政治文化現象，引發了富於深度的懷疑與批判；而「易代」提供了契機，使對於一個歷史時代的反顧、審視成為可能。活在當代的人們，仍不免驚歎於明清之交的思想家關於「政治—人性」批評的深度，甚至可以從中讀出有關人被造就的條件、涵養健全人性的社會政治環境的思考。這裏也有明清之交的士人所提供的重要的思想史的材料。

## 論 餘

同樣顯示著儒者本色的是，像是無可比擬的殘酷，反而鼓勵了明清之際的士人對於理想政治、理想人格的嚮往，甚至可能正是這種殘酷，使有關的嚮往及其表達明晰化了。王夫之所嚮往的理想人格、理想政治性格，自然是「戾氣」、「躁競」、「氣激」等等的對立物，如「守正」、「坦夷」、「雅量沖懷」、「熙熙和易」等等。他一再說「中和」之境（如「先王中和之極」），說「太和之氣」，說「中和涵養之化」，說人主以其仁養天地間和氣。他稱許宋初守令之「日事遊宴」，

「率吏民以嬉」，以為可靜民氣，平民志，消「囂淩之戾氣」，[24]故對申韓遠較對老氏嚴厲。他的「中和」，自然不止於政治關係，而且是社會生活的全域，大至朝政，細微至於個體人生的境界。他幾乎是醉心於有關的意境、氣象。寬仁，規模宏遠，雍容和戢，涵泳從容，是政治情景，又是風俗，是朝臣（「社稷臣」）風度，也是士風——氣象說本來就通常是整體論。為此，非但不可為矯激，也不可為苛察曲廉小謹。但以王夫之的政治經歷，他又警戒無條件的退守。明代道學中有人說：「端居無事時，且不要留心世事，遇不平有動於中，則失自家中和氣象」（徐問《讀書札記》，《明儒學案》卷五二第1242頁），王氏不可能持此論。他倒是批評佛老「皆托損以鳴修，而豈知所謂損者……並其清明之嗜欲，強固之氣質，概衰替之，以遊惰為否塞之歸也哉」，以為一味用「懲」用「窒」，適足以斫傷元氣，而「損者，衰世之變也」（《周易外傳》，《船山全書》第1冊第924-925頁）。

本文開頭提到文人（如錢謙益）對時代病的察知和「救世」願望。其人或許可議，其議論卻仍能證明處同一時空的士人在歷史文化批評中的契合，儘管文人另有其表述方式。即如錢氏，對於他意識到的畸與病，即希望救之以溫柔敦厚，救之以「鴻朗莊嚴」「富有日新」。[25]在大劫難之後，在士夫窮乏蹇困之時鄙棄「寒乞之氣」，以光

---

24 《宋論》：「禾黍既登，風日和美，率其士民遊泳天物之休暢，則民氣以靜，民志以平。里巷佻達之子弟，消其囂淩之戾氣於恬愉之下，而不皇然逐錐刀於無厭，懷利以事其父兄，斯亦平情之善術也」（卷三第95頁）。他還據此論到詩賦取士的優長（同書卷四）。

25 錢謙益在《施愚山詩集序》中說：「詩人之志在救世，歸本於溫柔敦厚，一也。」同文中還說：「《詩》有之：『神之聽之，終和且平。』和平而神聽，天地神人之和氣所由接也」（《牧齋有學集》卷一七第760-761頁）。在《答杜蒼略論文書》中說：「故吾於當世之文，欲其進而為元和，不欲其退而為天復」（同書卷三八第1308頁）。吳偉業也說過：「嘗語同志，欲取惠泉百斛，洗天下傖楚心腸，歸諸大雅」（《扶輪集序》，《吳梅村全集》卷六〇第1205頁）。

華富麗的貴族氣象為追求，也仍然需要大氣魄的吧。文化有其史，詩亦有其史，不因明亡而文化亡、詩亡；非但不亡，而且正當此際，呼喚文化復興（包括「詩道中興」）：其中不但有信念，而且有反抗命運的意志。活在那個嚴酷的時代，有識之士力求超越歷史限囿，超脫時代氛圍，走出死境，再造文化盛期──這裏所顯示的不同於某些遺民的生命理解，並不因其人的「可議」即失去了價值的。

# 作為話題的「建文事件」

## 第一節　借諸事件的言說

段玉裁《明史十二論》（昭代叢書）之一，為《三大案論》。此「三大案」非《三朝要典》所論「紅丸」、「梃擊」、「移宮」等，而是「靖難」、「奪門」及「大禮議」。這有明歷史大案中，又以建文「遜國」一事以史料湮沒、事涉恍惚而最稱疑案，部分地也因此，長期刺激著談論的熱情。

自燕王舉兵「靖難」、建文帝「遜國」，到弘光朝追上建文諡、廟號，這一發生於有明國初的事件，經歷了漫長的時間；而事件在「言論」中經歷的時間則更其漫長。本文即討論作為話題、尤其作為明清之際話題的建文事件，討論有關的言論行為中的動機、旨趣，及有關的心理內容。

### 話題的解禁

鄭曉所著《吾學編·遜國臣記》，詳述了有關建文話題的「解禁」過程，也即自永樂到嘉靖朝廷有關態度的變化過程。其中引人注目者，如：「嘉靖十四年，給事中雲南楊僎請表揚建文諸忠臣，下禮部議，未上。今皇帝因召對禮官問曰：『昨給事中言建文諸臣事云何？』夏言對曰：『諸臣誤君亂國，先朝誅殛，豈宜褒錄！』今皇帝色變，曰：『言官得無誚朕？』言對曰：『言官本書生，初入仕，聞人

言建文諸臣死事甚烈，以故輒為陳說耳。』今皇帝色霽。明日上議亦不罪儇。」潘檉章《國史考異》以鄭曉《遜國記》、《遜國臣記》為不足徵信，但上述記述所呈示的有關言論環境及心理氛圍，如上自君主下至諸臣在此話題上的心理緊張程度，當與事實相去不遠。《西山日記》卷上《相業》，也有「世廟初年，有意恤錄革除死節諸臣，夏桂溪陰阻之，事遂寢」的說法（按夏桂溪，即夏言）。不妨認為，正是這一類的言論禁制所造成的壓抑，內在化也尖銳化了明代士人的痛楚。錢謙益《朱鷺傳》曰：「鷺為諸生，當萬曆全盛之世，每譚建文朝事，輒泣下汍瀾，悲不自勝，不知其何謂也？」（《牧齋初學集》卷七一第 1593 頁）陳確記明亡之際北方義士：「遍觀佛像，不拜。見建文君像，拜而泣」（《東溟寺異人記》，《陳確集》第 213 頁）。

正史關於上述過程，提供了零星記述。《明史》曰「建文忠臣之有錄」，自成化十七年進士宋端儀為《革除錄》始（卷一六一）；弘治朝吳世忠「請恤建文朝殉難諸臣，乞賜爵謚，崇廟食，且錄其子孫，復其族屬，為忠義勸。章下禮官，寢不行」（卷一八五吳世忠傳），楊循吉於弘治朝「馳疏請復建文帝尊號，格不行」（卷二八六文苑列傳二）；世宗朝沈鯉「請復建文年號，重定《景帝實錄》，勿稱戾王……」（卷二一七沈鯉傳）

朝廷態度的趨於明朗，始於萬曆一朝。《明史》卷九四刑法志二，記萬曆十二年「御史屠叔明請釋革除忠臣外親。命自齊、黃外，方孝孺等連及者俱勘豁」。「錄建文忠臣，廟祀南都」，也在萬曆一朝（見同書卷一二五徐輝祖傳、卷一四一方孝孺傳、卷二二七宋儀望傳等）。其時另有吳道南「請追謚建文朝忠臣」（卷二一七吳道南傳）、楊時喬「請議建文帝謚」（卷二二四楊時喬傳）、蕭廩「請祀建文朝忠臣十二人，從祀王守仁於文廟」（卷二二七蕭廩傳）、萬象春「請復建文年號，加景帝廟謚」（同卷萬象春傳）、楊天民「請復建文年號」

（卷二三三楊天民傳）。《明實錄》卷二八九《明神宗實錄》於萬曆二十三年九月，錄禮科給事中楊天民「請改正革除建文年號」一疏，及御史牛應元、禮官范謙等有關奏疏，「詔以建文事蹟附太祖高皇帝之末而存其年號」。但追上建文謚、追謚忠臣等，卻仍要等到朝不保夕的弘光朝。[1]李清記崇禎時事，頗能見出崇禎心理之複雜微妙：「駙馬永固上疏請補建文謚，上與諸輔臣議，皆懲惠吳甡更奏，曰：『建文無過。』上曰：『不然。渠變祖制，戕親藩，皆過也。』又曰：『此事列聖皆未行，朕可行否？』既而曰：『畢竟是一家。』會兵事迫，遂已」（《三垣筆記附識上・崇禎》第173頁）。

由李清的《三垣筆記》、《南渡錄》，黃宗羲的《弘光實錄鈔》均不難感到，弘光朝臣議贈官贈謚的急切，如恐不及。《三垣筆記下・弘光》：「或疑此案太濫，宜稍裁，予曰：『……且此案鬱勃已久，與其靳也寧濫。』遂止」（第103頁）。[2]

明自中葉以後，士人每好談遜國時事。此後頗為史家抱怨為足致淆亂的大量野史之出，即在此時。談遷似不具良史才，但《國榷》卷十一、十二所輯錄的有關言論，卻提供了正史為體例所限未能提供的建文事件之為「話題」的歷史，亦事件的「後史」的重要部分。談氏

---

1　參看《明史》卷二一六顧錫疇傳、卷二七八萬元吉傳，《弘光實錄鈔》卷一。可怪的是，直到此時尚有不知建文年號已復者。《南渡錄》卷一記弘光朝臣「請復建文年號，允之。不知萬曆時先題復矣」（第44頁）。前此亦有不知者。黃宗羲《子劉子行狀》卷上記光宗朝劉宗周「『……請復建文、景泰年號、廟號，宗廟之禮，庶幾無憾。』不聽」（《黃宗羲全集》第1冊第213頁）──似乎不唯劉宗周，為劉氏撰寫行狀的黃宗羲亦不知年號已復事。

2　魏禧《李映碧先生七十壽序》：「當乙酉間釐正革除時祀典，禧與先君子踴躍私議：南都之立，天若為此一事設耳。然疑盈庭中誰復能發此言者，久之得先生疏，乃歎賢者以一言釋三百年之憾。過此則已不及為」（《魏叔子文集》卷一一）。可作為朝外反應之一例。顧炎武《聖安本紀》卷一記追上建文帝謚及廟號，亦曰：「海內望此典幾百餘年矣……」（《荊駝逸史》）

所輯言論幾乎涉及了事件的各個方面，你由此看到了論者的諸種視野、視角，諸種判斷尺度，以及人們在同一話題上的重複，他們有關思考與議論的邊界、限度。到明亡之前，不但批評建文削藩已成常談，且相反的議論，如以為削藩乃勢不得不然、南北對抗不可避免者也已有其人（朱國楨）；其它說「革除」非文皇意者（朱鷺），說並未「革除」（建文年號）者（王世貞），均有其人；甚至如錢謙益的推論建文、成祖之心，袁懋謙、顧起元輩也先已言之。清初明史局中人直至近人的爭持，無不在某些方面，重複著已有議論。而由王世貞直到錢謙益的辨偽之論，多係據「情理」推斷；「情理」固然使得傳說暴露其誇誕，卻終難以論定。此類考辨無寧說證明了文獻缺失的致命後果。

但也正是到了明亡之際，士夫與民間有關建文事件的談論，非但打上了時勢的印記，且有了眼光、識見與所取角度的不同。這部分地因了論者所據位置（一個朝代的終結），也因了其時傑出之士的識力（如對成祖的「歷史作用」的評價）。當然還賴有王綱解紐所造成的言論環境。其時的有關議論，主要見諸私家史著及文集。前者如查繼佐的《罪惟錄》與談遷《國榷》。《罪惟錄》列傳部分的「荒節」之目，幾專為「建文降臣」而設。以永樂名臣解縉、三楊、夏原吉、金幼孜、蹇義等入「荒節列傳」，確可謂獨出心裁。《國榷》作者的用心更有深於是者。吳晗〈談遷和《國榷》〉一文，強調「《國榷》不但恢復了建文年號，而且紀事也站在建文的立場上，在永樂起兵以前，稱永樂為燕王，到起兵以後，建文帝削除燕王位號，便直稱永樂為燕庶人了」。吳晗提醒人們注意「從明仁宗一直到崇禎帝都是永樂的子孫」，談遷以明遺民而用上述書法，係對「現實政治」的「不滿和失望」的曲折表達（《明清人物論集》第 412 頁）。所謂「現實政治」，即明代政治。談遷的選擇「建文立場」，即選擇對有明歷史的批判態

度。明遺民的政治文化批判的深刻處，確也尤其集中在對「故國」的批判上。

「翻案」工程中，較之贈官贈諡遠為艱苦的，是史實的清理。這也是以宣洩為目的的「士論」、「時論」所不能完成的。有明二百餘年間，朝廷大事中因皇族爭鬥而最稱敏感者，無非所謂「靖難」及「奪門」。但後一事件的清理素未遭遇太大的阻力，儘管到明亡之時士人中仍有不同議論。官修《明史》於此事件的處理也頗為人稱善。[3]建文「遜國」事件的清理，卻注定了要備經曲折（參看《明神宗實錄》所錄楊天民奏疏。有明諸臣議建文事，每與景泰事並論，足見前者的敏感性及阻力之大）。因而毫不奇怪的是，作為「話題」的建文事件，其最富戲劇性的情節竟演出在清初的明史館中。

到康熙十八年史館重開（參看李晉華《明史纂修考》三《纂修中之三時期》），建文事件中的疑竇如故。就當時及事後的情況看，非但朱彝尊不足以折服徐嘉炎輩，以萬斯同的史才與聲望，也決不能服史館中的異議者，自然更不能敵當道出諸現實考慮的諸種權衡。[4]包遵彭《明史編纂考導論》據王晉華等人所考，概括了《明史》有關建文帝部分的編撰經過，略為「徐嘉炎撰惠帝本紀時，原曾力主遜國之說，朱彝尊因求與文皇本紀書法一致，曾極力反對。萬斯同似不致同

---

3 錢大昕《十駕齋養新錄》卷九《明史》，說官修《明史》，「其例有創前史所未有者。如《英宗實錄》附景泰七年事，稱戾王，而削其帝號，此當時史臣曲筆。今分英宗為前後兩紀，而列景帝紀於中，斟酌最為盡善。」

4 李晉華《明史纂修考》曰：「朱氏文皇帝本紀，今無存稿，不知如何敘述（然亦可知其不信遜國之事）；王鴻緒明史稿，則云『帝崩於火』，但張廷玉等改定明史，則云『宮中火起，帝不知所終』，是以帝出亡事，猶留餘地。尤侗亦以五十鴻博而任纂修者，其所著擬明史樂府有遜國怨一首，言之鑿鑿，且信『牢落西南四十秋』之詩，及正統時建文帝回朝之事，是則當時同館中，亦多與朱氏異議者。」（包遵彭主編之《明史編纂考》第69頁）。

意後說，故王鴻緒第一次進呈之明史稿列傳尚有程濟等傳，置此事於疑似之間。迨雍正元年第二次進明史稿三百十卷本時，始刪削。至張廷玉等撰定本明史時，又再復舊觀。禮親王昭，因極稱譽『史臣留程濟一傳以存疑』的得體。然定本明史，還只是『存疑』。到乾隆四十二年詔改明史本紀時，更率直的予以重定云：『據遣中使出後屍於火，詭雲帝屍』。惠帝遜國之說，到此才算大定」（《明史編纂考》第6頁）。這就是孟森氏所說的四庫本與通行殿本之別。[5]——就其間的曲折反覆而言，倒可媲美於永樂朝《太祖實錄》之再修三修了。

有趣的是，清人以至近人有關建文事件的言論態度，有時與明人幾無二致。如本文開頭提到的段玉裁的《明史十二論・三大案論》，及孟森的《萬季野明史稿辨誣》。從來不乏隔代（甚至隔若干世代）認同的事。就建文事件而言，有時問題還在於舊事重提的時機與其時的接受期待：由此決定了述說的方式。

魏源《書明史槁二》中的下述文字，頗為攻駁王鴻緒者所引用：「嘗讀故禮親王《嘯亭雜錄》曰：『康熙中，王鴻緒、揆敘輩黨於廉親王而力陷故理邸，故其所撰《明史稿》，於建文君臣指謫無完膚，而於永樂及靖難諸臣每多恕辭。蓋心所陰蓄，不覺流於筆端。從古僉壬不可修史，王司徒言未可非也。』」（《魏源集》第222頁。按「理邸」即廣發太子理密親王。王司徒，王允）[6]明清人士以至近人由建

---

5 孟森《萬季野明史稿辨誣》說乾隆四十二年詔改明史本紀，重定建文書法，「是清一代最後《明史》定本」，「今四庫本之《明史》與殿本通行者不同。世多未見四庫本，尚拘守通行之殿本。賴有故宮單行之乾隆重修《明史》本紀，可以證建文書法之歸結」（孟森《明清史論著集刊》第16頁）。

6 魏源引語見昭槤《嘯亭續錄》卷三《王鴻緒》，原文為：「王尚書（鴻緒）之左袒廉王，餘已詳載矣。近讀其《明史稿》，於永樂篡逆及姚廣孝、茹瑺諸傳，每多恕辭，而於惠帝則指謫無完膚狀。蓋其心有所陰蓄，不覺流露於書。故古人不使姦人著史以此，王司徒之言無可厚非也」。近人朱希祖《康熙本明史列傳稿跋》曰：「王鴻緒明史稿有二刻本，其一為清康熙五十三年所進明史列傳稿二百八卷，其二為清

文事件，考及有關的敘述行為、動機（尤其「動機」；即如對王鴻緒的「發奸摘伏」）——不妨看作建文事件之為「故事」之外的故事，關於「故事」的故事。事件本身之為故事，敘述、考證之為事件、故事（如有關王鴻緒、萬斯同的故事），這層層疊加的故事，足以造成有關談論的豐富性。提供了如此有趣的話題，激起了如此持久不衰的興趣，是無論被難的建文帝還是加害的燕王，均始料不能及的。

你在本文還將看到，甚至到了近代，成祖之「篡」，仍能激起如清禮親王、魏源似的憤怒。孟森《建文遜國事考》駁王鴻緒說不遺餘力，即出諸此種道義感情。對有關建文出亡的傳說，張廷玉本《明史》尚止於存疑，孟氏《萬季野明史稿辨誣》直斷之曰「建文實未死」，其「成見」之「橫梗」，實有甚於史館中人。也如禮親王，孟氏已不止於辨史實，且因「建文書法」而辨史館中人之邪正。[7] 商鴻逵批評其業師孟森《明清史講義》的「靖難」一章，以為「其對朱棣指責奪位之過，殺戮之慘，更謂其五徵漠北為黷武，並以為派鄭和出洋的使命為尋跡建文。此於今日論之，先生實存有偏見，設使無永樂之

雍正元年所進明史稿三百十卷本……案康熙本明史列傳稿有程濟傳尚未刪削，其它遜國事，若河西傭、補鍋匠、馮翁、東湖樵夫等傳亦未刪去；不特此也，康熙本諸王傳中，尚有建文帝太子文奎、少子文圭二傳，雍正本則已刪削矣，使清禮親王得見康熙本明史列傳稿，則其所謂『王鴻緒黨廉親王而抑廢太子理密親王，故作明史稿，往往恕永樂，而抑建文』，不又增一證據乎？」（《明史編纂考》第269頁）

7　孟森《萬季野明史稿辨誣》以「清國史館先生傳」所記斯同斷遜國一案為「詞意甚悖」，曰：「明二百餘年間親為成祖之子孫臣庶者，從未以此惡聲加諸建文，至欲奪其遜國之稱，以正建文削奪親藩之罪。」「建文之書法定自館臣，必非先生意，故曰誣先生也」（第13、15頁）。實則當時以建文為焚死者，史館中尚有朱彝尊。到乾嘉時，此說更為人所信，段玉裁《明史十二論‧三大案論》即以「謂建文未死」為惑於燕王之說。況萬斯同本黃宗羲高弟，《石園文集》中，批評明代君主的文字，倘依孟氏的標準，較上述為「悖」者尚多。由此也可見「後人」對明代事，其傾向每有較之明人更「鮮明」者，確不失為值得研究的現象。孟氏所駁記萬斯同論建文事，見諸《清史列傳》卷六八儒林傳下一萬斯大傳附萬斯同傳。

經營，明代尚難達成統一之局」（《述孟森先生》，孟森《明清史論著集刊續編》），應為平情之論的吧。

## 成祖批評

建文事件之為「話題」的興奮點之一，在對燕王即成祖的追論。

有明士人口中的「二祖列宗」的「二祖」，足以提示明代史的特殊性。太宗改稱「成祖」始自嘉靖。[8]《明史》卷四八禮志二，載嘉靖九年給事中夏言奏疏說郊祀配位，尚曰「太祖、太宗並配，父子同列，稽之經旨，不能無疑」。這類「疑」此後即再無表達餘地。清代官修《明史》雖對成祖多所批評，本紀仍以成祖的「雄武之略」為「同符高祖」，也基於對「二祖」之說的認定。

成祖最為後世士夫所詬病者，其一即在篡改歷史。而其最令人不能容忍的篡改，還不在改修太祖實錄，而在楊士奇輩的「改修」所依據的「革除」（革除建文年號）這一事實。[9]顧炎武曾辨「革除」，以

---

8 《明史》卷四八禮志二謂嘉靖「既排正議，崇私親，心念太宗永無配享，無以謝廷臣，乃定獻皇配帝稱宗，而改稱太宗號曰成祖。」

9 《曝書亭集》卷四四《書高麗史後·又》曰：「靖難君臣，改修明太祖實錄，因方孝孺，而其父克勤，循吏也，乃沒其實；黃觀景清，修書傳會選，而削其名；且誣方先生叩頭乞哀。觀於鄭麟趾高麗史，夢周圖李成桂，不克，為芳遠所殺，芳遠猶知贈官易名，麟趾等亦直書其事。是篡竊之芳遠，賢於長陵；而下國之史官，勝於楊士奇輩多矣。可歎也夫！」（第537頁）同書卷四五《姜氏秘史跋》也說：「王莽之閏漢，朱全忠之篡唐，其罪貫盈，而紀年仍書於史。燕王取天下於兄子，非有積怨深怨，乃革除建文君之五年，毋亦太忍也乎！」（第548頁）明史館中，朱彝尊是「不欲於燕王多所責難」（《明史纂修考》中語）者，持論尚如此。在其它論者，正是「篡改」這一事實，坐實了「靖難」的不義，屬於經由掩蓋的自我發露。士夫也即由說此「掩蓋」、「篡改」，為說「不義」的特殊方式。

為非成祖所為:「夫建文不革於成祖,而革於傳聞,不革於詔書,而革於臣下奉行者之文」(《革除辨》,《顧亭林詩文集》第 10 頁;另見《日知錄》卷二〇「史書一年兩號」條)。潘檉章《國史考異》以顧氏的「革除」說為「辨博」,卻說「謂成祖未嘗有革除之名可也,謂未嘗有追改之實,不可也」。[10]令士人憤憤不已的,正是這「追改」(即「革除」)之實。

「篡改」甚至不止於此。到易代之際已成公開的秘密的是,燕王當起兵之時,篡改了自己為妃(而非他本人聲稱的馬皇后)所生這一事實。到清初,甚至被認為對成祖有所迴護的朱彝尊,也輕蔑地說:「漢之文帝,自言朕高皇帝側室之子,於義何傷!而奉天靖難記,每載長陵上闕下書,及宣諭臣民曰:朕太祖高皇帝孝慈高皇后嫡子。考妣必並舉,壺漿欲掩,而跡反露矣」(《南京太常寺志跋》,《曝書亭集》卷四四第 541 頁)。其實此事無論在靖難當時抑其後,都決非如朱氏所說的那般輕鬆。問題的嚴重性,在於那個每每為史家所強調的事實,即成祖之後的明代帝王,均之為成祖子孫:靖難的後果之一,即「修改」了有明帝王世系。[11]

---

10　《國史考異》卷四:「然則革除之名何自起耶?曰靖難之後,法禁甚嚴,士大夫既不忘建文之舊,而又不敢察察言故。口傳筆記,或稱革除朝,或稱革除君,所謂名以義起者耳。至弘治中,修會典,始儼然以革除紀年,要其所緣起者舊矣。故謂成祖未嘗有革除之名可也,謂未嘗有追改之實,不可也」(《明史考證捃微》第135頁)。《南渡錄》說「革除」,所見又有不同。該書卷三錄崇禎十七年十月李清疏云:「察建文元年,立子文奎為皇太子,嗣後革除事興,所革者年號耳,原未革及帝號,則亦未革及皇太子號」(第137頁)。

11　死於莊氏史獄的潘檉章,對同一事實,以成祖「大不得已」說之(參看《國史考異》卷四)——或也多少出於為故國之君諱的良苦用心。至於錢謙益《書致身錄考後》曰:「今之君子,夫誰非戴天履地,服事成祖之聖子神孫者歟?其亦弗思而已矣」(《牧齋初學集》卷二二第60頁)。則無疑是重大提示。吳晗論《國榷》,困惑於談遷念念不忘建文帝而又哭祭崇禎者,像是不知「從明仁宗一直到崇禎帝都是永樂的子孫」(《談遷和國榷》)。由此看似「矛盾」處倒令人得知,明代士人決不肯因了

　　潘檉章等人有關成祖的溫和之論，無疑提示了「遺民史學」的特殊語境。生當國破家亡之際，明人言及其所謂「二祖」之一的成祖，心情的複雜自不難想見。[12]但也因際此王綱解紐，積久的憤懣終得一舒。

　　顧炎武指「洪武、永樂之間」為「世道陞降之會」（《日知錄》卷一八「書傳會選」條），此意幾為其時有識者的共識，並被多所發揮。國運「陞降」（亦即世之盛衰），其根據尤集中於如下方面：人才之衰、即道德（忠義）之衰，與文化學術之衰。前一方面，即顧氏所謂「十族誅而臣節變」。孫奇逢曰：「憶遜國時，文皇以叔代侄，勢成於相激，而一時靖節之臣，死者死，遯者遯，不下數百人。逆闖犯順，至尊龍馭，禍慘於黃巢，而殉義之臣，不及遜國一二，豈前此盡忠良，而後此盡頑冥與！蓋有所以作之也。遜國當高皇培植之日，人人思所以報高皇，況值國運初開，未經斵喪。嗣是而後，幾番璫禍，

---

燕王之「篡」而否定其子孫，亦即否定永樂以還的明代歷史，更不因此即稍減其亡國之痛、故國之思。「帝王世系」在這一話題中，又不像迂拘的宗法論者所設想的那樣嚴重。前此就說過，成祖「以高帝之子，纘承高帝之緒」，「新命舊邦，非逐鹿之可擬」，「其與更二姓、事二君者，當異日談也」（參看《國榷》卷一二第861頁）。同出遺民史家的《罪惟錄》帝紀卷一《帝紀總論》有「獨寘、宸濠之律不可以加靖難之師，北平功可補過」（第1頁）云云。「性質」與「後果」兼重，亦一種政治判斷中的「現實主義」。

12 錢謙益的《建文年譜序》（《牧齋有學集》卷一四）說「文皇帝之心事」，備極體貼，較之下文將談到的清人段玉裁的有關心理猜測，著想之不同，有大可玩味者。同文說「讓皇帝之至德」，想像太過，亦有穿鑿之嫌。但錢氏不彰君惡、為「國體」諱的態度，易代前後有其一貫。其萬曆年間制科文字即不滿於「泥滓君父而自為高」（《策・第三問》，《牧齋初學集》卷八九第1852頁），以為對「遜國諸臣」的「旌別賜諡」，應以「述文皇帝之隱志，而杜後世之議端」為指歸（《第四問》，同上第1854頁）。至於《書致身錄考後》篇末批評對成祖的追論不已，曰：「且夫少帝之事往矣，忠臣義士，不可謂不多矣。若子之言，其必人挾射天之矢，家畜吠堯之犬，使成祖無所容於天地而後快與？」倒不如說揭出了追論者的用心。

幾番摧折，人之雲亡，邦國殄瘁……」（《大難錄序》，《夏峰先生集》卷四）同時南方大儒劉宗周則將節義之衰，徑歸因於「靖難」（參看《劉子全書》卷一四《修正學以淑人心以培國家元氣疏》等）。《南渡錄》記弘光朝萬元吉請復懿文太子故號，及靖難諸臣諡，曰：「羡遜國之君臣何厚，愧此時之忠義多虧！」「靖難以正氣漸削，故釀為今日獷猾之徒屈膝拜偽」（第28頁）。這類議論到此時幾成常談。《明季北略》曰：「余謂文皇怒方正學不肯草詔，而夷其十族。至是而周鍾與楊廷鑒爭草詔，是成祖殺戮忠臣之報也。天心亦巧矣、微矣……」（卷二二第607頁）我在下文中還將談到，上述報應、輪迴說，竟成對有明亡國的一種解釋。

至於文化、學術之衰，又與節義之衰相表裏，更為關心學術文化存亡絕續如顧炎武者所痛心疾首。顧氏所說「八股行而古學棄」、「大全出而經說亡」，其後果，無不在敗壞「人才」。顧氏還說：「豈非骨鯁之臣，已空於建文之代，而制義初行，一時人士，盡棄宋元以來所得之實學，上下相蒙，以饕祿利，而莫之問也。嗚呼！經學之廢，實自此始」（《日知錄》卷一八「四書五經大全」條）。你由此不妨認為，明中葉以後對制義、時文的批評，對有明經學的批評，以至如王夫之、黃宗羲有關「一概之論」、「一定之說」、「一先生之言」的批評，無不隱含著關於洪武、永樂及「世道陞降」的主題。無論所據者為何，這畢竟是對一段歷史的走向、一個朝代的命運的大判斷。這種以有明二百餘年為歷史視野的判斷，如上文所說，賴有時勢也賴有相應的識力才能做出。

此外如魏禧《變法（下）》曰：「昔明太祖皇帝於宦官，法制訓誡，誠盡美盡善，及成祖之身而其法大壞」（《魏叔子文集》卷三）。惲日初批評成祖之棄三衛（見注〔26〕）；王夫之也指斥「永樂謀國之臣」「割版圖以貽覆亡之禍」（《讀通鑑論》卷二四第925頁）。張自烈

也說：「竊痛文皇帝初政未可為後世法也」（《書讓紀後》，《芑山文集》卷二一）。上述判斷，又經由明清之際士人參與編撰的《明史》而加以認定。「初，太祖禁中官預政，自永樂後，漸加委寄」（卷三〇四宦官列傳一）；而「中官四出，實始永樂時」（卷七四職官志三）；「蓋明世宦官出使、專征、監軍、分鎮、刺臣民隱事諸大權，皆自永樂間始」（卷三〇四）；洪武二十年「詔內外獄咸歸三法司，罷錦衣獄。成祖時復置。尋增北鎮撫司，專治詔獄」（卷七六職官志五）；「東廠之設，始於成祖。錦衣衛之獄，太祖嘗用之，後已禁止，其復用亦自永樂時」（卷九五刑法志三）。奄宦用事、廠衛、詔獄，素為士大夫所痛疾，被認為明代失政之尤大、為禍尤烈者。明清之際的成祖批評，還集中於如下兩個相關的主題（這尤其是東南人士熱中的話題），即都燕與東南賦重。前者因被認為關係明亡，而被追論不已；後者則雖至清代，仍足以激起南方人士的義憤。

在明清之際士人的議論中，「靖難」是作為明亡的前因來推究的。那事件也即獲得了其所可能有的最稱「嚴重」的意義。你又由此讀出了明代士人深刻的命運之感。學術文化氣運與國運、世道陞降為盛衰，士的命運即在其中——在國初史中，在如建文事件這樣的大轉折中。對於士人，此即「前定」，是其無可奈何的「命」、「數」。而士人經由考辨國初史追究「命運」（國運、世運、士的命運），尋求對此後事態的解釋，與此一時期言論界所熱中的追原「禍始」、尋繹因果在同一語境。南明朝的補謚、追奪，除證明「治統」所在、顯示道義力量外，也是對「歷史」發言，與「補謚開國文臣」，均可部分地視為直接憑藉「權力」的史述。[13]上述考辨與追論發生在明亡之際，由

---

13 弘光朝即奪靖難功臣謚或予惡謚（參看《弘光實錄鈔》卷二），隆武對成祖的評價要直截了當得多。黃宗羲《行朝錄》卷一《隆武紀年》：「上謂國家元氣之削由於靖難。命禮臣追復建文年號，立忠臣方孝孺祠，設姚廣孝像跪於階前」（《黃宗義全

事後看過去，恰恰構成明王朝歷史的一段特殊的尾聲。

當此際有關成祖的議論中，隱含著的最驚心動魄的字樣，即那個「篡」。這也應是二百多年蓄於士大夫心中、只待一旦說出的字。[14]儘管建文帝的優容文臣文士頗被稱道，但士人持久的憤慨，與其說出於對那個據有皇位僅四年的天子的傾心，不如說基於對燕王之篡的憤慨。這一事件的巨大陰影，覆蓋了其後的幾乎全部有明歷史，被認為具有根源性意義。它不止作為一個朝代的「早期歷史」決定了此後的事勢，而且因其反常性以及士大夫不便明言的邪惡性質，楔入了士人對當代史的思考與判斷，影響了他們對當代史的感覺方式。

孟森以為「謂建文為遜國，正是為燕諱其篡弑之惡」，「南都尊諡曰讓皇帝，正為文皇留餘地耳」（《建文遜國事考》，《明清史論著集刊》第7頁）。其實當人們使用「建文忠臣」一類名目，進而將「靖難」與「明亡」兩個事件中的行為（從而也將「靖難」與「明亡」）以類相從，以建文忠臣遺臣與明末忠義對舉，由燕王發動的那次政變，即被賦予了類似於「亡人之國」的嚴重意味——只不過論者不深究或有意避免推究罷了。[15]但也正是易代之際言論禁忌的解除，使得

---

集》第2冊第119頁）。這應是有明一代由「上」做出的最激烈的表態。隆武即所謂思文皇帝，太祖高皇帝九世孫——是否也因此，比之成祖之後、神宗之孫的弘光在追論成祖時更無顧忌？

14 據史載，建文忠臣當時即直斥其「篡」。《明史》卷一二八記劉基之子劉璟云：「殿下百世後，逃不得一『篡』字。」卷一四一卓敬傳記敬語，有「一旦橫行篡奪」云。此後也有曲折地說「篡」的方式。如鄭曉《今言》卷一第73條：「成祖於建文己卯七月起兵靖難，宸濠亦以正德己卯六月反湖廣。」王世貞曰：「文皇靖難師在己卯秋，寧庶人作難亦在己卯秋，相去正得二甲子。文皇之起，以都督三司謝宴，伏兵僇係之，寧庶人亦然。豈偶合耶，抑有所借襲耶？」（《皇明奇事述三·己卯壬午之際》，《弇山堂別集》卷一八第325頁）不妨看作以類比的方式說「篡」。

15 陳子龍《皇明成祖功臣年表序》比較靖難臣與開國臣之「隆替」，曰：「獨嘗縱歷二都，涉覽記籍，蟬冠橫玉，胤是從龍，東第棘門，功多靖難。而高帝布衣起事之人，存者無幾，失其氏望，子孫死為轉屍，邱墓鞠為茂草——方之於此，不可同年

不能言不敢言者得以言說。於是士人嘗試著說「篡」。《罪惟錄》方孝孺傳論曰：「燕與子漢熙，雖成敗分，要是父子間相授受，兩不洗管蔡之名哉！」（列傳卷九第1470頁）張履祥說：「燕王是成事之管、蔡，管、蔡是不成之燕王」（《願學記（三）》，《楊園先生全集》卷二八）。那「篡」字直欲脫口而出──卻仍未出口。

當此之際，說「篡」之難，障礙不在官方禁制，而在士大夫自己。一個「篡」字，足以引出對政權「合法性」的質疑，而士的立身、出處，又是賴有這「合法」與否（在此亦即合「道」與否）為前提的，所謂「邦有道則仕，無道則隱」。茲事至大至重，不容迴避，而又不容不迴避。為有明二百四十年歷史（自燕王即帝位至甲申）尋求道義的解釋，為士夫在篡位之君及其後代治下的二百餘年的生存尋求道德的解釋，不能不是絕大的難題。因而有關話題，隱蔽著士夫深刻的屈辱之感。這屈辱也半由士夫自己造成──由他們積久的道義感、道德感，由他們有關「篡」、「弒」的精緻的思想。卻也是這一欲出口未出口的「篡」字，阻礙了對成祖的由政治方面的評價。道義的尺度永遠像是絕對尺度。

但也在其時，黃宗羲對成祖之篡，卻別有見解。《明儒學案》卷四三《文正方正學先生孝孺》曰：「夫分封太過，七國之反，漢高祖釀之，成祖之天下，高皇帝授之，一成一敗。成祖之智勇十倍吳王濞，此不可以成敗而譽咎王室也」（第1045頁）。與顧炎武之論分封似意同，而旨趣及態度又有別。黃宗羲此論，可以其人《明夷待訪錄》之《原君》篇為注腳。王夫之史論對「篡」「弒」的反覆辨析，也不妨讀入其時有關的認識論背景的。[16]倘若想到近人述建文事，那

---

而語矣。若雲縱斂各情，仁猜異德，豈淮潁群英皆觸網之夫，北平諸將盡保家之主？」（《陳忠裕全集》卷二五）也曲折地表達了如下印象，即「靖難」幾同易代。

16 如《讀通鑑論》卷一四論劉裕之「篡」，即以其「公私」論、「天下─國」論為邏輯

個「篡」字也往往可見，而在三百年前的明遺民學者，有關「篡」已有了別種思路：是否可以理解為思想史上常見的「輪迴」？

你於「成祖評價」這一題目下也發現，清人傾嚮之鮮明，態度之激切，有過於明人者。《明史》即已明言其「篡」（參看卷三○八姦臣列傳）。魏源《書明史稿二》清算成祖，不但謂其「篡立」，且由蘇松田賦直說到「屠戮忠臣」、「株連夷滅」，義憤形諸辭氣之間。前於魏氏，段玉裁《明史十二論・三大案論》斷有明史案，亦辭情慷慨。「或問於段子曰：明燕王篡位，在《春秋》當何以筆之？曰：當書六月乙丑，燕王棣入都城弒帝，己巳遂自立。以《春秋經》求之.當如是也。曰：篡國無可辭，弒帝似未然也。曰：宮中之火，誰則為之？非燕王而何？燕王逆計城之必破，位之必可篡也，而獨何以處建文君也？輔之則有所不及待，殺之則不免於弒君。弒君者，天下之所集矢也。於是與交通之逆臣逆奄謀為此舉。有興問罪之師者，則彼自火而已矣。此其奸謀蓋預定而後行之……」段氏對燕王的心理猜測之細緻，有明清間人所未及者。如此大膽假設，殊非學者態度。但世易時移而語境不易，也證明了明代歷史持久的震撼力。且清代人主鉗制輿論，說本朝事動觸禁忌，而將勝國事說得如此斬截痛快，也應當有某種宣洩的快感的吧。

前提。這也是其時大儒的眼界。王氏並不僅據「篡」之名作一概之論，即對「篡」亦有辨析。他肯定劉裕的「為功於天下」，說：「天子受土於天而宰制之於己，亦非私也」（卷一四第523頁）；不以「舉大義而私之一家」為然（卷五），與黃宗羲《原君》的思路不無相近。王氏於此還強調「民生」的原則。如謂「以在下之義而言之，則寇賊之擾為小，而篡弒之逆為大；以在上之仁而言之，則一姓之興亡，私也，而生民之生死，公也」（卷一七第669頁）。至於其所謂「中國主」的標準，不止在是否一姓世襲之正統（治統），更在存夏滅夷之道統，又可見明清易代之際遺民的歷史視野。王夫之說「篡」「弒」，非可直接援之以說燕王，卻仍可歸入其時有關言論的大語境，儘管黃宗羲、王夫之作為傑出之士，並不能代表其時普遍的認識水準。

同文記段氏有關「奪門」一事的裁斷：「問者曰：奪門之是非何居？曰：謂之篡可也。」以下的議論也痛快淋漓。這裏的「篡」字也是明人縱然如此想也未必即如此說的。這是太令人難堪的話題。倘如段氏所說，有明二百餘年間，竟有兩度行「篡」的事實，[17]處此朝代，士人何以為情！你由此又不難推想，明亡之際出諸遺民的尖銳痛切的明代政治批判，其背後隱蔽著怎樣深刻的屈辱感與自我命運感懷！

## 說方孝孺

也如說於謙即直接間接地論「奪門」，說方正學，是士人說「遜國」、「靖難」的常用方式。士人經由「方孝孺之死」所說還不止於此。方氏在其身後，被奉為有明一代儒者儀型。「王安石之於誼，似矣，而誼正。誼之於方正學，似矣，而正學醇」（《讀通鑒論》卷二第 101 頁。按誼即賈誼）。如此「正」而「醇」的人物，自合作為士夫、儒者命運的象徵。至於成祖因方氏「十族之誅」而開罪士大夫，是不消說的。儘管此前太祖已行殺戮，卻像是都不及這一次來得血腥。因此明代士人的說方孝孺，也即自我述說，是他們說士的命運與國運的相關性的方式。王夫之歎道：「嗚呼！方正學死，而讀書之種絕於天下」（同書同卷第 93 頁）。這裏的「讀書之種」云云，顯係由姚廣孝語來。《明史》卷一四一方孝孺傳：「先是，成祖發北平，姚廣孝以孝孺為托，曰：『城下之日，彼必不降，幸勿殺之。殺孝孺，天下讀書種子絕矣。』」發生於「國初」的方氏之死，以絕大的陰影，

---

17 按段氏同文所說尚不止於此。「問者曰：世宗之大禮其是非何若？曰：燕王弒而篡者也，英宗不免乎篡者也，世宗非篡而以篡自居者也。」在清人如段氏眼裏，明代何「篡」之多也！

影響了明代士人的自我命運體認。[18]

　　作為國初大儒、一代宗師的方氏之死，其象徵意義甚至不止於此。方氏之處死，提供了此後士人處患難的經典樣式。有人比方氏的處境於魏徵，無論其時其勢均有不同。作為明儒的方孝孺，其姿態就注定了不同於唐之才臣魏徵（《讀通鑑論》：「唐多才臣，而清貞者不少概見，貞觀雖稱多士，未有與焉。」卷二二第 830 頁）。方氏遭際的慘酷，是外內兩面的條件預先決定了的。此外士人往往借諸方氏之死，展開若干政治性話題，如政治關係中的君臣（尤其儒臣），如政權結構中的文、武。建文史稱「右文之主」，因而文臣、儒士尤感創巨痛深。

　　明亡之際，士人有關方孝孺之死，也有了議論的不同。《明儒學案》卷四三曰：「庸人之論先生者有二：以先生得君而無救於其亡……又以先生激烈已甚，致十族之酷。」黃氏但說「成祖天性刻薄」，方氏必死，「不關先生之甚不甚也」（第 1045 頁）。孫奇逢卻逕說方氏之「過」：「予謂正學亦有過焉。明主可與忠言，正學以大義責之，勢必不能從。請早賜一劍，不食而死，何至以一身累及八百餘人也。白刃可蹈，中庸不可能。處死之道，豈容悻悻！」（《尚論篇下》，《夏峰先生集》卷八）孫氏著眼在「處死之道」；用了高攀龍的說法，即「有一毫逃死之心固害道，有一毫求死之心亦害道」（語見《明儒學案・蕺山學案》、《劉子全書》等）——與庸人式的保全，境

---

18 據《明史》，為方孝孺「平反」也頗費周章。弘治中陳仁「請復建文忠臣方孝孺等官」，即「格不行」（卷一八六陳仁傳）。嘉靖朝，有任台州知府而「建忠節祠，祀方孝孺」者（見卷一八九羅僑傳）。天啟二年「錄方孝孺遺嗣，尋予祭葬及謚」（卷二二熹宗本紀）。黃宗羲《弘光實錄鈔》卷三記「錄遜國方孝孺後澍節為五經博士」事。

界不同。[19]張自烈《遜志齋集序》也說：「雖然，公之死烈矣，以為善道則未也」（《芑山文集》卷一二）。其《祀黃公述略》則說方孝孺「不草詔可也，且哭且罵，置文皇何地！……雖毅然就礫，忠耿非不著，豈有毫髮補哉！」（同上卷二二）以方氏為「忠之過」者，前此也已有其人，[20]但孫奇逢式的異議，顯然以易代之際士人對「臣道」對「節義」的反省為背景。《罪惟錄》如下議論亦屬平情之論：「幸而生正學靖難之年，而孝孺不死。上曰老其才，將使雍容禮樂之間耳。倘輒受事，勢必議井田不合，投劾去。即否，諸周官紛更，去新莽幾何？然則北平不起，勢亦未能成太平，獨宜事君臣為萬世作則耳」（列傳卷九方孝孺傳，第1470頁）。王夫之對方孝孺於建文朝的「名法綜覈」，也不以為然（參看《讀通鑑論》卷一三）、魏禧則由晁錯論及齊泰、黃子澄，以為「誤國愛身」，「前後如出一轍」（《晁錯論》，《魏叔子文集》卷一）。

　　至於方孝孺與燕王的那一段著名的對話，確有十足的戲劇性。「召至，悲慟聲徹殿陛。成祖降榻勞曰：『先生毋自苦，予欲法周公輔成王耳。』孝孺曰：『成王安在？』成祖曰：『彼自焚死。』孝孺曰：『何不立成王之子？』成祖曰：『國賴長君。』孝孺曰：『何不立

---

19 劉宗周所見與孫奇逢不同，其《方遜志先生正學錄序》曰：「忠臣之事君也，服勤至死已耳。甚者殉以妻子。若乃死而殉以十族者，千古以來，自本朝方遜志先生始。」「惟先生以十族為一身，而後能以一身易天下，使天下盡化而為忠臣、為孝子……」（《劉子全書》卷二一）同書同卷《方正學先生遜志齋集序》：「……無乃忠而過者與？《易》曰：大者過也。又曰：大過之時，大矣哉！獨立不懼，遯世無悶。先生有焉。過而大也。矯枉過正，所以中也。故曰正學也。」

20 如王廷相。《國榷》卷一二錄王廷相語，謂「方遜學忠之過者與？……激而至於覆宗，義固得矣，如仁孝何哉？輕重失宜，聖人豈為之！」（第858-859頁）但在這種意義上，方氏亦足儀型一代——明人所激賞的，正是此種不惜斷脰穴胸、覆宗滅祖的「節義」。為王廷相所提示的「義」與「仁孝」之孰為輕重，確屬常被有意忽略、擱置的問題。

成王之弟？』成祖曰：『此朕家事。』」（《明史》卷一四一方孝孺傳）
這裏正用得著黃宗羲、王夫之的思理及論辯能力，而王、黃則要到二
百餘年後才會出現。當方氏之時，「此朕家事」，透徹而毋庸置辯。只
這一句，情境的諷刺意味全出。魯迅說到的方孝孺的「迂」，即須於
此處領會。方孝孺一類士人的不智，在其責專制君主以存天下之
「公」，且自以為存此大「公」，士夫與有責焉。[21]

　　也是在明清之際，史家說建文之為「帝」，漸取更「客觀」的態
度。宗室政策，是明清之際遺民的明代政治批評的重要方面。易代之
際如顧炎武等人的宗室論，與太祖時代諫阻分封者，思路已有不同，
其關注更在一姓之國存亡的條件，亦即「宗子維城」之為推遲亡國的
條件──在亡國之餘的士人那裏，如此明顯的「利」，使弊害變得不
足道了。這也構成了批評「削藩」的更直接的背景。至於以通常倫理
原則批評「第一家族」，士人也利用了建文事件所提供的可能性。顧
炎武《日知錄》卷九「宗室」條曰：「聞管、蔡之失道，而作《常
棣》之詩，以親兄弟，此周之所以興。」王夫之《宋論》則曰：「天
倫為重，大位為輕」（卷二第 54 頁）。據此，建文、成祖均不能逃其
咎。而有關事件的起因，一時言論反而並無新意。如歸莊詩所說「廷
臣謀國效晁錯，因逼諸藩真大誤，北平只懼為之續，白頭舉事不反
顧。……」（《讀國史至建文壬午有作》）不過沿襲通常的說法。甚至
《明史紀事本末》卷一五穀應泰的下述議論，也不過是另一種常談：
「……論者以建文之失，在於削諸藩。而予則以諸藩者，削亦反，不
削亦反。論者又以建文之失，在於削強藩。而予則以不削強藩者，燕
王最強最先反，寧王次強必次反」（第 229 頁）。至於太祖當年分封的

---

動機，可否由王夫之對賈誼「眾建諸侯而少其力」為「陽予陰奪之術」（參看《讀通鑑論》卷二）的分析得一點啟示？

對與方孝孺有關的史述也有質疑。劉宗周即質疑鄭曉關於方氏死事的記述（見《方遜志先生死事存疑》，《劉子全書》卷二一）；儘管劉氏以為可疑的，正史（《明史》）及學術史（《明儒學案》）均載之不疑。至於朱彝尊，甚至不以盛傳的誅十族——有關方氏的傳說中最激動人心處——之說為然。朱彝尊《遜志齋文鈔序》曰：「公既死，朝廷嚴文字之禁，而鄭氏所輯，凡四、五冊，余皆叔豐補完之，公之文卒賴以傳。然則諸君子或為公友，或在公之門，當日咸不及於難，吾是以知合門人故友為十族之說，亦傳之者過也」（《曝書亭集》卷三六第 449 頁）。其《史館上總裁第四書》也以其說為「不足信」，曰「世之言九族者，名為九，其實本宗一族爾。迨秦、漢誅及三族，則兼逮母、妻之黨。村夫子不知九族尚輕，三族為最酷，而造為是說。使文皇果用是刑，無舍母、妻之族，而遽株及於弟子友朋者」（同書卷三二第 405 頁）。以下亦以方氏「最莫逆」之友與「及門高弟」「當日咸不及於難」為證。雖因史料湮沒，終屬猜測推論，也可見出清初士人意欲剔除傳說、小說家言，還原「歷史」，脫出激情狀態，恢復常識態度的努力。

如上文所說，有關方氏事件的質疑，屬於此一時期士人「節義論」的大語境。異議縱然微弱，也仍然是異議。有關建文，有關成祖，有關方孝孺的不同聲音，透露了其時思想、言論的活躍。這些言論與同時其它言論，點點滴滴地匯入了思想史的變動之中。

# 第二節　「革除」後史

　　有關建文君臣的故事製作，是「革除」歷史的後史。民間與士夫對此事件的不斷演繹、重述，是持續的意義賦予過程。在這類場合，齊東野語，士夫所鄙的「委巷不經之說」，亦自有其嚴肅性。野史，民間創作，從來被士、民作為說禁忌性話題的方式，是他們處禁制下的敘事策略——與其說意在以此存「史」，倒不如說更在以此存「人心」。亂世，有其對想像活動的特殊刺激。明清之際如南明朝的假太子、假王妃，以至假弘光等案，均可作為其時人們的故事興趣、想像力的明證。而前此有關建文事件的記述，則提供了士夫與民間的敘述活動相互影響、傳統史述（以正史為代表）與民間創作相互作用的突出例證。

　　「大抵革除事蹟，既無實錄可考，而野史真贋錯出，莫可辯證」（《書致身錄考後》，《牧齋初學集》卷二二第759頁）。但仍有王世貞辨之在前（參看《史乘考誤（二）》等，《弇山堂別集》卷二一），錢謙益、潘檉章辨之在後。錢氏《致身錄考》曰：「從亡徇志之臣，或生扦牧圉，或死膏草野，或湮滅而淵沉，或鳥集而獸散。身家漂蕩，名跡漫漶。安有宴坐記別，從容題拂，曰某為補鍋匠，某為葛衣翁，某為東湖樵，比太學之標榜，擬期門之會集哉？」（同書同卷第756頁）此乃常識的判斷。孟森《建文遜國事考》認為自有錢氏的《致身錄考》、《書致身錄考後》兩文，「而萬曆以來盛行之偽書始廢。後來李映碧南都議駁從亡贈諡，皆本此說，竹垞先生亦援引之」（第11頁。按李映碧，李清；竹垞先生，朱彝尊）。但孟森顯然誇大了錢氏之「考」的影響力。[22]由明清之際士夫有關建文事件的文字，

---

22　《國榷》即不加簡擇地採用野史傳說。查繼佐的識見似差勝。其書亦傳程濟，卻於

你隨處可感野史傳說入人之深。《廣陽雜記》卷一曰：「雲南武定府城西北有師子山……山有寺，曰『正續』，相傳建文帝駐錫處也。」有彭秋水、林武陵者同遊「正續」並唱和，「彭一聯云：『蒙嶽千年傳帝釋，孝陵壞土憶王孫。』林一聯云：『豈是勾吳披髮去，翻令同泰捨身來。』」劉獻廷感歎道：「只此一聯妙絕千古矣」（第 49-50 頁）。黃宗羲《安化寺緣起》曰「博洽（按應為溥洽之誤）為建文皇帝剃髮」（《黃宗羲全集》第 10 冊第 635 頁），或不過用典。而王夫之《讀通鑑論》中一再提到的「遜國遺臣」「溧陽史氏」（參看該書卷一四、卷一五），即錢謙益《致身錄考》斷定其「必無」者。史彬的鄉人亦不以錢氏之「考」為然。朱鶴齡《愚庵小集》卷一四《書袁杞山事》、《書史仲彬事》均記革除佚事。《書史仲彬事》駁錢謙益《致身錄考》，曰：「吾邑二百年以來，父老相傳，謂建文嘗居史氏，今所遺水月觀匾額，是建文篆書，其說必有自來，非可鑿空為之者」（第 691 頁）。朱氏也並無力證，所言乃「事理之所宜有」。具有諷刺意味的是，這竟是直到孟森有關建文事件的論辯常用的方式。

朱彝尊以為「福藩稱制，無一善政可紀，惟追贈壬午殉難諸臣，贈官錫諡，差快人意。第易名多至十人，未免失之太濫。然程濟、史仲彬不及焉，其勝於刊勝國逸書者多也」（《姜氏秘史跋》，《曝書亭集》卷四五第 548 頁）。李清《南渡錄》卷三記弘光朝「追補建文死節諸臣贈諡」，確如朱彝尊所說。而黃宗羲《弘光實錄鈔》卷二所錄之補諡名單，「從亡諸臣」翰林史彬、程濟等均在其間，甚至有「官職無考」的河西傭、補鍋匠馮翁、王公，東湖、樂清、耶溪三樵夫等。李清以弘光朝臣（工科都給事中）直接參與補諡事，當以其所記

---

「論」辨其事之偽，亦一種「書法」（見《罪惟錄》列傳卷九高翔傳附程濟傳）。《明史紀事本末》卷一七《建文遜國》幾全據《從亡隨筆》等敷演。

為準。而黃氏指為「錯誤」的王艮，《國史考異》以為不可信的「金川門守卒龔翊」，及其它「子虛烏有」而「濫冒盛典」者，仍赫然見諸補謚之列。[23]

《明史》建文書法的幾經變化，反映了有關言論背後的強大願望與頑強意志。即使有錢謙益的《致身錄考》、《書致身錄考後》，有王鴻緒被認為居心叵測的《史例議》，有朱彝尊、萬斯同對建文焚死的堅持，有關建文出亡的豐富的民間想像作用於史館諸公的判斷，仍然是不可抗拒的。錢氏曰：「語有之，俗語不實，流為丹青」（《致身錄考》）。這是雖以錢氏之博學，也無奈其何的事。況其事本來即在疑似之間。錢氏本人也誠如孟森所說，是雖以史彬、程濟等人故事為妄，卻仍信「出亡」之說的。潘氏亦一信（或曰亦寧信）「出亡」者。其《國史考異》即據「胡之使」、「溥洽之獄」證「不死之說」，甚至對建文的出亡方式有具體設想：「意是時成祖頓兵金川，遣人奉章（見長陵碑文），實欲使惠宗自為計，而京師遼闊，東南一隅，燕師勢難遍及，倉卒潛行，誰為物色之者，而又何必假途隧中也」（卷四第131頁）。潘氏以一一指實「同謀何人」、「寄跡何地」為愚誕，也決不信賦詩迎歸諸說，此之謂「疑則傳疑」，並不即以出亡為疑[24]——與錢氏思路有合。焚死之說不能在史館中占上風，良有以也。正史一

---

23 《弘光實錄鈔》、《南渡錄》均詳載追謚諸臣名單，顧炎武《聖安本紀》卷三亦錄方孝孺等人謚。《明季南略》載而不詳，《小腆紀年附考》則不載，該書卷八「徐鼒曰：何以書？譏也……何以譏？梓宮槁葬，宗社陸沉，臥薪嘗膽之秋，豈潤色太平之事乎！」（第266頁）明遺民與清人視其事輕重之不同，亦可玩味。

24 其曰「不死之說，必有自來」，非比「懷王扶蘇，傳自民間而已」。同文否定了「地道」之說：「然則地道之說信乎？曰，未可信也。今觀南京宮城之外，環以御河，果從地道出，將安之乎？」卻另外設想了出亡途徑。又說：「若夫出亡之實，則其事秘，吾不得而知之矣。必欲從二百載後，而一一指其同謀何人，寄跡何地，非愚則誕，闕疑焉可也」（同卷第130-131頁）。其以為「建文迎歸之事，斷不足信，若遜位而出，則或有之耳」（第139頁）。

向賴有野史、私家著述為基本材料來源。正史與野史、私家史述，並無史學方法的根本區別。[25]正史敘事與其它種敘事（包括文學敘述）間，亦無史家所設想的不可混淆、不可「闌入」的界限。

由錢、潘等人之所考可知，民間想像、野史書寫的展開，正於文獻空缺（且往往故示人以「空缺」）、語焉不詳（也往往是有意模糊）處，其方向則是虛者實之：民間創作的歷史文本化。「方疑其事」，即「遽實其人」，「且實其人，不過借其事」；在這樣的加工製作中，「事愈詳而名益多」（《國史考異》卷四第 142 頁）。更有冒認後裔以覬恤典者。但平心而論，上述故事製作是不妨以幽默態度對待的。其闌入史著則因學人之失考，不便令野史傳聞的作者獨任其咎的吧。

在有關「出亡」的故事中，已不可能將士夫的與「民間」的創作剝離。從來「士」與「民」的敘事活動都是相互啟示以至分享靈感的。就本文所論事件說，即使「鬼門」云云顯係編造，史彬、程濟故事不經一「考」之使、溥洽之獄，亦自引人入勝，有天然的故事趣味，其幽深迷離處，適足以增添事件的神秘色彩。士夫的嗜好「神秘趣味」決不下於小民──可以官修《明史》為證。雖經了錢、潘等人的一「考」再「考」，欽定《明史》（即張廷玉本《明史》）仍錄入了有關程濟的傳說。傳王艮，採用的是黃宗羲以為不實的「自鴆」說（卷一四二）。記平安之死，竟不用潘檉章認為可信的《實錄》，偏用《遜國臣記》及其它「野記」（卷一四四平安傳）。甚至傳姚廣孝（卷

---

25 但私家史著較之官修正史，仍有可能明確表達個人判斷。如查繼佐《罪惟錄》帝紀卷二《惠宗帝紀》的建文書法：「內大火，帝與皇后馬氏暴崩，為六月之十有三日也。或云帝剃髮出亡，燕王清宮三日……」（第68頁）「論曰：帝以仁柔，海內欲不忘之，遂有遜荒之說。說歷久益增。至史仲彬《致身錄》諸鑿鑿，實所疑，如或親見之者。觀吳文定仲彬墓誌，全不及此，一偽皆偽也。且太宗亦正欲以不死慰天下之心，當時實錄具載『出亡』二字，安帝隱也。」即於此考諸傳說之偽，甚至以鄭和尋訪之說為「附會」。查氏斷曰：「存者其名，沒者其實，必爾爾也」（第70頁）。

一四五），也寧為錢謙益所謂「吳兒委巷妄語」所「誤」（語見《列朝詩集小傳》甲集第 99 頁）。史臣的故事嗜好，卻又須由古中國史學傳統本身來解釋。於此你不難想見如錢謙益、潘檉章、萬斯同等人曲高和寡的寂寞，也不難推想籠罩在此種隱晦曖昧的故事氛圍中，成祖及其子孫的尷尬。

至於以存此種記述為風化所關，則弘光朝臣、清代史局中人（及鉗制於其後的「時主」）與民間思路，更有合致。上文已引李清當弘光朝補諡時所說「與其靳也寧濫」。《明史》卷一四三論贊則曰「忠義奇節，人多樂道之者。傳曰：『與其過而去之，寧過而存之。』亦足以扶植綱常，使懦夫有立志也。」寧濫，寧過而存，雖以朝廷諡典的莊嚴性，雖以史事的嚴肅性，仍不能不服從於道德目標、現實政治利益——對於說明其時史學所處真實位置，應不失為適例。至於借諸此一話題提示當下處境，為亡國之慟，則論者的心跡甚明。錢謙益的《建文年譜序》就有「當滄海貿易禾黍顧瞻之後，欲以殘編故紙，憖遺三百年未死之人心」（《牧齋有學集》卷一四第 685 頁）云云。孟森《建文遜國事考》也說，「特當時明亦已亡，述明事於易代之後，無論信否，皆有故國之思云爾」（《明清史論著集刊》第 9-10 頁）。

甚至力主「信以傳信，疑以傳疑」，不以「寧過而存之」為然的錢謙益（參看《書致身錄考後》），也終不能將「學術態度」堅持到底。其作於易代後的《建文年譜序》，不惟將建文之「不焚」，且將溥洽之「剃染」，以至「耄遜遐荒」、「頭陀乞食」等等，均作為「事實」言說，幾於全盤認可了有關建文出亡的野史傳說，與其考《致身錄》、《從亡隨筆》時的神情不免有異。同文描述了營造出建文故事的社會心理氛圍：「……三百年之臣子不能言、言之不盡矣。而其所以不能知、不盡言者，輪困苞塞，終不能泯滅於斯人斯世，於是乎憤盈交作，新舊錯互，實錄廢則取徵草野之書，傳聞異則占決父老之口，梵

宮之轉藏，教坊之冊籍，旅店市傭之留題斷句，無不採集，無不詮
表，亦足以闡幽潛，勸忠孝矣。而斯人之心，不但已也。於是乎四
十餘年出亡之遺跡，易代已後歸骨之故事，問影訪求，鑿空排
纘……」自說對趙氏所為年譜非但不忍「援據史乘，抗詞駁正」，且
「讀未終卷」而「淚流臆而涕漬紙，欷歔煩醒，不能解免」（第684-
685頁）──又是史事受制約於政治情勢、社會心理諸條件的例子。
有關「話題」確也越出了史學範疇，作為社會心理現象，獲得了多方
面的含義。

　　正如清人對建文事件之「借」（如禮親王所說王鴻緒），基於
「類」之似，士夫、民間也有其「借」的方式，即以「類似」而作對
「靖難」之為「明亡前因」的追論。《三垣筆記上‧崇禎》曰：「惠宗
之亡，有皇太后呂氏在上，今亦有懿安皇后在上，惠宗之亡，有三皇
弟，今亦有三皇子，惠宗之亡，後馬氏殉，今後周氏亦殉。且廟號之
上，與諡贈之加，自二帝二後以及東宮諸王暨前後殉國諸忠，皆駢集
弘光時，若一案然，尤可異也」（第87頁）。[26]倘自焚說成立，則建文
之殉與二百年後崇禎之殉，確也前後相映，完成了一度輪迴。建文
「遜國」與明亡，兩大事件分別發生在明史兩端，而建文事件在上述
聯想中，即與有明歷史相始終，且成對國運的惡讖，不祥預言。時隔
二百餘年的兩個事件的上述「關聯」的發現，豈能不予士人持久不衰

---

26 當此時，「輪迴」已像是士人感受歷史的一種方式。惲日初曰：「惜乎高皇帝法度半
壞於文皇，此則邊疆戎索之首蠍者，抑又有天道焉。藉以取天下者三衛，因以失天
下者即三衛。信哉，君以此始，即以此終。」曰：「明季之亡，忽焉，則毒發文皇
之靖難。」其理由是：「千古以裔亂華之故，大率彝倫之黷召之」（《遜庵先生稿‧
讀魏叔子日錄偶書》）。李清《南渡錄》卷四錄李氏本人弘光朝奏疏，中曰：「臣又
嘗歎我朝有二亡，惠廟以仁恕亡，先皇以英斷亡，皆不以失德。然昔殉主接踵，今
從逆比肩，先皇在天之怨恫，比惠廟更甚」（第165頁）。

的有關興趣以新的刺激！[27]

　　士人及民間所說「輪迴」，其「資源」為佛教思想無疑。而民間更將「果報」具體化了。《三垣筆記》摘寺人王著《從實錄》，記明末人說甲申之變為「建文故忠」作亂，如「崇禎初，吾邑子衿袁靖，遇禪僧毒鼓於某山下，指天象語曰：『天遣齊、黃輩下界，不久將亂矣。』靖曰：『此皆建文故忠，詎昔忠今亂者？』毒鼓曰：『彼積憤怨已久，一朝下降，不為巨寇，必為叛臣，皆所不辭耳。』至甲申之變，乃驗」（第 245 頁）。這類果報說在亡國之際，聽來豈不正像梟鳴？

---

27 聯想、感應甚至非至易代之際始有。黃宗羲記其父黃尊素，引徐石麒語：「公於獄中，嘗夢三黑人者，楊忠烈亦夢之。識者謂遜國之忠臣也」（《黃氏家錄‧忠端公黃尊素》，《黃宗羲全集》第 1 冊第 414 頁）。你不難注意到歷代遺民故事的相似也如節烈故事，從而注意到建文遺臣的故事模式對易代之際遺民的影響──故事也就在這種提示與限制中不斷被複製。

# 談兵

　　談兵即經世。當明亡之際，尤其是經世之首務。明末士人勇於任事；與軍事有關的事，最屬當務之急。「國之大事，在祀與戎」（《左傳》成公十三年）。禮樂兵刑，乃國家政治的大關節目；當明之世，「兵」的緊迫性往往又在其它諸項之上。「國防軍事」是理解明代政經諸多問題的基本線索。

　　孫武兵法被認為「百代談兵之祖」（《四庫全書總目提要》子部兵家類《孫子》）。本文所謂「談兵」的「兵」，包括兵謀、兵制、兵器等等，上述種種，不出傳統所謂「兵學」與「兵事」的範圍。「兵」，最初指稱兵器，後也指身在行伍者，即「士兵」。有「士」、「王」同為斧形之說——王權來自軍事權力；士在其起源處與「兵」的關係本直接而密切。[1]本書所論這一時期被劃歸狹義的「兵學」者，具有「經世之學」的一般品性，即如強調「經世」指向（動機、目標設置），不具有「專業」特性，不能作為嚴格意義上的學術類別。

　　談兵與所談之兵，尚可做種種區分。即如士人最熱心談論的「兵謀」，可區分為一般的軍事謀略與具體的戰守；後者又可區分為關係全域的部署與局部戰事（包括地方守禦）。將其時士人的「談兵」作為分析對象，尚可由談兵者的身份，區分為文士之談與武將之談、兵學專家之談與一般的書生之談、當事任者之談與非當事任者之談。由

---

1　關於「兵」，參看《日知錄》卷七「去兵去食」條。《明史‧戚繼光傳》曰戚「所著《紀效新書》、《練兵實紀》，談兵者遵用焉」（卷二一二）。此「談兵者」又指稱從事軍事者。

談兵者的動機、目標，可分為以兵為學（如注孫注吳）與作用於當前
軍事（本文的興趣更在後者）。甚至談兵者為朝臣抑在野之士，為武
將或介入軍事的文臣以至幕府之士，均可區以別之。即同為「文
臣」、「文士」，又何嘗不可由親自參與部署以至親臨戰陣、或僅從事
過策劃而絕無實戰經歷做一區分？

　　本文所處理的材料，包括有關「談」這一行為的記述，與所談之
「兵」。因而材料主要來自兩個方面：有關其時士人「談兵」這一行
為的記述，與可資考其所談之「兵」的言論材料；後者既包括有關著
述，也包括奏疏及文集中與軍事有關的文字。軍事戰略分析，軍事行
動記述，借諸史論、策論的兵謀、兵略談，多出自文臣、文士手筆；
武將所撰，如戚繼光的《紀效新書》、《練兵實紀》之屬，則屬實用兵
書。但也不便做一概之論。如徐光啟的《選練條格》等，亦以實用為
期待。而作為本文材料的收入《皇明經世文編》及明人文集的大量奏
疏，多屬具體建議，以見諸實施為目標。這裏較為特殊的，是有關兵
制之談。明代兵制批評固因在明亡前、後而有不同，發表在明亡後的
兵制論，由近人看去，則又有「學術含量」的差異──且學術與非學
術之間的分界，並非總能釐清。當明清易代之際，即注經也不免有現
實的針對性，不可僅據著述的形式而做區分。出諸時人的有關當世談
兵的記述，提供了想像其時情境、氛圍的材料，我力圖由此而獲得
「現場感」；至於其時有關軍事的言論，本文所及，不免掛一漏萬。
這是要預先說明的。

　　唐代對兵書，有私藏私習之禁（參看《唐律》、《唐律疏議》）。見
諸《四庫全書》著錄的兵學類書籍，其數量至宋漸有可觀，而明人的
有關著作尤夥。文士談兵雖不自宋始，但演成風氣，似應追溯至宋。
至於有宋一代著名文士的參與軍事，辛棄疾、陸遊等，均為著例。梅
堯臣、歐陽修曾注《孫子》，歐陽修還撰有《九射格》，為明末士人所

心儀的謝枋得（疊山）；亦曾有兵書的注釋與纂輯。明人好談宋，自然因了所處情勢惟宋可比；而對於明人，宋代人物確也提供了較近的榜樣。

## 危機時刻的書生談兵

　　宋、明兩代文士的談兵，同為時勢所激成。有明一代有自始至終的軍事形勢的嚴峻性。尤為嚴重的，是來自北方的威脅。至英宗朝土木之變，嘉、隆之際東南「倭患」，士人每有家國之憂。王世貞說：「自庚戌始，而西北之兵亡日不與虜戰；自壬子始，而東南之兵亡日不與倭戰。兵日以戰，挫削日以繼」（《策》，《明經世文編》卷三三五）。危機感、威脅感──上述軍事形勢，不能不影響於士大夫的生存狀態，亦士夫為此「談」的情勢。錢謙益《張公路詩集序》，說張名由（公路）「當神廟日中之世，扼腕論兵，壯年北遊燕、趙、晉、魏，訪問昔年營陣戰壘，盱衡時事，颯颯然有微風動搖之慮」（《牧齋有學集》卷一九第 815 頁）。歸莊《張公路先生詩集序》也說張氏詩「如《聞庚戌邊報》、《觀騎射》、《暹羅刀歌》諸作，慨然有封狼居胥之意」（《歸莊集》卷三第 186 頁）。李贄亦好與人「談兵談經濟」（袁宗道《答陶石簣》，《明代文論選》第 309 頁）。書生談兵，有時即以兵事為談資，不過博快意於一「談」。但到了覆亡的危機迫在眉睫，士人的兵事興趣亦被賦予了時事的嚴重性。徐光啟自說「生長海濱，習聞倭警，中懷憤激，時覽兵傳」（《敷陳末議以殄凶酋疏》，萬曆四十七年，《徐光啟集》卷三第 97 頁）。[2]明末的軍事失敗，更刺激了士

---

2　其《復太史焦座師》曰：「啟少嘗感憤倭奴蹂踐，梓里丘墟，因而誦讀之暇，稍習兵家言」（同書卷一〇第454頁）。另劄中說：「僕之生平，志在靜退」，獨不能不越俎而言兵；至於「言而不用，吾志則盡矣」（同卷《與李君敍柱史》）。

人談兵以至軍事參與的熱情。錢謙益記述其時的京城夜談，生動如
畫：「……余在長安，東事方殷，海內士大夫自負才略，好譚兵事
者，往往集余邸中，相與清夜置酒，明燈促坐，扼腕奮臂，談犁庭掃
穴之舉。而其人多用兵事顯，擁高牙，捧賜劍，登壇而仗鉞者多矣」
（《謝象三五十壽序》，《牧齋初學集》卷三六第 1018 頁）。錢氏本人
亦好此「談」，有「投筆」一集。[3]兵事甚至是其人與柳如是洞房中的
談資（參看《秋夕燕堂話舊事有感》，《牧齋初學集》卷二〇），《莊
子‧說劍》篇則是此一時期他一用再用的典故。直到降清後，他猶致
書瞿式耜，為永曆小朝廷的軍事獻策（參看《瞿式耜集》卷一《報中
興機會疏》）。他的友人歸莊於此有同好，與錢謙益相聚，不免要談談
「古今用兵方略如何，戰爭棋局如何，古今人才術志量如何」。這類
談論自然引人入勝。錢氏說當歸莊縱談之際，「余隱几側耳，若憑軾
巢車以觀戰鬥，不覺欣然移日」（《牧齋有學集》卷一九第 821 頁）。
其時北方名士閻爾梅任俠、好談兵；南方名士方以智，也曾聚米畫
灰，籌畫軍事。這類記述的興趣所在，更是談兵者的情態，其時士人
的精神意氣，至於其人所籌大計，所畫方略，就只能懸揣了。

　　在未嘗親歷戰陣的文士，其談兵的主要資源，不外兵書與史書。
古代中國，史學與兵學固有親緣關係。《日知錄》卷二六「史記通鑒
兵事」條：「太史公胸中，固有一天下大勢，非後代書生之所能幾
也。」「司馬溫公《通鑒》，承左氏而作，其中所載兵法甚詳。」由本
書所論的這一時期看，史書確也是士人兵學知識的一部分來源。吳應
箕即以左氏為「言兵之祖」（參看《古方略序》，《樓山堂集》卷一
四）。借諸史書而做古代著名戰例的分析，亦書生談兵的通常方式。

---

3　錢氏《元日雜題長句八首》之三有「投筆儒生騰羽檄」句，錢氏自注：「無錫顧杲
　　秀才傳號忠檄」，亦可自注其《投筆集》。

曾在孫承宗幕下的茅元儀，撰有《廿一史戰略考》。魏禧則自說「生平好讀左氏，於其兵事稍有窺得失，曾著《春秋戰論》十篇，為天下士所賞識」（《答曾君有書》，《魏叔子文集》卷五）。[4]黎遂球也說其軍事知識得之於左氏《春秋》，說自己「取左氏諸兵事，別為端委，手自寫記，時以己意附於其末」（《春秋兵法序》，《蓮須閣集》卷六）。王德森《崑山明賢畫像傳贊》說歸莊「縱覽六藝百家之書，尤精《司馬兵法》」（《歸莊集》第 577 頁）。對此錢謙益的說法是，「按古方以療新病，雖有危證，惡疾可得而除也」，以為「古方具在，醫國之手非乏也」（《向言下》，《牧齋初學集》卷二四第 780、781 頁）。其本人即以「醫國手」自居無疑。他一再論及「用荊、襄以制中原」、「用荊、襄以固東南」（同上），與顧炎武所見不殊（參看顧氏《形勢論》）。此種共識，確也由史例即「古方」來。

正如學「為政」通常以名臣傳狀、言論為實用教本，戚繼光也徑以名將傳為學兵之資。他說：「予嘗教人專看『將鑒』與『將傳』，不可偏看《七書》兵法」；認為「《七書》如醫之《素問》等類」，而「活將傳」乃「對證之實方」（《止止堂集‧愚愚稿》）。以載諸史冊的

---

4　《續文獻通考》卷一八三《經籍》四三，關於陳禹謨《左氏兵略》三十二卷，曰其「取《左傳》所敘兵事，以次排纂；又雜引子史證明之，而斷以己意。書生迂滯之見，無異鍥舟求劍也」。宋徵璧亦有《左氏兵法測要》二十卷。顧炎武有專門談兵的未刊稿《懼謀錄》。《魏叔子文集》外篇卷二的《兵謀》、《兵法》，以同題收入昭代叢書丁集。文集同卷尚有「春秋列國論」六篇、「春秋戰論」八篇，均為借諸《左傳》的談兵之作。《兵謀》、《兵法》彙集《左傳》中戰例，又各分細目，如「謀」三十二，「法」二十二。曰：「凡兵有可見，有不可見。可見曰『法』，不可見曰『謀』」（《兵謀》）。魏氏尚輯有《兵跡》十二卷（豫章叢書），有「將體」、「將能」、「將效」、「邊塞」等目。此書雜抄史書，輯錄逸事，內容蕪雜。李浴日選輯《中國兵學大系》（臺灣世界兵學社，1957年）收入魏禧《兵跡》、《兵謀兵法》（第8冊、第9冊）、王餘祐的《乾坤大略》。

戰例為題，分析「兵機利害」、前人用兵得失，亦通常文人的兵事之談藉以展開的方式。在近代的軍事學興起之前，有關戰事的敘述，以至著名將領的傳狀文字，承擔了軍事教育的功能。兵學與史學未嘗分，於此也可得一證。

與兵學、兵事有關的撰著一向多出自文士之手。有明一代雖名將如戚繼光有所著述，存世及存目的兵書，仍多為文士纂輯撰著。明初劉基即頗從事於與兵學有關的著述，以及古代兵法的纂輯。明代名臣如於謙、王陽明、張居正等，均有兵學著作。清四庫館臣由明人諱言范淶所著《海防書》，推測道：「蓋自宋以來，儒者例以性命為精言，以事功為霸術，至於兵事，尤所惡言。殆作志者恐妨淶醇儒之名，故諱此書歟？」（《四庫全書總目提要》史部地理類存目，範淶撰《兩浙海防類考續編十卷》）這種推測似難得到證實。有明一代非但被認為非正統的思想家、學者如呂坤、李贄等，有與兵學有關的撰著（呂坤撰有《守城秘要》、李贄有《孫子參同》），且著名文人也熱心於此項事業，如王世貞評注《孫子》，歸有光則有對於多種兵書（包括《吳子》、《尉繚子》、《孫武子》、《司馬子》、《子牙子》等）的輯評。他們還往往對當前的軍事問題發言（如歸有光撰有《禦倭議》、《備倭事略》等，參看《震川先生集》）。至於徐孚遠、陳子龍等人輯《皇明經世文編》，所採錄的明清之際士人文集中的談兵之作，尤堪作為反證。

這裏所謂「文士」，與「武人」相對待，幾乎是「士大夫」的別稱，包括了依「學」劃分的「儒者」、「學人」、「文人」。前於明代，以儒林中人物而好談兵，多少會被作為其人「非主流」之一證。陳亮自說「獨好伯王大略，兵機利害」（《酌古論·酌古論序》，《陳亮集（增訂本）》卷五第50頁）。徐光啟對陳亮的談兵夷然不屑，理由卻是陳氏實不知兵。他不客氣地說，「永嘉粗心盛氣，其最自憙者兵，然實其言曾不堪為趙括作灶下養」（《刻紫陽朱子全集序》，《徐光啟

集》卷三第 96 頁）。事實是，生當宋、明，即「粹儒」也不能拒絕兵
學以至「軍事技藝」的吸引。丁元薦《西山日記》卷下《文學》：「陸
九淵聞靖康之難，輒剪爪習弓矢，曰：『終日馳射，不失本領。』張
子厚少年談兵，一變至道。二先生始不為腐儒。」[5]弘、正間何孟春
說過：「儒者不言兵，儒者不可以不知兵也」（《上大司馬相公書》，
《明經世文編》卷一二六）。嘉靖間名儒薛應旂撰《禦寇論》，自序
曰：「薛子既謝浙江學政，待次家居，值海寇陸梁，直抵蘇、松，以
及於無錫，所在傷殘，不勝慘酷。奔播中，為著《禦寇論》八
篇……」（同書卷二八八。按薛應旂尚撰有《孫子說》）亦所謂「不容
已」。《明史》卷二○六記其時的唐樞，曰：「樞少學於湛若水，深造
實踐。又留心經世略，九邊及越、蜀、滇、黔險阻塞，無不親歷、躡
茹草，至老不衰。」唐氏是活躍的講學家，其上述舉動，宜於視做實
踐的儒者應有的態度。明亡之際，後世以「粹儒」目之的陸世儀、張
履祥等，也參與了兵事之談。陳瑚自記其與陸世儀：「時天下已多故
矣。兩人知其不久將亂，又見天下人材落落，頗自負，欲為蓋世奇男
子而後快，凡橫槊舞劍，彎弓弄刀，戰鬥之具，兩人無不習也，而君
尤好言陣法」（《尊道先生陸君行狀》，《桴亭先生遺書》。按「君」指
陸氏）。陸氏《桑梓五防》曰：「庚辰春正月，積雪經旬，晏坐書室，
讀陸宣公文集。耳中所聞時事，殊多駭聽者，不勝憂危。乃效宣公文
體，私作《五防》……」（按庚辰為崇禎十三年，「五防」即「防
州」、「防城」、「防鄉」、「防變」、「防饑」）他自說曾欲輯兵書為三
卷，曰道、曰法、曰術（「術則智術」），以此為體用兼備（《思辨錄輯

---

5　永嘉學派代表人物陳傅良撰有《歷代兵制》八卷，四庫館臣以為「切於時務」（《四
　庫全書總目提要》史部政書類）。同一學派另一代表人物薛季宣則撰有《風后握奇
　經注》。張載注《尉繚子》。元吳澄則有《校正八陣圖》。

要》卷一七）。[6]《二曲集》卷四五《歷年紀略》順治十三年：「先生目擊流寇劫掠之慘，是年究心兵法。」至於王夫之作於永曆朝的《黃書》，對兵事頗有主張，指畫部署，具體到了劃分戰區、分派物資：即使不能見諸施行，也顯示了足夠的輿地知識，以及全域在胸、力圖為戰略設計的大氣概。

其時士人關於兵事的談論，專門著述之外，運用了章奏、策論、史論、書劄以及其它文體，見諸文集，已不勝搜採。明末科試，策問有以兵事為問者。策問談兵，可知兵事之為急務；問計於書生，則可證以書生為知兵。凡此，都使得「兵」之為話題、「談兵」這一行為普遍化、日常化了。文士因與軍事有關的任命而談兵，因處幕中而談兵，因朝廷徵求策議而談兵，緣朝廷建言而談兵——既有諸多機會，確也有經驗、有關的事務可資談論。隨處可見的兵事之談，不但證實了兵事對於士人日常生活的滲透，軍事問題在士人思考中所佔據的分量，也令人具體可感明末軍事情勢、社會氛圍的緊張性。由後世看去，散見於有明一代士人文集中的有關兵學、兵事的議論，對於瞭解其時有關的知識水準與其人的見識，較之專門的著述，價值未見得不若。由唐順之文集中與邊務、兵事有關的奏疏、條陳以至書劄，可知其對於具體軍事事務的區處。收入歸有光文集中的其人所擬武科策問六道，涉及兵謀兵略、兵書、「前史」之戰例，則可證歸氏的有關知識與見解。錢澄之的《粵論》及部分疏、書（參看《藏山閣文存》），談具體的軍事部署，令人可以想見其人計慮之縝密周嚴。收入吳梅村文集的策問，亦見出對政情、軍情的諳悉（參看《吳梅村全集》卷五

6 儒者出於民生關懷，不能不為「桑梓」謀。同文即曰：「室廬墳墓不及謀，而父母妻子不及顧，安得晏然談天下事乎？」陸氏的《支更說》亦關地方保安。其《思辨錄》屢記其為張採策劃軍事，計甚詳密。其它尚輯有《城守全書》，撰《八陣發明》等。《楊園先生全集》卷一五載張履祥明亡前夕上地方當局書，談防衛事宜。

六《崇禎九年湖廣鄉試程錄》）。凡此，非唯可資考其時的軍事情勢，
也為瞭解士人軍事參與的程度，提供了重要依據。

書生何嘗只知書！明末名士如吳應箕，談兵即有特識，不可以狂
生目之。惟其為「名士」，故思路少羈束，能於時論眾議外，別具隻
眼，獨出心裁，而論說及文字能力又足以副之。收入《樓山堂集》的
《擬進策》、《時務策》、《兵事策》等，論兵即頗有警策，我在下文中
將一再談到。文人談兵從不乏卓見。使此種「談」歸於無用的，毋寧
說是文人所處位置，與其時的政治、軍事情勢。至於到了談亦亡不談
亦亡的時候，仍不已於談，也如其時舉義者的知不可而為，因了上文
提到過的「不容已」的吧。

明中葉以後，士人所從事的與兵學、兵事有關的纂輯，規模可
觀。嘉、隆之際，唐順之即曾輯有《武編》。明亡前後，則有陳子龍
輯《驪珠五經大全》、金堡輯《韜略奇書》。關於唐順之的《武編》，
四庫館臣以為其體例略如宋代曾公亮等人的《武經總要》，然唐氏親
歷戰陣，「捍禦得宜，著有成效。究非房琯劉秩迂謬債轅者可比。是
編雖紙上之談，亦多由閱歷而得，固非可概以書生之見目之」，與曾
公亮等「但裹贊太平，未嫻將略」，亦自有別（《四庫全書總目提要》
子部兵家類）——在清人看來，有無直接的軍事經歷，值得作為衡度
其人談兵資格的標準。但這一尺度也未見得可靠。茅元儀輯《武備
志》二百四十卷，黃宗羲曰其「非作手」，說該書出范景文之指授，
「猥雜不足觀」（《思舊錄·范景文》，《黃宗羲全集》第 1 冊第 342
頁）。[7]也如明末朝廷的倉促應敵，明末士人的有關纂輯，或也因應付

---

7 但茅元儀的《武備志》與王鳴鶴的《登壇必究》，卻被《劍橋中國明代史》有關章
  節的撰寫者認為「傑出作品」（中譯本第822頁）。關於茅氏的《武備志》，該書認為
  「是一部關於軍事戰略戰術、裝備與戰爭手段、軍事組織與邊防的百科全書」，「最
  好地體現了晚明時期軍事科學知識的狀況」（同上）。張夢新《茅坤研究》亦以之為
  「中國古代軍事百科全書」（參看該書前言）。

過於緊迫的需求而無暇揀擇。興起於此一時期的輿地之學，也以易代
之際的軍事對抗為直接動力。此學的代表性人物顧祖禹、梁份，均與
三藩之變有關；梁份還曾親歷西北邊塞。至於遺民如魏禧、王餘祐等
人談兵於易代之後，難免會令後世之人如我者遭遇解釋的困難。我們
在這裏不過遇到了「易代」這特殊時世諸種矛盾現象之一種罷了。當
此際遺民的談兵或更出於慣性，目標及動機業已模糊，多少成為了對
象不明的「談」。[8]

在淵源古老的文武對立中，文人理應距兵事最遠，而有明一代文
人的談兵、入幕幾成時尚，且為人所豔稱。到了明末，更熱衷於聚米
畫灰，抵掌談☐塞夷險。絕塞荒徼，胡笳畫角，橫槊賦詩，倚馬草
檄，對於文人，一向有其吸引力；好縱談天下事，好為大言，好談
兵，好談經濟，好指畫方略、說「大計」，也原屬文人習癖。兵之為
事何事也！而文人正要藉此非常之事為激情發抒。歸莊詩曰：「文士
獨好武，常懷投筆志」（《臥病》，《歸莊集》卷一第 58 頁）；曰「願提
一劍蕩中原，再造皇明如後漢」（《夏日陳秀才池館讀書》，同卷第
56 頁）。其時自負「知兵」的文人中，確也有人渴望於金戈倥傯、羽
書旁午之際，更真切地體驗生命力量。錢謙益《書寇徐記事後》：「子
暇為舉子時，蒔花藝藥，焚香掃地，居則左琴右書，行則左弦右壺。
一旦為廣文於徐，當兵荒洊臻，寇盜盤牙之日，挾弓刃，衣☐褶，授
兵登陴，厲氣巡城，日不飽菽麥，夜不禦管籥。世間奇偉男子，磊落
變化，何所不有」（《牧齋初學集》卷八四第 1776 頁）。生當亂世，這
份灑落正被視為名士風流。關於方以智人生經歷之豐富與形象的多
變，我已在《明清之際士大夫研究·余論之一》談到。

---

8 據王源所撰《五公山人傳》（《居業堂文集》卷四），其時著名的北方遺民王餘祐，
除《乾坤大略》、《兵鑒》外，尚撰有《萬勝車圖說》、《兵民經絡圖》、《諸葛八陣
圖》以及關於技擊的《太極連環刀法》、《十三刀法》等。

　　軍旅生涯的甘苦，自非徒事空談的文人所能想見，即如孫傳庭所述，真真是艱難萬狀（《移鎮商雒派防訊地疏》，《白谷集》卷一）。但這「生涯」也不止有風雨、矢石。鹿善繼自說從孫承宗於邊關，「殊不覺疲，蓋與諸將吏同在鼓舞中，而且馬上行吟，不覺成帙」（《回徐恒山書》，《認真草》卷一四）。楊廷麟記盧象昇自述與部將塞外較射，「發百數十矢，跨生駒，潑刺而還」；「獵騎驕嘶，解鞍放牧之下，草色連天，雲錦地列，殆絕塞壯觀雲」（《宮保大司馬忠烈盧公事實俟傳》，《盧忠肅公集》卷首）。名將由邊地艱苦的軍旅生涯中體驗的詩意，是尋常文人無從感受的。

　　據說漢武帝欲教霍去病兵法，霍氏辭曰：「顧方略何如耳」（《漢書·霍去病傳》）。文人畫灰借箸，自以為所長正在於此（方略）。黎遂球致書友人，說「今天下日多事矣，吾輩會當窮究《陰符》、《六韜》，天下塞之勢，星辰雲物休咎之征，為國家殺賊」（《報劉生民書》，《蓮須閣集》卷二）。他還對友人說，「今日之事，吾輩既無兵餉，則以謀畫為功；既無事權，當以口舌為用」（《與友人論湖南屯兵書》，同書卷三）。黃宗羲《吳處士墓碣銘》刻繪吳氏，曰：「閭里之間，急難密謀，其計劃無復之者，必從君得其要領，遲明，戶外之屨已滿，君已攝衣借出矣」（《黃宗羲全集》第 10 冊第 395 頁）。其時好談兵略的，往往即此等人物，文章意氣，自不同於流輩。而談兵固因文人的「好奇」，也應與軍事知識、技能的吸引力有關。由文人記述軍事家、著名武將的文字，即不難感知記述者興趣所在。錢謙益對其座師孫承宗的軍事才具不勝傾倒。在這種時候，文人所使用的，是評價人的「能力」（非止「功業」）尺度。他們顯然樂於欣賞「謀略」的軍事運用之為「藝術」。

　　「上兵伐謀」。《韓非子·難一》：「戰陣之間，不厭詐偽。」明人夏良勝也說：「兵，詭道也，正勝之戰，不聞久矣」（《論用兵十二便

宜狀》，《明經世文編》卷一五四）。而「權謀」則為儒者（尤其所謂「粹儒」）所諱言。雖曾與於兵事，卻對孫子以兵為「詭道」，大不以為然（《習學記言序目》第 676 頁），還說：「《六韜》陰譎狹陋」（同上第 683 頁）。」<sup></sup>[9]元代，漢人不得知兵機、兵數。到明代，兵事、兵法仍有道德意義上的敏感性。唐順之說正、嘉間名將沈希儀「與人交，重然諾，腸胃如直繩，一視可盡。至於臨敵應機，飛筹網路，神鬼不能測。或誚公譎，公曰：『吾譎賊耳，非譎人也。』知公者以為然」（《都督沈紫江生墓碑記》，《唐荊川文集》卷一〇）——即用之於軍事的「譎」，依然要面對「正當」與否的質疑。無怪乎其時的名將戚繼光反覆申說「兵者詭道」非即「詭詐於心」（參看《止止堂集·愚愚稿上》）。王慎中曾說到有關軍事的「奏報章疏」格於體例以及「吏議」，而不能如實反映戰場情況；「且夫用間出餌，合於古之所謂『奇』者，妙用長策，正在於此，而最為吏議之所牴牾，又焉得形容其彷彿耶？」（《胡公平寇奏議序》，《明經世文編》卷二六四）王守仁因用兵饒謀略（如其平仲容而用詐），為人詬病。[10]陳子龍比較文人、儒者，說：「今國家所以教儒生者，不特未嘗令其習兵，且與兵事大相反。兵事尚奇而儒者尚平，兵事尚詭而儒者尚正，兵事尚雜學而儒者一切禁止」（《儲將才》，《陳忠裕全集》卷二三）。對此種現象，清四庫館臣評論道：「兵家者流大抵以權謀相尚，儒家者流又往往持論迂闊，諱言軍旅，蓋兩失之」（《四庫全書總目提要》子部兵家類《太

---

9　「非詐不為兵，蓋自孫武始。甚矣人心之不仁也，非武之書不好焉。」他以為「古之於兵也，止言其法」，「至於孫武，始棄法而言智」（《水心別集》卷四《兵權上》，第679頁）——由「心術」（「不仁之心」）的一面分析兵法的道德意義，的確是儒者面目。李夢陽亦指孫武、司馬穰苴為「變詐之兵」而不屑道（《與徐氏論文書》，《明代文論選》第108頁）。

10　張履祥就說：「陽明用兵多以詐謀取勝，儒者不為也。校之陸宣公，氣象自別」（《楊園先生全集》卷二八《願學記三》）。

白陰經八卷》）。到明亡之際，雖儒家之徒已不以談兵為諱，但與文人所談仍有不同。文人好談謀略，儒者則關心更在軍事制度及地方守禦。黃宗羲號稱大儒而有文人習氣，他批評儒生道：「自儒生久不為將，其視用兵也，一以為尚力之事，當屬之豪健之流；一以為陰謀之事，當屬之傾危之士」（《明夷待訪錄·兵制三》，《黃宗羲全集》第 1 冊第 35 頁）。尤具有禁忌性的，即「陰謀之事」；而文人的喜談兵，正因樂於用智，且不以「陰謀」為諱。[11]

弘治朝曾任兵部尚書的馬文升，其《為刊印武書以作養將材事疏》，有「我朝機密兵書有禁，人不敢習，所以將材甚為難得」云云（《明經世文編》卷六三）。該疏籲請刊印宋曾公亮等所編《武經總要》，曰此書「不係機密兵書，在律條亦所不禁，各處不敢擅自鏤板，所以武職官員多未得見」——有明一代兵器之禁雖未見明證，由此兵書之禁，亦可知有關的防範較宋為嚴密。我由此推測明代文人的談兵，快感或也在藉此題目——也即憑藉了「陰謀」在軍事活動中的正當性——公然地談論禁忌性話題。傳統兵學為有關「陰謀」的言說提供了道德上的安全屏障。

「陰謀」在「兵謀」的意義上的運用起始甚早（參看《國語·越》下）。《隋書·經籍志》著錄《太公陰謀》六卷、《太公陰謀解》三卷、《黃石公陰謀行軍秘法》一卷；《舊唐書·經籍志》著錄《太公陰謀三十六用》一卷。周書《陰符》、《六韜》、《風后握奇經》等，均不妨讀做軍事陰謀教科書（按《四庫全書》以《握奇經》、《六韜》為偽書）。歸有光曾說兵書「大抵不出權謀、形勢、陰陽、技巧四種而

---

11 儒者也非一律。李顒就以為學者苟有志於當世，對於兵機宜「深討細究」（《體用全學》）。顏元以恥「詭道」、「陷阱之術」為「聖門之腐儒」、「天下之罪人」（《顏習齋先生言行錄》卷下《不為第十八》，《顏元集》第689頁），於此卻仍不忘條件的設定，令人可感其言及「術」的謹慎態度。

已」（《策問二十三道》，《震川先生集》別集卷三第 801 頁）。他還說
到陳平「從高祖在兵間，不憚為詐，卒以此成功，可謂應變合權矣」
（《河南策問對二道》，同書別集卷二下，第 783 頁），以為非如此不
足以「成天下之事」。呂坤說：「治道尚陽，兵道尚陰」（《呻吟語》卷
五《治道》）。曾從事兵事的鹿善繼，一再說「兵，陰道也，從前失著
在以陽用之」（《答張蓬元書》，《認真草》卷一三）；「兵，陰象也，以
陽用之則敗」（同卷《答閻浮檀書》）。徐光啟亦曰：「兵書所稱，將
帥所貴，不過權謀、陰陽、形勢、技巧」（《擬上安邊御虜疏》，《徐光
啟集》卷一第 6 頁）。「兵不厭詐」（亦作「兵不厭權」，語見《後漢
書》五八《虞詡傳》）。「詭」、「詐」均關心術；「詭」即有違於
「正」。而文人借「兵」之為話題，確也在某種意義上辯護了「權
謀」的正當性。

有明一代被許為「知兵」的文士，為人所豔稱的，正是其計謀。
劉基已被諸種傳說塑造為傳奇性人物。楊榮一再以大臣參與軍事，運
籌帷幄，史稱其人「歷事四朝，謀而能斷」（《明史》卷一四八本
傳）。著名文人徐渭則「好奇計」，胡宗憲「擒徐海，誘王直，皆預其
謀」（《明史》卷二八八徐渭傳）。王宗沐撰《茅鹿門先生文集序》，說
茅坤「王伯甲兵之略，撐腹流口，聽之令人座上鬚眉開張，欲起周
旋」（轉引自《茅坤研究》第 153 頁）。豪傑之士以兵事為逞勇鬥狠的
舞臺，文人則以與於謀劃為智力愉悅。較之戰場勝負，他們甚至可能
更有興趣驗證自己預測的準確性。《明史》記唐時升，曰其人「值塞
上用兵，逆斷其情形虛實，將帥勝負，無一爽者」（卷二八八）——
其滿足自然在「事功」之外。我在下文還將談到，「謀臣」、「策士」
一類傳統角色，正憑藉了明代的特殊條件而重新活躍。

文士、文人也由「謀略」的一面，肯定了自己在軍事行動中的重

要性。世宗朝劉龍曰：「夫兵之為道，有戰之者，有所以戰之者。戰之者，武臣之技；所以戰者，非儒臣弗能也。……兵，武事也，而參之儒臣，庸非以膏粱將種，不皆衛、霍之流，而科第儒生，亦有韓、範之輩乎？況夫折衝樽俎，制勝兩楹，顧方略何如，殊不在馳馬試劍，角一旦之命也」（《送高憲副文明兵備固原序》，《明經世文編》卷一四二）。文士的不幸在於，謀略得以實施，從來賴有苛刻的條件，即身任戎務者，也不免受制於條件而難得展布。《明史‧兵志三》曰嘉靖朝巡撫都御史陳講籌邊事，「規畫雖密，然兵將率怯弱，其健者僅能自守而已」（卷九一）。如此情勢，不能不令以韜鈐自負的文人徒喚奈何。由《皇明經世文編》、明人文集看，越近末世危局，士人談兵越有精彩，而其成效也越不可期——軍事形勢已非士夫的智慧所能扭轉，此種智慧只能借諸「言論」而肯定自身並供後世鑒賞。黃宗羲《思舊錄》記韓上桂（孟鬱），曰其人「好談兵略，鬱鬱無所試而卒」（《黃宗羲全集》第 1 冊第 353 頁）。而據《明史‧選舉志》，崇禎「十四年諭各部臣特開奇謀異勇科。詔下，無應者」。

　　有豪傑氣的文士、文人不以指畫方略為滿足，他們不惜履險蹈危，奔走兵間，冀以臨戎決勝、斬將搴旗完成豪傑人格。徐渭自說「生平頗閱兵法」，「嘗身匿兵中，環舟賊壘，度地形為方略，設以身處其地，而默試其經營，筆之於書者亦且數篇」（《擬上督府書》，《徐渭集》第 465-466 頁）。唐順之「躬自擐甲陣中」，甚至為激勵將士而身先士卒，「自往死鬥」（《行總督軍門胡手本》，《唐荊川文集》外集卷三）——確非徒作空言者可比。《明史》茅坤傳，記坤曾連破「瑤賊」十七砦（卷二八七）。任環傳：「倭患起，長吏不嫻兵革。環性慷慨，獨以身任之」（同書卷二〇五）。歸有光《海上紀事》，有「文武衣冠盛府中，輕身殺賊有任公」，及「任公血戰一生餘」等句。任環

本人詩中也曰「劍橫滄海夜談兵」，意氣豪邁。[12]歸有光本人也曾參與
崑山城守。其《崑山縣倭寇始末書》曰：「愚忝與守城，與賊來去之
日相終始」(《震川先生集》卷八第 185 頁)。《上總制書》自說「亦嘗
冒風雨，蒙矢石，躬同行伍者四十餘晝夜」(同卷第 179 頁)。[13]

　　在明亡之際普遍的軍事動員中，顧炎武曾參與蘇州抗清起義
(《顧炎武新傳》，《趙儷生史學論著自選集》第 332 頁)。黃宗羲於乙
酉與兩弟「糾合黃竹浦子弟數百人，步迎監國魯王於蒿壩，駐軍江
上，人呼之曰『世忠營』」(參看《黃宗羲年譜》第 24 頁)。[14]北方儒
者如孫奇逢、刁包，也曾參與守城。[15]陸世儀自說於庚辰 (崇禎十三
年) 為錢肅樂、張采策劃太倉城守，甚詳密 (《思辨錄輯要》卷一
七。按前此陸氏輯有《城守全書》)。後來被顧炎武許為「蕭然物外，
自得天機」的傅山，亦曾赴督師李建泰聘。據陳子龍所見，方以智也
躍躍欲試。《陳忠裕全集》卷二五《方密之流寓草序》，記「方子尊人

---

12 歸氏集中另有《頌任公四首》。據《明史》本傳，任環曾與「賊」短兵相接。「環在
　　行間，與士卒同寢食，所得賜予悉分給之。軍事急，終夜露宿，或數日絕餐。嘗書
　　姓名於肢體曰：『戰死，分也。先人遺體，他日或收葬。』將士皆感激，故所向有
　　功。」萬曆朝陳於陛《披陳時政之要乞採納以光治理疏》還說：「查得嘉、隆間，任
　　環、董邦政之起家科甲，王邦直、李春豔之奮跡諸生，即近日縉紳縫掖中，以武事
　　擅長者，亦多有之，特患朝廷搜羅尚隘，推擇未當耳」(《明經世文編》卷四二六)。
13 歸氏「禦倭」主張，尚見諸書劄。因親與其事，自有根據，非泛泛之談可比。如
　　《論禦倭書 (代)》、《上總制書》(均載《震川先生集》卷八)。然錢謙益所撰歸氏
　　小傳 (《列朝詩集小傳》)、王錫爵所撰歸氏墓誌銘，均未及歸氏參與城守事。
14 黃氏自說當孫嘉績建義，他曾以「世忠營」佐孫；「乃余西渡，公 (即孫氏) 以
　　『火攻營』見授，差可一戰」(《思舊錄‧孫嘉績》，《黃宗羲全集》第 1 冊第 386
　　頁)。但由文字看，黃氏似不曾真的用兵。
15 孫奇逢曾參與容城城守。陸隴其《刁文孝先生生平事實記》記刁包：「戊寅大難，
　　寇起四境，郡危，候慮西城重地，進先生而揖之曰：『西面關鎖，非公不可。』先
　　生義不獲辭，奉貞惠糾眾千餘人，誓同固守，而西方一面兵食，實身任之。及賊至
　　城下，先生對賊如無事，究使天驕鼠竄。候歎曰：『此先生《武備》一篇之驗
　　也。』……」(刁包《用六集》附錄。按候應為侯之誤；貞惠，刁氏之父)

大中丞方握全楚之師鎮荊鄂，受命之日，散家財、募精卒，即日之鎮。而方子亦左囊鍵、右鉛管，結七、八少年以從」。李雯序方以智《流寓草》，也說「其家大人以文武方略，擁全楚之節，控制上遊。密之常將蒼頭異軍，從至幕府」（《方子流寓草》）。當其時急欲請縲的，不乏其人。杜濬《六十自序》曰：「中年值用武之世，亦思提十萬師，橫行其間，運籌決策，戰必勝、攻必克，使麟閣圖吾形，而勳業照耀於史牒，良足愉快，稱奇男子……」（《變雅堂遺集》文集卷五）錢謙益記沈演晚年里居，猶「畫江南守禦事」，且「闢館舍，庀薪水，招延四方奇士」，「冀得一二人以傚一臂於國家」（《南京刑部尚書沈公神道碑銘》，《牧齋初學集》卷六五第 1517 頁）。所謂「士氣」可用，所根據的，即應是此種事例。《明史》曰：「明季士大夫，問錢穀不知，問甲兵不知」（卷二五二贊文）。僅由上述材料也可證此類說法病在籠統。下文還將談到，書生、文士確有知兵者。明代士人固然有人終日談心性，也有既談心性而又諳練兵機者。即「明季士大夫」，又何可一概而論！

　　考察文士、文人的軍事參與，不妨認為，明中葉以降逐漸完善的幕府制，為實現此種參與提供了更大的可能。嘉、隆之際王燁獻御虜議，其中談到有無開「古幕府」的可能性：「擬議貴精，諮訪貴廣。以禮敦闢名臣俊士，足為主帥之師友，以贊軍機，如古幕府之開，可乎？」（《陳膚見以贊修攘疏》，《明經世文編》卷二六三）明亡前後，胡宗憲幕府人才之盛，即為士人津津樂道。黃宗羲說：「吾觀胡之幕府，周雲淵之《易》、歷，何心隱之遊俠，徐文長、沈嘉則之詩文，及宗信之遊說，皆古振奇人也！曠世且不可得，豈場屋之功名所敢望哉？」（《蔣氏三世傳》，《黃宗羲全集》第 10 冊第 583 頁。按周雲淵即周述學，沈嘉則即沈明臣，宗信即黃氏此篇所寫之蔣洲）另在《周雲淵先生傳》中說，「總督胡宗憲徵倭，私述學（按即周雲淵）於幕

中，諮以秘計；述學亦不憚出入於狂濤毒矢之間，卒成海上之功」；
同篇還說周氏「在南北兵間，多所擘畫，其功歸之主者，未嘗引為己
有」（同書第 547 頁）。《明史》徐渭傳：「督府勢嚴重，將吏莫敢仰
視。渭角巾布衣，長揖縱談。幕中有急需，夜深開戟門以待。渭或醉
不至，宗憲顧善之。」同在幕中的余寅、沈明臣「亦頗負崖岸，以侃
直見禮」（卷二八八）。在此種場合，傲岸、跅弛不羈，亦一種文人特
權。至於如胡宗憲一流人物對文士的優容中，也包含著輕蔑，則是另
一回事。

　　此一時期以飽學之士而談兵入幕參軍事的，非止周述學，陳第亦
一例。其人亦如周氏，親歷沙場，出入戰陣，更身任遊擊將軍（參看
容肇祖《明代思想史》第 270 頁）。嘉、隆號稱盛世，明末士人對其
時人物不勝神往。徐光啟就曾慨歎道：「然則今者果有握邊算、佐廟
籌，如鹿門先生之於胡公者乎？」（《陽明先生批武經序》，《徐光啟
集》卷二第 65 頁。按鹿門，茅坤；胡公，胡宗憲）[16] 徐光啟本人也得
力於幕下士。他自說當從事練兵時，「一時幕下才技之士，頗為濟濟」
（《疏辯》，同書卷四第 213 頁）。同一時期如孫承宗幕下，亦有鹿善
繼、茅元儀等人。[17] 鹿氏對茅元儀不勝傾倒，其《答茅止生書》曰：

---

16　《明史・胡宗憲傳》曰胡氏「性善賓客，招致東南士大夫預謀議，名用是起。至技
　　術雜流，拳養皆有恩，能得其力」（卷二〇五）。唐順之在《鄭君元化正典序》中刻
　　畫其時遊戎幕者的神采：「會稽鄭君少喜談兵，讀韜鈐諸書，尤工於風角鳥占。嘗
　　北抵宣、大，東歷遼、薊，掀鬖謁諸邊帥，談笑油幕間。每虜鏑驟飛，發一語策勝
　　敗，屢屢奇中。以是撼貴瑞老將，而出其橐中之金……」（《唐荊川文集》卷六）運
　　籌帷幄且收入不菲，無疑合於文人名士的胃口。

17　孫承宗曾指謫「以武略備邊，而日增置文官於幕」（參看《明史》本傳）；他本人幕
　　下，卻文武輻輳。據《明史》鹿善繼傳，孫承宗督師，表鹿氏為贊畫（時鹿為兵部
　　職方主事）；其它如茅元儀等，則為孫氏本人羅致，非朝廷「增置」。鹿氏從孫承宗
　　於邊關，在書劄中說：「相公一日在師中，弟即一日在幕中」；自說義無反顧，「情
　　願在行間為共憂共患之人」（《復張見立書》，《認真草》卷一三。按相公即孫承
　　宗）。

「足下天下才也,胸中兵甲,筆底風雲,即一刀劀無不頓挫跌宕,令人心折,復令人魂搖」;還說:「天生才必有用,才如足下,而肘不懸斗大印,無是理」(《認真草》卷一四)。茅氏的魅力可知。錢謙益挽茅元儀,有「田宅凋殘皮骨盡,廿年來只為遼東」等句(《茅止生挽詞十首》之九,《牧齋初學集》卷一七第 599 頁)。[18]以兵事受知於孫承宗者,另有周敏成其人。據歸莊所記,周氏以一文士嘯傲武將間,「規劃縱橫,智略輻輳」(《周參軍家傳》,《歸莊集》卷七第 416頁)。弘光朝,史可法開府揚州,後來的著名遺民如閻爾梅(古古)、彭士望(躬庵)等,都曾一度在其幕中。閻氏為明遺民中的傳奇人物,有戰國策士、遊俠之風,所謂「布衣之雄」。

　　畫策兵間,售其智計,這種異乎尋常的生存方式無疑富於刺激性。錢謙益曰卓去病「以文士喜論兵,述戰守勝負之要,似尹師魯」,其人也因此而為盧象昇所重。據說盧「朝見屬吏罷,輒開後堂延去病上坐,磬折謝不敏,隔坐請事,議上時漏下二鼓,盧公炳燭傳簽,質明而事定」(《卓去病先生墓誌銘》,《牧齋有學集》卷三二第 1152 頁。時卓去病任大同推官,盧為督府)。出諸錢氏之筆,或不免誇張,但其時用兵者對謀略之士的重視,應不遠於事實。不消說,參與軍事的文人並無意於放棄其為「文人」,更無論自居武夫。文人的從事戎務,正因他那一種特殊身份方能成佳話、美談。毋寧說文士、武夫間的距離正因此而顯現出來,何況所謂「戎幕」的幕主往往正是文臣。

　　具有諷刺意味的是,清初平三藩之亂,頗有漢族文士在武人幕

---

18 錢氏《列朝詩集小傳》記茅元儀,說「其大志之所存者,則在乎籌進取,論匡復,畫地聚米,決策制勝。集中連篇累牘,灑江傾海,皆是物也」(丁集下,第 592頁)。據《明史》孫承宗傳,崇禎初年,兵部尚書王在晉曾極論馬世龍及茅元儀「熒惑樞輔壞關事」。鹿善繼也曾說到王岵云「修怨高陽,而借馬、茅為題」(《與袁自如書》,《認真草》卷一六。按高陽,孫承宗)。

中。據尚小明《學人遊幕與清代學術》，「清初學人參贊戎幕，主要是
在平定『三藩』之亂期間」（第20頁）。大可作為明清易代之際世相
駁雜之一例。有趣的是，其時士人分別參與了雙方軍事——除如尚小
明所說參加平叛外，尚有遺民對「叛亂」的參與（參閱趙儷生《清初
明遺民奔走活動事蹟考略》，《趙儷生史學論著自選集》；拙著《明清之
際士大夫研究》下編《餘論（之二）》）。這一話題已不宜在此展開。

## 明亡後的追論

到了大勢已去，明末朝廷倉皇之際輕用談兵的書生，被追論不
已。熊文燦因酒後狂言而得委任（參看《明史》卷二六〇本傳），或
許是最富於戲劇性的一例。[19] 不知兵而膺軍事重任的，熊文燦外，另
如楊嗣昌之父楊鶴，以及李景隆輩。

王夫之說，「兵不可以言言者也」（《讀通鑑論》卷一四第523頁）。
如下對談兵者的刻畫，無疑依據了直接的政治經驗。他說其人「大言
炎炎，危言惻惻，足以動人主之聽」，倚以商略兵事，「猜防」帥臣，
「於是有甫離帖括，乍讀孫、吳者，即以其章句聲韻之小慧，為尊俎
折衝之奇謀」，「以其雕蟲之才、炙轂之口，言之而成章，推之而成
理，乃以誚元戎宿將之怯而寡謀也，競起攘袂而爭之」，至軍覆國
危，非但不任其責，且「功罪不及，悠然事外」；王夫之指其人為
「以人國為嬉者」，且分析了使之能成其「嬉」的政治條件（同書卷
二四第923頁）——自應有感於近事而雲然。同卷還說到「白面書
生」不及陸贄之百一，「乃敢以談兵惑主聽，勿誅焉足矣，而可令操

---

19 《明史》楊嗣昌傳曰熊文燦「實不知兵」。這自然是事後的評論。崇禎四年徐光啟
《欽奉明旨敷陳愚見疏》曰：「若中外臣僚中，臣所目見其人，耳聞其說，深於兵學
者，無如閩撫熊文燦」（《徐光啟集》卷六第314頁）。也可證其時對於熊氏的期待。

三軍之生死、宗社之存亡哉！」（同上第 924 頁）[20]

終宋之世，武功不競。明末士人自以為所處之世類宋：談兵的風氣固然類宋，風氣中的諷刺性竟也相類。「言之實者無奇，無奇則難聽，故天下多奇言，而言兵為尤奇。」此「尤奇」指好談兵謀，好孫武的詐術。因士之嗜談兵而人主好奇言，故「奇言漫衍於天下，而天下反皆以奇為常，是以下未知兵而習為多殺人之術，上未用兵而先有輕殺人之心」（《水心別集》卷四《進卷‧兵權下》，第682頁）。同文列舉談兵者的諸種說辭及情態，極盡諷刺。如曰「……或山林草澤之士，請來獻見。或在外之臣，無以固結恩寵，走馬面論，密疏入中。或因緣稱薦，無以為名，必挾兵說以自重。且其開口論議，容止不動，聲音偉然，問答縱橫，不可窮詰。……」與明末的情景何其相似！當然應當說，此篇的期待讀者是人主；他是以類似近臣的角度打量那些談兵者的。

薛應旂《禦寇論‧固本》：「往余在京師，會諸士人，論學之餘，輒即論兵。凡山川虜勢、士馬城堡、將領糧餉、事機權變、紀綱法令之屬，咸能建議，俱各成章，而天文輿地圖說，亦若莫不究心矣。及庚戌之秋，虜眾犯我都城，則相顧錯愕，無能為驅逐之計……」（《明經世文編》卷二八八）其時京師士人所論之「兵」，不過純粹「話題」。強調實戰經驗，於謙曾說「用兵之法，不測如陰陽，難知如鬼

20 王氏還說：「坐談而動遠略之雄心，不敗何待焉？」（同書卷一五第573頁）「以言說勇者，氣之浮也，侈於口而餒於心，見敵而必奔矣」（同上）。「故善謀者，未有能言其謀者也。指天畫地，度彼參此，規無窮之變於數端，而揣之於未事，則臨機之束手，瞀於死生而喋無一語也，必矣」（第574頁）。到明亡之後，此種議論已成通識。魏禧也說：「兵為治學之一，於天下事最為難能，不可以輕談」（《答曾君有書》，《魏叔子文集》卷五）。顏元道：「武凶事，不比文，當以歷練為作養，乃可用。」武將應由軍事行動中拔擢，「庶歷練之幹略，不比紙上之韜鈐」（《顏習齋先生言行錄》卷上《齊家第三》，《顏元集》第628頁）。

神，貴在臨期應變，難以一定而求」（《建置五團營疏》，同書卷三三）。到了明亡前夕，盧象昇則說，「若夫兵家要略，運籌帷幄，終是迂談；臨陣決機，乃為實用。蓋闞外師中，非身到、眼到、心到、口到不可」（《請飭秋防疏》，《盧忠肅公集》卷一〇）。有隆武朝的經驗，黃道周承認「不親行伍，不知行伍之難也」（《與徐竹孫書》，《黃漳浦集》卷一六）。陳確則斷然道，「兵不可談，談兵者即不知兵」（《復來成夫書》，《陳確集》第 90 頁）。[21]

書生固有好談兵者，卻也另有對此持清醒的批評態度者，見事之明，未必不在當局者之上。當其時吳應箕就說：「時非開創，君非聖神，亦欲破格取人，登進不次，此立敗之道」（《時務策》，《樓山堂集》卷一一）。還說：「兵者，專家之學也，習之久而後精，有功效而後見。今文臣即自負管、葛，武臣即自謂韓、白之能，豈有不待更試，卒然拔之草野之中，而推轂於行伍之內乎？」（《擬進策》，同書卷九）前此，嘉、隆之際即有「儲邊才」之議。隆慶初，大學士高拱以為「兵者專門之學，非素習不可應卒。儲養本兵，當自兵部司屬始。宜慎選司屬，多得智謀才力曉暢軍旅者，久而任之，勿遷他曹。他日邊方兵備督撫之選，皆於是取之」（《明史》卷二一三本傳）。待到崇禎十五年李清的章疏重申此議（參看《明會要》卷三二第 538頁），已倉促無實施之可能。局外者的軍事熱情或也正由局中者的巽

---

21 上文所引杜濬《六十自序》，說雖有從戎之意，「而一時談兵者皆妄人，且意在反覆，無足與言」。吳麟徵《壬戌會試策·第五問》：「自古淝水之捷，採石之凱，文士收功能幾人也！文墨為政，干戈不靈，使刀尖所爭之原野，盡壞於筆尖……」（《吳忠節公遺集》卷一）孫承宗記左光斗「好錄識諸負鈐略者，獨不輕為剡薦」（《明都察院左僉都御史贈右副都御史太子少保浮丘左公墓誌銘》，《高陽詩文集》卷一七）。

軟怯懦所激成。《明史》陳新甲傳，曰陳氏得以乙榜為尚書，乃因「兵事方亟，諸大臣避中樞」（卷二五七）。事實之複雜尚不止於此。王猷定說崇禎末年，「朝議往往以朋黨私隙，謀報復，陽為推轂，實借寇兵報仇。督撫一命，如驅羊就虎」（《許氏七義烈傳》，《四照堂集》卷八）。「推轂」、破格任用的背後，竟有可能埋伏了殺機！[22]

但明末那種對號稱「知兵」者的非常規選拔、隨機任用，的確有效地刺激了士人的談兵熱情。在久困於場屋、厭倦了帖括、咕嗶的書生，這實在是難得再逢的機會。用人之際的這種隨意性，自為僨軍敗事準備了條件。歸有光曾以殷浩、房琯為例，批評「用違其才」。[23]較之殷浩、房琯，明末的僧人申甫，無疑是更具有戲劇性的例子。[24]但

---

[22] 宋之盛批評明末「建牙開府，不惟鳳諧韜鈐人是簡是任，而徒委責於端亮不避難之臣，而不顧用違其才」（《跋蔡忠襄先生正學貞節序論》，《髻山文鈔》卷上）。熊開元解釋金聲之以「知兵」名，曰：「其人蓋坐而論道之資，非將材也，然往往以知兵著聞，以其忠孝性生，或告之以難，則投袂起，而信其靡他者，亦往往從之恐後」（《恭報徽郡失守詞臣一門盡節仰祈聖鑒疏》，《魚山剩稿》卷一第64頁）──金聲的舉義賴有人格魅力、道義感召力，固與「軍事才能」無干。

[23] 其《河南策問對二道》說殷浩領軍，「蹙國喪師」，引桓溫語：「浩有德有言，向使作令僕，足以儀刑百揆，朝廷用違其才耳。」關於房琯，曰：「唐世名儒皆稱其有王佐之才，然將兵固非所長，一與賊遇，遂至喪師。前史稱其『遭時承平，從容帷幄，不失為名宰；而用違所長，遂陷浮虛比周之罪』」（《震川先生集》別集卷二下第783、784頁）。

[24] 僧申甫好談兵，私制戰車火器，為金聲所薦，參與軍事，兵敗陣亡（參看《明史》卷二七七金聲傳、陳垣《明季滇黔佛教考》卷三第157-158頁）。金聲的薦劉與鷗、申甫，所據確也是其人的談兵（參看金氏《據實奏報疏》，《金忠節公文集》卷二）。王夫之也曾提到金聲誤信申甫一事，說：「楚俗好鬼，淫祀其小者也。妖術繁興，乃欲試之兵戎之大事。士大夫惑於其說，為害甚烈。江漢間翕然相尚，賢者亦墮其中」（《搔首問》，《船山全書》第12冊第625頁）。可知一時興論。用兵而信妖術，亦一種末世景象。弘光朝柳敬亭入左良玉幕府、參機密，在黃宗羲看來，近於兒戲。黃氏《柳敬亭傳》指謫吳梅村的柳氏傳，將柳氏參寧南軍事比之於魯仲連之排難解紛，以之為「失輕重」，「倒卻文章架子」（《黃宗羲全集》第10冊第573-574頁）。清王應奎《柳南續筆》卷一「服御類憂」條：「阮大鋮巡師江上，衣素蟒，圍

事後的追論也並非沒有問題。熊開元辯護金聲的薦申甫，說當崇禎召見群臣令條上方略時，「舉朝錯愕莫敢出一言」；待申甫兵敗，「從前錯愕一言不出者，交言書生誤國，章滿公車」（《金忠節公傳》，《金忠節公文集》）。

　　曾主持練兵的徐光啟並不乏自知之明，其奏疏中說：「臣自知自量，則身非可用，而言或可用。譬如醫非盧、扁，所執者盧、扁之方耳。皇上若用臣之言，則使臣言之，而使能者為之足矣，何必臣自為之乎？……一經委任，才力不支，並生平講求考究之微長而盡掩之矣」（《仰承恩命量力知難疏》，天啟元年，《徐光啟集》卷四第 190-191 頁）。錢謙益即自負知兵，也有「多謝群公慎推舉，莫令人笑李元平」等語（《牧齋初學集》卷二〇第 725 頁。李元平事見《新唐書》闞播傳）。其時卻一再演出李元平故事。《明史》陳士奇傳：「士奇本文人，再督學政，好與諸生談兵，朝士以士奇知兵。及秉節鉞，反以文墨為事，軍政廢弛」（卷二六三。按陳氏死於與張獻忠的戰事）。[25] 以文士督師而致僨事的，可鄙可笑無過於李建泰（參看《明史》卷二五三魏藻德傳）。凡此，事後看來，像是以兵事為兒戲，而在當時，確也有不得已者。

　　明末朝廷用人不當，本不應由士人的談兵負責，而明亡之際的追究，卻也及於此「談」，可以歸入其時涉及廣泛的士文化反省之內。曾任隆武朝大臣的黃道周，就因不知兵而蒙譏。前此歸有光曾慨歎道：「宋世士大夫，憤於功之不競，而喜論兵如此。熙寧間，徐禧、蕭注、熊本、沈起之徒，用之而輒敗。天子尋以為悔。元符、政和開

碧玉，見者詫為梨園裝束。某尚書家姬冠插雉羽，戎服騎入國門，如昭君出塞狀，大兵大禮，而變為倡優排演場，苟非國之將亡，亦焉得有此舉動哉？」（第153頁）
25 李清《三垣筆記附識中·崇禎》：「四川陳巡撫士奇能文，先為提學則專談兵，及為巡撫反談文，人以為兩反」（第57頁）。

邊之議復起，馴致國亡。嗚呼！兵豈易言哉？」（《跋何博士論後》，
《震川先生集》卷五第 114 頁）清四庫館臣大不滿于歸氏此跋，曰
「有光不咎宋之潰亂由士大夫不知兵，而轉咎去非之談兵。明代通儒
所見如是，明所由亦以弱亡歟？」（《四庫全書總目提要》子部兵家類
宋何去非撰《何博士備論一卷》）上述議論由近人看來，均不免倒置
本末。宋、明之亡固不由士大夫之不知兵，亦不由士人的談兵。歸氏
不過誇大了文士在軍事活動中的作用（包括談兵的效用）罷了；在這
一點上，四庫館臣的思路正與之相近。毋寧說此種誇大（其中包含了
不適當的自我期許），才是士人通病。倘若不以成敗論，應當說，那
些被事後嘲笑者，其言非盡不可用；僅由成敗論，即不免如徐光啟所
說，「並生平講求考究之微長而盡掩之」。

　　士夫才略不獲展，即獲展而終歸於敗亡，更像是宿命，並非止在
危亡關頭。上文所引錢謙益《謝象三五十壽序》接下來說，當年那班
在其邸宅中劇談的友人，雖「用兵事顯」，而「久之則暴骨原野，填屍
牢戶者，項背相望」。無論成敗，談兵作為一種文化姿態，作為對抗、
挑戰的姿態，對於士人精神的「解放」意義，是無可懷疑的。且兵事
是何等事！即使止於「談」，也足以影響人生境界，使之浩蕩感激，壯
懷激烈。士人所尋求的，有時不過是此種意境，以便安頓身心罷了。

　　直至清初，流風未泯。顏元自說 24 歲即讀《孫子》，「手抄十二
篇，朝夕把玩」（《答五公山人王介祺》，《習齋記餘》卷三，《顏元
集》第 429 頁）。王源何嘗不如此！其《與王吏部書》曰：「源鹿鹿無
所短長，獨喜談兵，考形勢……」（《居業堂文集》卷六）[26] 清初士人

---

26　《居業堂文集》卷二〇《綏寇紀略書後》（一）（二）（三）均談兵之作，借分析明末
　　戰事談兵。同書卷一〇《權論》、《將論》、《戰論》、《八陣論》等，亦談兵之作。王
　　氏尚著有《兵論》。《王崑繩家傳》：「先是源父既遭國變，流轉江淮間，喜任俠、言
　　兵，所交多瑰奇隱異之士。源以故習知前代典要，及關塞險隘攻守之略」（同書）。

的任俠之風亦明世遺習，只不過目標漸失，士風終為世所轉。

　　唐甄的好談兵亦明人余習，其人議論縱橫，有策士風。《潛書》下篇下《全學》：「學者善獨身。居平世，仁義足矣，而非全學也。全學猶鼎也，鼎有三足，學亦有之：仁一也，義一也，兵一也」（第173頁），與張履祥、顏元思路有合；而以「兵」與「仁」、「義」並列，張、顏似無此議論；以此界定「儒」，則明人所未道。「所貴乎儒者，伐暴而天下之暴除，誅亂而天下之亂定，養民而天下之民安。」如此議論發出在大動盪之後，惟其時的歷史氛圍方能解釋。

　　兵事乃男人所事，亦男人所以為男人——據顏元、王源等人的記述，這種淵源古老的思想，到清初在北方遺民中猶有存留。顏元《公奠李隱君諡孝愨先生文》記李塨之父李明性，曰：「至若始衰之年，猶率及門彎弓拈矢，習射不解，以甕牖貧儒，齎糧三石，妝飾莫邪；豪壯之氣，震耀千古，豈宋、明諸儒所得般流者哉！」另在《祭李孝愨文》中說其人「五旬衰老，日習弓矢，壁懸寶劍，時復欲舞」。《哭涿州陳國鎮先生》記其夜宿陳國鎮家，陳氏「呼童進弓刃曰：『近嚴戒小輩。』遂闓弓鳴弦，曾七旬老叟而雄壯若是乎！」（《習齋記餘》卷七，以上分別見《顏元集》第531、532、536頁）明亡之際，直接或間接地聯繫於其時制度復古、經學復興的要求，有恢復士的原始功能的籲求。顏元反覆申說復「古學」——「六藝」，強調尤在「射」、「御」等軍事技術的操練，將其作為其設計中的文化修復工程的重要部分。在這一種思路中，「射」、「御」之廢被認為導致了書生式的孱弱，主張經由對「六藝」的修復，從事傳統書生性格的改造，尋找、恢復失去了的男性力量。由後世看去，主張者不過以「拈矢彎弓」為象徵性的補救——弓、矢在這裏，更宜於視為「行動性」、「實踐性」的象徵。因此不便認定到顏元的時代，北方較南方為尚武。情況更可能是，顏元依其理想，按圖索驥，找到了其所欲尋找的人物。此外應

當注意的是，北方儒者、遺民以習武為一種特殊的表達，亦自言其志，在明亡之後，有語義的複雜性。這裏有情感的宣洩，「恢復」意志的表達，自然還有見諸行動、形之於動作的儒學反思、士習批評。顏元、王源等人所著意渲染的，即孔子所謂「北方之強」。卻也有敏感的士人，由兵心感到了戾氣。吳偉業就說過，鼎革之際，「天下靡然，皆以陰謀秘策，長槍大刀，足以適於世達於用，而鄙先儒之言為迂闊」，在此風氣下，「即使過闕里，登其堂，摩挲植柏，觀俎豆與禮器，恐無足以感發其志思者」（《太倉州學記》，《吳梅村全集》卷六〇第1220頁）。敏感到戰爭對於心性的影響，吳氏的憂慮無疑有極現實的根據；也證明了慮之深遠的不唯儒家之徒。

有清一代，也仍有士人談兵，仍有談兵者的僨事，成為風氣，卻要等到中葉的危機之後。夏仁虎《舊京瑣記》卷三《朝流》：「清流最負盛名而喜談兵略者，南為吳清卿，北則張幼樵也。幼樵論兵事如掌上螺紋。清卿自謂精槍法，有百發百中之技，試之良信。與習者，或謂其槍上置望遠鏡云。兩公皆主用兵以張國威，清卿北辱於榆關，幼樵南敗於閩嶠，論者或謂用違其地矣。」更耐人尋味者，是：「自吳、張好談兵而致僨覆，於是清流乃出其看家之學，以相號召而消磨日月。其目約分為五：曰三傳三禮，曰金石碑版，曰考據目錄，曰小學輿地，曰詞章楷法。厥後道義諸人出，始復有志於兵事」（第49頁。按吳清卿即吳大澂，張幼樵即張佩綸，道義即文廷式）。將其所謂「三傳三禮」諸學的興盛，歸因於「談兵而致僨覆」，不失為有趣的見解。

## 談兵制（之一）：「寓兵於農」

前於本書所設時段，關於有明一代兵制，就時有批評。明清之際

與兵制有關的批評，沿襲已有的思路，通常在兩個方面展開：對文武分、兵民（「民」亦作「農」）分的體制追究。而兵制論亦如田制論，憑藉了有關「三代」的制度論視野，以文獻所提供的「三代」以前「兵民合」、「文武合」的圖景，作為批評現行體制的根據。似乎是，只有憑藉了這一視野，士人的有關議論才得以展開，並彼此構成對話關係。甚至近人亦未盡在此視野之外，與前人的有關對話也憑藉了同一視野——至少令人可感有關「三代」的經典描述作為參照系統隱然的制約。三代、井田論影響之深遠，於此也可得一證。兵制與田制本相因依，論兵制於「三代論」的視野之內，即不可避免地涉及三代可復與否的整體判斷。因此其時兵制復古的要求，往往與復井田的要求配套，論者的有關主張通常也有在此框架內的自身統一。[27]

　　「兵—民」、「文—武」之分被認為始自「三代」以後，兩種「分」又被認為有相關性。孫奇逢就說過，「文武本無分也，分之自兵民始。自兵與民分統，將與吏遂分治，屬橐與載筆遂分業……」（《夏峰先生集》卷三《贈孔氏兄弟序》）以此「分」為制度病，當其時更像是士人的常談。黃宗羲批評「兵民太分」、「文武分為兩途」（《明夷待訪錄·兵制一》），卻不曾說到「合」緣何途徑達致，亦有書生論政對「可操作性」的一貫漠視。陳子龍也曰：「古今之事，一變而不可輕復，至於今不勝其弊者，莫若兵民之異名而文武之異官」（《重將權》，《陳忠裕全集》卷二三）。顧炎武直至乙酉，仍主張對兵制稍做更革，冀有萬一之效；而其有關兵制的思路，不出「寓兵於

---

27 古代中國兵制與田制的相關性作為基本事實，也構成了近人研究中國古代土地制度與軍事制度的認識論根據。陳守實的《中國古代土地關係史稿》以「土地關係」為論題，對歷代兵制多所討論。即如他認為，「在北魏到隋唐這一時期中，兵制與田制是不能分開考察的」（第178頁）。

農」、「兵農合一」的固有框架。[28]清初論者對上述思路又有沿襲。顏元即說：「元每歎夫兵、民分而中國弱，文、武分而聖學亡」（《朱子語類評》，《顏元集》第 300 頁）——幾於眾口一詞。

兵民、文武，問題雖有內在的相關性，作為論域卻非即重合。「兵—民」關係田制，「文—武」則繫於權力機構內的功能分割，更與銓政、職官制度及近代所謂的「教育體制」有關——均淵源深遠。對於有關論題，我只能在限定了的時段中討論，當然也會做力所能及的上溯。

兵民分合作為話題已然古老，明人不過是在「接著說」。即如距明不遠的宋，陳亮就以「兵農合一」為「天地之常經」（《策問・問兵農分合》，《陳亮集（增訂本）》卷一四第 163 頁），說：「古者兵民為一，後世兵民分矣，然漢、唐盛時，兵猶出於民也」（《策問・問古者兵民為一後世兵民分》，同書卷一三第 154 頁），以其本朝所實行的募兵制為弊政。提出過「由募還農」的折衷方案（參看《習學記言序目》卷三九）。其時錢文子《補漢兵志》、陳傅良《歷代兵制》均涉及此話題。宋元之際，馬端臨的《文獻通考》於文獻考釋中更多所發明，似乎已無剩義，然而由明至清，論者仍呶呶不已。這固然可以作為既有的思想材料制約人的思維的例子，也不妨想到，古老話題被不同時代的論者一再重提，必有它的緣由。《漢書・刑法志》：「因井田而制軍賦」，只是部分地解釋了田制、賦制、兵制的相關性。有關兵制與田制相因依的認識，勾畫了明人論說的基本方向。在明代士人看來，田制、兵制之相關不止限於兵源、軍餉等具體環節，更在兵民關係的鑄造上。他們經由這一話題，不但表達了對「兵制」與其它制度

---

28 顧氏既批評明代的兵、農分，又批評軍、兵分，以有明軍制之不一（即有衛兵、民兵、募兵）為病（參看其《軍制論》，《顧亭林詩文集》第122-123頁）。

（尤其田制）的內在關聯的認知，而且其中的少數論者，還表現出對於制度的文化後果的敏感。

近人陳守實說，「均田、府兵、租庸調，基本上是相關的」（《中國古代土地關係史稿》第210頁）。有明一代施行的衛所、民兵、屯田（尤其軍屯）制，則為其時的「兵制—田制」論提供了切近的經驗依據。李因篤說屯田與井田相表裏，「井寓兵於農者也，屯寓農於兵者也」（《屯田》，《受祺堂文集》卷二）。近人李洵則認為，衛所制是「朱元璋『寓兵於農』主導思想的體現」；「他的『寓兵於農』的『農』，已不是『兵農合一』中的『農』，而是一種軍事屯田制下的『兵農』」（《論公元十五、十六世紀明代中國若干歷史問題》，《下學集》第12、13頁）。[29]毛佩奇、王莉《中國明代軍事史》也以為明代衛所制是「另一種形式的寓兵於農」（第4頁）。孟森對有明初制，極為稱讚。關於衛所，甚至說「兵制之善，實無以復加」（《明清史講義》第40頁）。但法久弊生，嘉靖間魏煥即說，「國初屯田，每軍一分；今之屯田，十無一存」（《經略總考》，《明經世文編》卷二五〇）。未到明末，屯政即已敗壞，隱射、占役、冒糧，積弊無可救。[30]

---

29 《明史·兵志一》以為有明一代兵制「得唐府兵遺意」。錢穆以為明代衛所制度，「其實也就如唐代的府兵制，不過名稱不同而已」（《中國歷代政治得失》第136頁）。王毓銓《明代的軍屯》對明代軍屯與西魏北周至隋唐的府兵制的制度差異有論說。李洵卻認為明代衛所制承襲的是「金元以來的軍戶制」（《下學集》第13頁）。毛佩奇、王莉所撰《中國明代軍事史》也認為明代衛所制「有曹魏時期的世兵制之遺意，但它的直接來源應當是元朝之軍戶制」，「衛所分佈於各地，所轄之地幾與府州縣相同，這又與宋朝的屯駐軍有類似之處」。但該書仍認為「衛與所是明代兵制的一個創造」（第4頁）。

30 明人往往美化祖制。關於明初軍屯狀況，參看王毓銓《明代的軍屯》一書第210-212頁。王毓銓認為關於明初軍屯的成效，明人的說法不免誇大。《明史·食貨志》：「自正統後，屯政稍弛。」李洵《明史食貨志校注》則據王原《明食貨志》、《明史稿食貨志》、《明宣宗實錄》，以為「宣德中期，屯政已開始敗壞，正統以後，敗壞更甚」（第33-34頁）。毛佩奇、王莉《中國明代軍事史》則說「永樂晚期，軍屯制度

對古制的理想化，出於解決實際問題（如軍餉問題）的動機。有明一代軍餉的來源，賦稅之外，即賴屯、鹽。因而直至明末衛所制衰敗之後，出於軍事需要，屯田仍在進行。天啟初張慎言曾出督畿輔屯田（《明史》本傳）。趙率教在關外屯田，袁崇煥有「大興屯田」之議，盧象昇則於宣、大「大興屯政」，孫傳庭亦於陝西開屯田（均見《明史》本傳）。到弘光朝，史可法猶遣官屯田開封（《明史》本傳）——更像是一種象徵性的姿態。而屯田的必要性，仍然被由「寓兵於農」的一面來說明。孫傳庭自說「恨不倣古人寓兵於農之意」（《恭報司務廳練兵並請關防馬匹疏》，《白谷集》卷一）。他的著眼處，不過在開利源以足兵餉，將「寓兵於農」作為了應急措施（參看同卷《清屯第三疏》）。金鉉也說：「屯法修明，師從（疑為『行』之誤）無糧從之憂；鄉勇鼓糾，田畯皆鷹揚之選，則兵農差可合治，是周官伍兩遺制也」（《擬周禮策對》，《金忠潔集》卷四）。

明代有所謂「軍」與「兵」。與「民」分的，是「軍」，而「兵」則可兵可民。吳晗曾談到「軍」和「兵」在明代，是「平行的兩種制度」，「軍是一種特殊的制度，自有軍籍」（《明代的軍兵》，《讀史札記》第 92 頁），而「兵」係臨時召募；「軍」、「兵」對稱並行。至於「民兵」，則屬非常備的地方武裝。[31] 被認為體現了「寓兵於農」的，

已開始遭到破壞。宣德以後，衛所官侵佔軍屯田地、私役軍士耕種之事，已頻頻發生」（第119頁）。黃仁宇以「軍隊自給」為「不切實際的神話」（《十六世紀明代中國之財政與稅收》中譯本第80頁）。關於軍屯、衛所的分析，見該書第75-81頁。關於有明一代屯政，尚可參看《續文獻通考》卷五《田賦五》。趙儷生認為顧炎武的《天下郡國利病書》從幾乎全國的範圍記述屯田作為制度的實施情況，及對其時的社會經濟、軍事等方面的影響，富於文獻價值（《顧炎武新傳》，《趙儷生史學論著自選集》第281頁）。

31 參看吳晗《讀史札記》第128頁注〔1〕。毛佩奇、王莉《中國明代軍事史》的說法有所不同。該書曰：「由於衛所軍經常被抽選為兵，從而出現了一個新概念——『軍兵』」（第132頁）。「衛所兵稱為軍兵，募兵則稱為民兵。」該書還說，「土兵指

是民兵。《明史・食貨志》：「太祖初，立民兵萬戶府，寓兵於農，其法最善。」[32]《明史・兵志》：「太祖定江東，循元制，立管領民兵萬戶府。後從山西行都司言，聽邊民自備軍械，團結防邊。閩、浙苦倭，指揮方謙請籍民丁多者為軍。尋以為患鄉里，詔閩、浙互徙。時已用民兵，然非召募也。正統二年始募所在軍餘、民壯願自效者，陝西得四千二百人。人給布二匹，月糧四斗。景泰初，遣使分募直隸、山東、山西、河南民壯，撥山西義勇守大同，而紫荊、倒馬二關，亦用民兵防守，事平免歸。」「弘治七年立僉民壯法。州、縣七八百里以上，裏僉二人；五百里，三；三百里，四；百里以上，五。有司訓練，遇警調發，給以行糧……」隆慶中張居正等關於民兵，有「登名尺籍，隸撫臣操練，歲無過三月，月無過三次，練畢即令歸農，復其身」云云，尚合於「民兵」之設的初衷。「然自嘉靖後，山東、河南民兵戍薊門者，率徵銀以充召募。」[33]

---

在邊境地區撿選民間精壯，保護田裏之兵」，「那些在各地方因風俗特長不同而被徵募之兵，則被稱為鄉兵」（第6頁）。「募兵出現於朱元璋起兵創建明王朝時期」（第123頁），「大規模的募兵，出現於土木之變以後」（第125頁）。「相對於衛所軍的兵，在明初已存在」，「明中期以後，又立民壯制」（第128頁）。趙儷生引《天下郡國利病書》，曰自抗倭以來，「兵日增，軍日損；兵日驕，軍日懦」（《趙儷生史學論著自選集》第296頁）。這裏的兵，應指所募之兵。

32 「民兵」亦稱「民壯」、「弓兵」、「機兵」、「快手」等，不隸軍籍，自備軍械，戰時應召，「事平」得「免歸」。「土兵」則邊郡之「民兵」、「民壯」。

33 毛佩奇、王莉《中國明代軍事史》認為募兵是衛所之外的「寓兵於農」的形式：「正統到正德時期，是募兵制發展的第一個階段，這一時期募兵的特點，首先是寓兵於農，兵農合一。募兵秋冬訓練，春夏務農，或冬春訓練，夏秋務農。當然，有戰事時例外，亦不久係行伍」（第125頁）。其所謂「募兵」與「民兵」，似有混淆。募兵是衛軍、民壯外的一種制度。「募兵之制，大約開端於正統末年。募兵和民壯不同，民壯是由地方按里數多少或每戶壯丁多少僉發的，……募兵則由中央派人召募，入伍後按月發餉，東西征戍，一惟政府之命。戰時和平時一樣，除退役外不能離開行伍」（吳晗《讀史札記》第127頁）。募兵乃由於衛軍、民壯均歸無用。《天下郡國利病書》所輯方志中，記有福建沙縣鄧茂七起義，「垛民」（垛集之民，即應徵

　　實行屯田的衛所，與作為有明初政的民兵，均由「寓兵於農」的
一面得到了肯定。嘉、隆間楊博曰：「……祖宗民壯之設，最得古人寓
兵於農之意」（《覆整飭軍務糧餉都御史翟鵬議處民兵疏》，《明經世文
編》卷二七四）。正、嘉以降，應對其時的軍事形勢，更有「人人皆
兵」的主張。王陽明曾推行保甲法，曰：「誠使此法一行，則不待調發
而處處皆兵，不待屯聚而家家皆兵，不待蓄養而人人皆兵」（《總制兩
廣牌行左江道綏柔流賊》，同書卷一三二）。嘉、隆之際東南「倭患」，
因官軍、客兵騷擾剽掠，訓練鄉民、民壯之議起，「家自為兵，戶可
以戰」、「家自為戰，人自為防」云云，幾乎成為其時之常談（參看康
太和《與巡撫王方湖公書》，同書卷二一三；孫陞《與李縣尹書》，同
書卷二三六）。茅坤亦有「家自為守，人自為戰」云云（《與李汲泉中
丞議海寇事宜書》，《茅坤集》第 223 頁）。海瑞也以「家自為守，人
自為戰」為「古法遺意」（《啟殷石汀兩廣軍門》，《海瑞集》第 438
頁）。張居正以為興邊屯則「家自為戰，人自為守，不求兵而兵足矣」
（《答薊鎮總督王鑒川言邊屯》，《張太岳集》卷二三第 280 頁）。

　　明亡之際，金聲為地方籌畫守禦，以為與其用「內地之官與內地
之兵」，「莫若即鼓勵而用其眾，即其村之能守禦者而官之」（《與郡太
守》，《金忠節公文集》卷四）。他主張「家自為守」，說「將敗敵殲
賊，只知用兵而不知用民，則未有不困者也」（《黃石義防引》，同書
卷八）——也因「兵」（應指所募之兵）確已不足恃；非但不足恃，
且騷擾更甚於「賊」。錢謙益《南京刑部尚書沈公神道碑銘》，曰沈演
以為「剿以經略，不若督撫；剿以督撫，不若郡縣；剿以郡縣，不若
團結鄉鎮，人自為守」（《牧齋初學集》卷六五第 1517 頁）。劉城《兵

---

入伍之壯丁）數萬人參加的事（參看《趙儷生史學論著自選集》第298頁）。明代反
對招募客兵者頗有其人。葛守禮即以之為「藉寇兵而齎盜糧」（《與高中玄閣老論召
募客兵》，《明經世文編》卷二七八），指為亂階。

制論》說井田、封建「必不可復」，「兵農合一之制則不然」，「故不若即民而兵之。即民而兵之，是盡民而兵也；盡民而兵，則凡萬家之邑、十室之聚，罔不有戰士焉，兵可勝用乎？」（《嶧桐集》卷五）清初魏禮還說：「愚謂可久行而無弊者，莫如團練鄉兵自為戰守」（《代贛州弭盜》，《魏季子文集》卷一六）。李塨《擬太平策》關於「寓兵於農」的具體設計，也不出此。他說：「天下處處皆糧則天下富，天下人人習兵則天下強」（卷四）。[34]

倘若抽去上述背景，你會以顧炎武那種武裝民眾的主張為驚人之論。《日知錄》卷九「邊縣」條引蘇軾語，曰：「今河朔西路，被邊州軍，自澶淵講和以來，百姓自相團結，為弓箭社，不論家業高下，戶出一人；又自相推擇，家資武藝，眾所服者，為社頭、社副、錄事，謂之頭目；帶弓而鋤，佩劍而樵，出入山阪，飲食長技，與北敵同……」顧氏顯然感慨於此種情景未能於明末再現。同條曰宋代弓箭社之法，「雖承平廢弛，而靖康之變，河北忠義，多出於此。有國家者，能於閒暇之時，而為此寓兵於農之計，可不至如崇禎之末，課責有司，以修練儲備之紛紛矣」。[35]明亡前張履祥曾批評禁民挾弓矢，說

---

34 孔飛力認為，中國歷史上的民兵思想，以《周禮》、《孟子》、《管子》等為其文獻根據。「寓兵於農」（又作「寓兵於民」），其起源和含義原與孟子井田圖景的「自衛村社」大有不同，到中華帝國的晚期卻被注入了新的語義，即「厭惡大量常備軍隊；將民與兵的身份理想地結合起來」。他還認為，「寓兵於農」一語所具有的含糊性和廣泛的聯想性，使其在這一時期成為軍事烏托邦思想的靈感來源。這類烏托邦構想，「當其在實踐中變得越來越難以達到時，卻越來越具有理論上的吸引力」（《中華帝國晚期的叛亂及其敵人》中譯本第31、32頁）。

35 趙儷生曾談到，有宋一代，「緣中古『兵戶』遺意，平素也頗有『弓箭手』、『刀弩手』、『槍排手』等的設置，承平之時，這種武裝組織多『隱於民間』；一遭板蕩，則多起而保家衛國。在明朝，這樣的力量是很少了」（《靖康、建炎間各種民間武裝勢力性質的分析》，《趙儷生史學論著自選集》第3頁）。「兵戶遺意」似不足以解釋何以這樣的力量在明代不能如宋一樣地存在。《夢粱錄》卷一九「社會」條說宋代武士之社會，曰：「武士有射弓踏弩社，皆能攀弓射弩，武藝精熟，射放嫻習，方

「其弊必使盜賊公行，夷狄得志」（《願學記三》，《楊園先生全集》卷二八）。《日知錄》卷一二「禁兵器」條，以及《日知錄之餘》卷二「禁兵器」條，也表達了類似的判斷。其中引元末劉基詩，曰：「他時重禁藏矛戟，今日呼令習鼓。」無疑有甚深的感慨於其間。不妨說，其時與兵事有關的文化批評，以上述「禁兵器」條最具深度，可以作為以「學術」為政治批評的絕好例子。[36]顧氏以其輯錄的大量史料，令人看到了兵器之禁與政治權力的複雜歷史關係，可資推想士人的文化品格在其間蛻變的複雜而漫長的過程。至於其所輯與地域、民族有關的禁制（尤其異族統治時期加之於漢人的兵器之禁），當明清易代之際，尤其意味深長。似乎匪夷所思的是，顧炎武非但以為解除兵器之禁有利於強國，且以為有助於保障社會的安定！但也應當說，主張「兵農合一」、「寓兵於農」於屯田、民壯均不足以救亡之後，毋寧說證明了先在的思想材料的強大制約，「三代」制度論視野對論者的限囿。

---

可入此社耳。」王學泰《遊民文化與中國社會》一書，說到宋代民間以練武為名的結社，如北宋河北、京東一帶的「弓箭社」、「馬社」和「萬馬社」等。「這種帶軍事性的組織又稱為『義甲』或『牛社』，在北宋末年的抗擊金人南侵的戰爭中起了很大作用。南宋之初，因戶部尚書張愨的建議，朝廷規定諸路、府、州、軍什伍其民，並教之戰，使其自保疆界。各社均以『忠義』、『強社』、『巡社』為名。政府提倡的『社』，自然會對參加者有許多優惠，如免除參加者的賦稅和差役，為這些社團出一部分資金幫助他們購買器械與馬匹等等。這些軍事性的社團組織編制有序，並可得到及時的訓練，具有一定的戰鬥力。這些結社對擊退金人的南侵和維持剛剛建立的南宋朝廷的穩定起了很大作用」（第440頁）。明代似沒有這種性質的組織。倘若因了社會控制的強化，則又可以認為，正是對「行動」的禁抑，刺激了士人的談興──亦唯此談，可激揚意氣，使衝動得到想像性的滿足。

36 《日知錄之餘》卷二「禁兵器」條錄有漢武帝時公孫宏與吾邱壽王關於「禁民毋得挾弓弩」的辯論。此條所錄大半為元代之禁（元代尚有馬禁，參看同卷「禁馬」條），明代僅一條，且限於局部地區。由顧氏所錄，可以想像實行於元代的針對漢人、南人的有關禁制，對於士人心性的影響。

較之於幾乎眾口一詞的「寓兵於農」說，我以為王夫之「分兵民
而專其治」的主張更足以驚人（參看《黃書‧宰制》，《船山全書》第
12 冊第 508 頁）。他說「天下皆有兵，而天下無兵矣」（《噩夢》，同書
第 559 頁），堪稱警策。他一再申說「農之不可為兵」，以為「兵其農
則無農」，「民兵之敝，酷於軍屯」（《詩廣傳》卷三，《船山全書》第
3 冊第 426 頁）。說古者兵農合一，「謂即農簡兵，而無世籍之兵」，
非謂「兵其農而農其兵」（同書卷二第 382 頁）。他不以「鄉團保甲」
為善策（《讀通鑑論》卷二七第 1035-1036 頁），也不以府兵、衛所、
屯田為善制（同書卷一七第 659-661 頁，卷二二第 840 頁）。[37]即使經
歷了明末的軍事失敗，卻依然反對「人人皆兵」的戰時體制，凡此，
又與其「義軍論」、「庶民論」相互發明（參看拙著《明清之際士大夫
研究》上編第一章第三節）。他以為鄉團保甲非但不足以戡盜，且
「導人於亂」；以民為兵，勢必「斲其醇謹之良，相習於競悍」（《讀
通鑑論》卷一七第 660 頁。另參看同書卷二〇第 770-771 頁）。他以
「爭鬥其民」為民厲，關注在暴戾之氣對人心的斫喪。[38]對於「寓兵
於農」的這一種批評角度，似為王夫之所獨有。據此可知，王氏決不
至於同情顧炎武「武裝民眾」的主張。在「禁兵器」這一敏感題目

---

37 王夫之在《噩夢》中，提到劉宗周任京兆尹時的措置，肯定劉氏的不責民以「武
 備」，曰此「亦王政之枝葉」（《船山全書》第12冊第561頁）。但劉氏崇禎初年在京
 兆尹任上，曾輯有《保民訓要》，主張「因比閭族黨而寄屬兵講武之法，戶備器
 械，保備牛騾，鄉備馬疋弓矢，選其技能者以時訓練之，聯以什伍，行以賞罰，平
 居而親睦，宛如同井，有事而捍禦，即為干城」（劉宗週年譜，崇禎三年，《劉子全
 書》卷四〇）。

38 他說：「封建既廢，天下安堵，農工商賈各從其業，而可免於荷戈致死之苦，此天
 地窮則變而可久者也，奈何更欲爭鬥其民哉！朱子自謂守郡日時有土寇，故欲訓練
 保甲，後熟思此土之民已競武勇，奈何復導之以強，因而已之。大儒體國靖民之遠
 圖，不泥於古固如此，未嘗挾一寓兵於農之成說，以學術殺天下，如王介甫之鰓鰓
 於保甲也」（《噩夢》第560頁）。

上，他的思路亦與顧氏有別。他以為「秦銷天下之兵而盜起，唐令天下鄉村各置弓刀鼓板而盜益橫，故古王者之訓曰『覲文匿武』。明著其跡曰覲，善藏其用曰匿。其覲之也，非能取《五禮》之精微大喻於天下也，宣昭其跡，勒為可興而不可廢之典，以徐引之而動其心。其匿之也，非能取五兵之為人用者遽使銷亡也，聽民置之可用不可用之間以自為之，而知非上之所亟也」（《讀通鑑論》卷二七第 1035 頁。按「五兵」所指不一，一說謂矛、戟、弓、劍、戈）。真可謂解釋先王之用意而得其精妙者。可惜這用意太過曲折，怕是君人者難以把握得恰到好處的吧。此種精微的思理，不唯當時，即後世也未見得能為人理解。僅由此一端，也可證孤獨之為思想者的宿命。你由此卻不難察知王夫之對「秩序」的嚴重關切，以及「仁」之為原則在其思想學說中無所不在地貫穿。王氏思想的徹底性、其內在統一，於此等處確也令人印象尤為深刻。不導民以鬥，不教民以亂，與他的「包拯、海瑞論」也有邏輯的貫通（參看拙作《廉吏‧循吏‧良吏‧俗吏——明清之際士人的吏治論》）——即經歷了明亡的大劫難（或者說正因經歷了此劫難），亦不願「爭鬥其民」，貽害將來。此即其人所理解的王道、王政。而「以學術殺天下」云云，則是對於其時的「三代論」者措辭最嚴厲的批評。

王夫之的異議尚不止於此。他還徑以為「衛所興屯之法，銷天下之兵而中國弱」（《讀通鑑論》卷一七第 661 頁），曰宋、明「散武備於腹裏」，乃相沿唐府兵之弊（參看《噩夢》第 558 頁）。他直截了當地批評祖宗法之不善，說：「洪、永間分列衛所，頗以遷就功臣而處之善地，遂以壞一代之軍政」（同上第 559 頁），似未為人道。魏源則依據清代兵力及其分佈，批評唐代的府兵制，曰「通計中外禁旅駐防兵二十萬有奇，而居京師者半之。以是知唐府兵之制，舉天下不敵關

中，以是為居重馭輕者，適示天下以不廣也」（《聖武記》附錄，卷一一，《武事餘記》，轉引自鄭天挺主編《明清史資料（下）》第124頁），也著眼於軍事力量的合理分佈。此外，如王夫之主張「軍器皮作火器各局之費，應責之於商賈」（《噩夢》，第561頁），似亦未為他人道。王氏雖批評條鞭使農輸錢（而非輸粟），卻又有上述主張，可知其人對於有明商品經濟的發展及其效用，是自有其估價的。

即使如此，也仍不便輕易地斷為「空谷足音」，只是看似接近的主張，依然有「內在理路」之別罷了。王瓊以正統間「召集壯勇」為「一時權宜之計」，「深為民害」，請「盡行革罷，與民休息」（《為專捕盜處民兵以祛民患事》，《明經世文編》卷一一〇）。吳應箕也不以「團練鄉勇」為然（參看其《時務策》）。稍前，徐光啟則主張「富國必以本業，強國必以正兵」（《復太史焦座師》，《徐光啟集》卷一〇第454頁）。徐氏所謂「正兵」，顯然非與「奇兵」相對，而略近於近代所謂「正規軍」。事實是，自嘉、隆始即不斷有人提倡「選、練」，以為兵不在多（因而不以擴大召募、組織民壯為得計），而在精、強。張履祥《上陳時事略》也說過：「蓋古昔井田不廢，兵民未分，故農可以戰。後世唯屯政為不失井田之意，故鄉兵可用也。井田不能行於今，則鄉兵不能行於今明矣」（《楊園先生全集》卷一五）。王源也以為「不必如古制，盡人而兵也」（《平書·武備》，《平書訂》卷九）。[39] 由此看來，其時的有識之士固有不謀而合者，亦有所見歧異如

---

39 民兵即不同於軍戶，也仍有相當的強制性。所謂「僉民壯」，「僉」即非由自願。崇禎朝，有練民兵之議，論者謂州縣民兵「無實」，「徒糜厚餉」（參看《明史》楊嗣昌傳）。而「軍外募民為兵」，更弊竇叢生。《明史·兵志》：「崇禎三年，范景文以兵部侍郎守通州，上言：『祖制，邊腹內外，衛所棋置，以軍隸衛，以屯養軍。後失其制，軍外募民為兵，屯外賦民出餉，使如鱗尺籍，不能為衝鋒之事，並不知帶甲之人。……』因條上清核數事，不果行。」顧炎武《兵制論》所謂「有機壯而屯衛為無用之人」，「有新募而民壯為無用之人」（《顧亭林詩文集》第123頁。按機壯

上文所示者，唯此才足以構成其時思想版圖色彩的豐富性。

## 談兵制（之二）：督、撫之設

也如說兵民分、合，本書所論這一時期論者說文武分、合，以文武既分為無需論證的事實。將明的軍事失敗歸因於文武分，則是明末清初的一種時論。王源就說「文臣鮮知兵，又卑武臣不與齒，其末也，至武臣養寇，自利爪牙，一無足恃，而底於亡。文武分途，禍可勝言哉！」（《襄城張孝廉傳》，《居業堂文集》卷四）

陸世儀說「古之天子，寄軍政於六卿」，文武未嘗分途；分途自戰國始（《思辨錄輯要》卷一二）；他以為「武只是吾道中一藝」，不宜與「文」對舉（同書卷二〇）。文武之分的確淵源古老。顧頡剛在《武士與文士之蛻化》一文中，敘述了孔子及其門弟子以至於「末流」「士風之丕變」，由武士到文士的「蛻化」。據顧氏說，孔子的時代文、武尚未「界而為二」，戰國時代文、武則已形成集團性對立，分別曰「儒」曰「俠」；「所業既專，則文者益文，武者益武，各作極端之表現」（《史林雜識（初編）》第 89 頁）。武人社會地位的下降，是在秦、漢以還漫長的歷史過程中發生的；而文士談兵之成為一種可供分析的事實，自然也基於文武分途的士的歷史（也即「士」的文士

---

即民壯、民兵），有倒置因果之嫌。實則至明末，無論衛所，還是僉、募，均歸無用。崇禎朝任職戶部的倪元璐曾試圖廢除衛所制度。明亡之時則有「去籍」運動（參看傅衣凌《明清農村社會經濟》第127頁）。有趣的卻是，論兵制於衛所、屯田、民兵作為制度「大壞極弊」之後，卻無妨於不斷重彈「寓兵於農」的老調。孔飛力在對清朝軍事制度的研究中，批評雷海宗寫於20世紀30年代後期的一部著作（《中國文化與中國的兵》）「多少誇大了傳統中國社會的民—兵的分離」（《中華帝國晚期的叛亂及其敵人》中譯本第12頁）。孔飛力該書關於「民兵」之為制度的討論，見中譯本第13-36頁。

化的歷史），以及權力機構中相應的職官設置。

　　卻也始終存在著另一面的事實。正如說兵民（農）固未嘗分，權力機構中的文武在事權／功能層面也原不曾有明確的分割。明代尤為顯例。只不過論者往往沿襲成說，於顯然的事實視若無睹罷了。文武的功能分化在權力機構中的實現，固在職官之設；而「文武合」之早期歷史的遺跡，也正存留在「職官」（官銜／職掌）中。

　　《明史・職官志》：「明官制，沿漢、唐之舊而損益之。」「分大都督府為五，而徵調隸於兵部。」[40]陸世儀說有明開國五軍都督府之設，「略寓天子親操之意」；而由兵部所掌控的範圍看，「尤有犬牙相制之意」（《思辨錄輯要》卷一三）——「互相制馭」的不止於下文將要論到的文、武。然而明人所謂「文帥」、「文將」，所指卻非即兵部官員，而是負有更直接的軍事責任的文臣即督、撫。「文帥」通常指總督。如趙炳然曰「總督之職，即古帥臣，文武兼該，親督戰陣」（《題為條陳邊務以俾安攘事》，《明經世文編》卷二五二）。沈德符《萬曆野獲編》有「本朝宣德以後，大臣總督，止施於工程錢糧等項。繼乃有總督軍務，為文帥第一重任」（卷二二）云云。吳應箕說所謂「將」：「『將』何易言哉！今武臣之有『總』有『副』者，將也；文臣之為『撫』為『督』，即身為大帥而將將者也。武以材勇跳蕩於疆場，文以方略發蹤於帷幄，如是曰『將』也」（《原將》，《樓山堂集》卷一九）。吳氏《擬進策》亦有「此儲文將之法」云云。與「文將」（即文臣而將）語義稍有別，從來有所謂「儒將」之目，此「儒」非即「儒學」之謂，語義也應更近於「文」。此種人物據說能運籌帷幄以至臨陣卻敵，而又滿腹經綸，一向為士人所樂道。

---

40 錢穆以為明承元弊，元「文武分途之弊制，遂為明清兩代所沿襲」（《國史大綱》第七編第三十五章，第649頁）。

　　據《明史‧職官志》，明初太祖論御史大夫鄧愈、湯和等曰：「國家立三大府，中書總政事，都督掌軍旅，御史掌糾察。」功能分割簡單明確。其後的功能混溶——就本文而言，即文武功能的混溶——以撫、按軍事參與程度之加深為表徵。明代自中葉以後軍事形勢的嚴峻化，導致了一系列制度性安排。在明末軍事中發揮了重大作用的督、撫，是適應軍事需要而設置的，具有「因事特遣、偏重軍事、節制地方文武以及置罷不常」等特點（關文發、顏廣文著《明代政治制度研究》第70頁）。而「以『總督』、『巡撫』名官，並形成為一種官制，實始自明代」（第50頁）。[41]該書還認為，「自萬曆中期以後所設置的巡撫，都是不大正常的，隨著明王朝統治危機的日益加深，巡撫按省建制的進程已被打亂了，因事特設的成分變得越來越嚴重了。這種情況直到清朝統治在全國確立後才得以改變，按省設撫的建制才得以完全確立」（第70頁）。其所謂「不大正常」，既指打破了按省設撫的建制而因事特設，也指設撫純粹出於軍事需要。[42]歸有光自負史才，頗

---

41　同書說，「明代最早派遣軍政類型的總督，是在正統六年（1441）正月」（第71頁）。明末以巡撫「督治軍務」，「已表明這種設撫純屬軍事上的需要」（第70頁）。至於清代督撫「綜治軍民，統轄文武，考覈官吏，修飭封疆」，作為制度，則「直接源於明代」（第49頁）。儘管明代的上述制度亦自有其淵源（參看該書第52-53頁）。有明一代的監察制度，一向為學界所關注。「監察」是個含義廣泛的概念，監察對象包括了軍、政諸多方面。「巡視京營」、「清軍」、「巡關」、「屯田」等，均在十三道監察御史職掌範圍之內。各道「協管」所及，包括了五軍都督府及諸衛所等。都御史與軍事有關的事權因軍事形勢而為輕重。「巡撫兼軍務者加提督，有總兵地方加贊理或參贊，所轄多、事重者加總督。他如整飭、撫治、巡治、總理等項，皆因事特設。其以尚書、侍郎任總督軍務者，皆兼都御史，以便行事」（《明史‧職官二》）。盧象昇說「總理之設，首自臣始」（《恭報理標兵馬疏》，《盧忠肅公集》卷五）。崇禎末年，張肯堂曾質疑督師職掌，及督、撫關係（《明史》卷二七六本傳）。

42　關於督、撫在節制武官方面的作用，參看該書第92-93頁。同書引用了《萬曆野獲編》、《弇山集》等書中有關制度演變、文臣在軍事活動中許可權擴大的敘述。如

留意於有關職官的掌故，其述「巡撫」之設，曰：「自頃倭夷為患，朝廷並敕以閫外之事，寄任滋隆焉」（《巡撫都御史史翁壽頌》，《震川先生集》卷二九第 655 頁）。按察司官員亦參與地方軍務（如整飭兵備道）。《明史・職官志》：「兵道之設，仿自洪熙間，以武臣疏於文墨，遣參政副使沈固、劉紹等往各總兵處整理文書，商榷機密，未嘗身領軍務也。至弘治中，本兵馬文升慮武職不修，議增副僉一員救之。自是兵備之員盈天下。」吳晗論有明一代文（臣）武（臣）勢力之消長，曰：「明初開國時，武臣最重，英國公張輔兄信，至以侍郎換授指揮同知。武臣出兵，多用文臣參贊……正統以後，文臣的地位漸高，出征時由文臣任總督或提督軍務，經畫一切，武臣只負領軍作戰的任務。」「從此文臣統帥，武臣領兵，便成定制」（《明代的軍兵》，《讀史札記》第 99-100 頁）。[43] 上述制度安排在擴大文臣的軍事參與的同時，無疑也激發了士人談兵、介入軍務的熱情。

---

《弇山集》曰：「弘治以前，文臣止參贊軍務，即有重寄，惟節制本省及隨行官軍而已。正德中，陳金破東鄉桃源盜，總制江西、浙江、福建、湖廣、南畿等處……俱聽便宜行事，鎮、巡等官俱聽節制」（第80頁）。關於總兵、巡撫、總督的職守，嘉靖朝曾銑曰：「查得敕諭各官所載，如總督則云經略邊務，隨宜調度各鎮將官相機戰守，臨陣不用命者，悉以軍法從事，此總督之職守也。如巡撫則云整飭邊備，訓練軍馬，督理糧草，撫恤士卒，此巡撫之職守也。如總兵則云整飭兵備，申嚴號令，振作軍威，相機戰守，此總兵之職守也」（《復套條議》，《明經世文編》卷二四○）。到明末袁崇煥斬毛文龍，猶借上述「祖制」為口實。《明史》袁崇煥傳，記袁氏數毛文龍罪，中有「祖制，大將在外，必命文臣監。爾專制一方，軍馬錢糧不受核，一當斬」云云。《明史》卷二三八李如松傳：「如松以權任既重，不欲受總督制，事輒專行。兵科許弘綱等以為非制，尚書石星亦言如松敕書守督臣節度，不得自專，帝乃下詔申飭。」

43 吳晗此文敘述了明代「地方軍政長官地位的衍變」，亦文臣在涉及軍事的事務上地位日升（武臣即日降）的過程。毛佩奇、王莉《中國明代軍事史》說：「明中期以後，文臣地位提高，文臣率兵出征，加總督軍務銜。」「總督成為文臣第一重任」（第130頁）。

　　世宗朝，「設武臣一，曰總督京營戎政，以咸寧侯仇鸞為之；文臣一，曰協理京營戎政，即以邦瑞充之」（《明史‧兵志》）。所謂「協理」、「協管」，僅由字面看，文臣（包括兵部官員）不過「協」武將「理」戎政，主從分明，事實卻不盡然。至於「提督」、「總督」等，其職權更絕不限於督察（「繩愆糾謬」）、「監臨」，而是直接參與軍事部署，以至臨戰指揮。唐順之以為「宜文臣督帥時禦戎服出入軍中，發揚蹈厲，以作武將之氣」（《條陳海防經略事疏》，《唐荊川文集》外集卷二）；他本人就身體力行。《明史》王瓊傳：「瓊用王守仁撫南、贛，假便宜提督軍務。比宸濠反，書聞，舉朝惴惴。瓊曰：『諸君勿憂，吾用王伯安贛州，正為今日，賊旦夕禽耳。』未幾，果如其言」（卷一九八）。據同傳，其時不但王守仁，且湖廣巡撫、應天巡撫、淮陽巡撫均參與了平宸濠的軍事行動。文臣將兵，固然賴有軍事知識，如上文提到的任環，也賴有道德感召力。《明史》譚綸傳曰譚氏其人「以功進兵部尚書兼右都御史，協理如故」（卷二二二）；譚綸卻非但躬親兵事，且臨陣殺敵。同傳即記其「嘗戰酣，刃血漬腕，累沃乃脫」——持刀拼殺狀不難想見。[44]

　　至於文臣直接領軍，亦應屬於上述制度設計的有機部分。「永樂初，設三大營，總於武將。景泰元年始設提督團營，命兵部尚書于謙兼領之，後罷。成化三年復設，率以本部尚書或都御史兼之。嘉靖二十年始命尚書劉天和輟部務，另給關防，專理戎政」（《明史‧職官志》）。及至戰時，地方官亦被責以「專城之守」。嘉靖朝屠仲律說：「保封域，固郊圻，全境安民者，守、令之任也。」甚至主張「自今

---

44　戚繼光《祭大司馬譚公》一文，曰其本人「統馭」，譚綸則「監督」；同文又記譚氏「每督戰，袍襲以甲巾而殿，俄出陣前，眾錯愕，罔敢貌言，又罔不自效」（《止止堂集‧橫槊稿中》）。海瑞《啟劉帶川兩廣軍門》卻說譚氏「不能親戎馬、冒矢石」（《海瑞集》第437頁）。

江南守、令之職，當以訓練士兵、保全境土為殿最」（《禦倭五事疏》，《明經世文編》卷二八二）。

上述制度安排，非但提高了文臣在軍事行動中的地位，而且提高了文臣、文士的自信心。李承勳說：「古稱天下安危，其重在邊，而臣又以為邊地安危，其重在文臣」（《豐財用材》，《明經世文編》卷一○○）。楊一清《朱憲副平賊圖記》：「若公以文臣統師旅，不請益兵，不重費轉輸，笑談尊俎，安如平昔，坐運籌策，指麾諸將……而謂文儒不諳軍旅，其過言哉！」（同書卷一一八。按朱憲副，朱漢）《皇明經世文編》宋徵璧所擬《凡例》，有「指受方略，半係督撫」云云，自非虛言。[45]

權力機構內文武事權未分，作為顯而易見的制度事實，僅此即已足證。據此，黃宗羲說：「有明雖失其制，總兵皆用武人，然必聽節制於督撫或經略。則是督撫、經略，將也，總兵，偏裨也」（《明夷待訪錄‧兵制二》，《黃宗羲全集》第1冊第33頁）。他強調文臣將兵，

---

[45] 事實也仍然沒有如此簡單。劉宗周於崇禎八年上疏，曰：「督、撫無權而將日懦，武弁廢法而兵日驕，將懦兵驕而朝廷之威令並窮於督、撫」（《明史》本傳。按其所謂「督、撫無權」，針對的是中官典兵這一事實。劉氏另疏曰：「中官總督，置總督何地？總督無權，置撫、按何地？」）。前此，嘉靖朝韓邦奇主張重將權，其《邊事論三》曰：「今一總兵而不與之賞罰之權，監之以巡撫、巡按、守巡郎中，一有勝負，則府通判、衛經歷皆得監製之。唐朝以一監軍而軍功不成，況監軍數軰者乎！今之巡撫甚為無謂，既無調兵之權，又無臨陣之責，凡一切戰伐進退俱不干預，若何而受彼之賞、受彼之罪哉！今當仿漢、唐制而行之，各邊巡撫皆去之，其巡按不必預邊事，管糧官聽總兵官節制，府州縣官俱聽總兵官節制。如巡撫之體，小小勝負不必行勘」（《明經世文編》卷一六一）。值得注意的是，其曰巡撫「既無調兵之權，又無臨陣之責，凡一切戰伐進退俱不干預」，其與軍事有關的職掌即限於「監」。吳時來論事權之不明，武臣（「將官」）權輕，曰：「夫督撫職掌，不過調度，原無提兵殺賊之文也；巡按職掌，不過監軍紀，原無調遣之文也」（《目擊時艱乞破常格責實效以安邊御虜保大業疏》，同書卷三八四）。關於督、撫關係之複雜微妙，尚可參看孫傳庭《報收發甘兵晉兵日期疏》（《白谷集》卷三）。

自古已然：「湯之伐桀，伊尹為將；武之入商，太公為將；晉作六軍，其為將者皆六卿之選也」（同上）。在他看來有明兵制弊不在文臣將兵，而在參與軍事的文臣「專任節制」而不得「操兵」，即權力的不完整（《兵制三》，同書第 34 頁）。他很明瞭使「節制」與「操兵」事權不一的制度設計者的用心，即以此「犬牙交制」。黃宗羲分別文武為「君子／小人」，以為「國家社稷之事」，不可「使小人而憂為之」（同上）。他主張實行更徹底的文臣將兵制，而「參用」武人。陳子龍也曾有「專任文將」的主張，曰：「專任文臣可以成大功者，先朝已然之明驗也。」所舉之例，即有威名遠播的王靖遠（王驥）、王威寧（王越），以及王守仁。[46]

　　由出身看，嘉靖年間的抗倭名臣名將，胡宗憲、譚綸外，如朱紈、張經、曹邦輔、任環、李遂、唐順之等，均繫科甲出身。明末則不但楊嗣昌、盧象昇、孫傳庭、袁崇煥、史可法等人出身科甲，被認為僨軍敗事的楊鶴、陳奇瑜、熊文燦也無不是科甲出身。甚至高層的文臣也直接參與軍事。天啟元年，孫承宗以閣臣掌部（兵部）務，自請督師，經略山海關。據《明史·職官志》，崇禎十二年後，俱以內閣督師。前此，永樂、宣德朝楊榮曾因參與軍事決策受上賞（《明史》楊榮傳）。其它以大臣而被認為諳練兵機、曉暢邊事者，尚有楊一清、王瓊等。楊氏「三為總制」，《明史》本傳曰其人世宗朝以「故相行邊」，「溫詔褒美，比之郭子儀」（卷一九八）。劉基、王陽明的軍事才能，尤為士人所傾倒。歸有光稱讚劉基「文武大略」（《送狄承式青田教諭序》，《震川先生集》卷九）；嘉靖朝唐龍為王守仁頌功，曰「視古名將，何以過此」（《議江西軍功疏》，《明經世文編》卷一八

---

46 陳氏《儲將才》曰：「以臣愚計，揆之當今之勢，莫若專任文將矣」（《陳忠裕全集》卷二三）。同卷《京兵》說「京營」，亦以為「莫若改文臣為帥，而以知兵大臣、天子所親信者主其事」。

九）。《明史》王守仁傳則曰：「終明之世，文臣用兵制勝，未有如守仁者也」（卷一九五）。傳世的有關兵學、兵事的著述，即部分地出自有軍事經歷的文臣之手。如王瓊的《北邊事蹟》、《西番事蹟》（王瓊曾總督三邊軍務），盛萬年的《嶺西水陸兵記》（盛氏曾官廣西按察使）。張延登奉敕巡視京營，編巡視事宜一卷，共一百三十四條（參看劉理順《總憲華東張公墓碑》，《劉文烈公集》）。孫承宗則有《督師全書》一百卷。

其它文臣亦有因軍事需要，隨時被委以軍務者（如唐順之以右通政、徐光啟以詹事府少詹事參與兵事）。因攻訐者有「以翰林而兼河南道，從來無此官銜；以詞臣而出典兵，從來無此職掌」云云，徐光啟疏辯，稱：「正統己巳徐武功珵、楊莊敏鼎以侍講，王祭酒詢以簡討各行監察御史，分鎮河南山東等處要地，撫安軍民。嘉靖庚戌趙文肅貞吉以司業兼監察御史，領銀賞募，是從來有此官銜。嘉靖戊午唐中丞順之以通政升僉都御史，視師浙、直，與胡司馬宗憲協剿倭寇，是從來有此職掌」（《疏辯》，天啟五年，《徐光啟集》卷四第 212 頁。按萬曆間徐光啟以詹事府少詹事兼河南道監察御史，奉旨管理練兵）。攻徐一疏有關「官銜」、「職掌」的質疑決非無端。正如攻者所強調的，徐光啟尚非一般的「文臣」，而是以「翰林」、「詞臣」而地處「清要」，本應更遠於「戎政」的文臣；而徐氏辯疏所援諸例，則證實了朝廷隨機委任（以憲銜解決「職掌」問題），也非僅止一見的事實。[47] 至於「官」與「任」的非一致性，則唐順之有「臣任同總

---

47 徐光啟有《徐氏庖言》，「庖言」指「越俎代庖」而言兵。徐氏在其章奏中，一再自說其「越俎」、「代庖」，可見其以「詞臣」而介入軍事之非正常，也證明了文臣（包括「詞臣」）固然有可能隨時奉旨參與軍務，卻仍有身份、職分問題，當事者本人也有此身份自覺。

帥，官係納言」云云，可資佐證。[48]徐光啟辯疏引神宗諭旨，中有「吏部便擬應升職銜來說」云云，可知「職銜」可依所欲任用而「擬」，職掌不妨因事因人而設。故而徐氏理直氣壯：「是則官銜職掌，總由公疏部題得旨，該部奉旨擬升，職能自主乎？」

據此可以認為，凡權力機構中的官員，均有介入軍事、接受有關委任之可能。因而所謂「文臣」，係由進身途徑言之，非嚴格地依職任言之。文臣隨時有可能被要求承擔與其知識、訓練無關的軍事任務。也如兵、民，文、武作為社會身份的分化，文、武在權力機構中的職能分割，固然淵源古老，而如上述的事權、功能的混溶，則始終存在，也應構成了士人談兵的體制背景。至於易代之際文臣的軍事貢獻，在時論以及史家的記述中，往往以武將的怯懦無能為對照。黃宗羲所說「與毅宗從死者，皆文臣」，「建義於郡縣者，皆文臣及儒生」（《明夷待訪錄·兵制二》），已是其時文士之常談。錢謙益《汪中丞歲星》也有「武夫保項領，文臣塗腦髓」等句（《牧齋初學集》卷二〇第 735 頁）。至於「賊」、「虜」軍中多降將，確也可稱明末戰場上的一大景觀。楊廷麟為此種情景寫照，曰：「將軍諾嘯多文吏，群盜縱橫半舊臣」（參看《梅村詩話》，《吳梅村全集》卷五八第 1142 頁）。[49]

---

48 唐順之《奉敕視軍情升通政司右通政謝表》：「在古文臣建閫，或以權任輕淺而僨師；大將臨戎，或以章奏壅隔而敗事。臣任同總帥，官係納言⋯⋯」（《唐荊川文集》外集卷一）

49 《明史》卷一六五丁瑄傳，曰正統間「浙、閩盜所在剽掠為民患。將帥率玩寇，而文吏勵民兵拒賊，往往多斬獲」。卷二一六羅喻義傳記崇禎朝羅氏「見中外多故，將吏不習兵」，遂「銳意講武事，推演陣圖獻之」。趙時春「慷慨負奇氣，善騎射」，「作《禦寇論》，論戰守甚悉」，臨敵卻「一戰而敗」。《明史》對此評論道：「然當是時將帥率避寇不擊。為督撫者安居堅城，遙領軍事，無躬搏寇者。時春功雖不就，天下皆壯其氣」（卷二〇〇）。唐順之說自己「備觀怯將情狀」，以為「宜文臣督師，時禦戎服出入軍中，發揚蹈屬，以作武將之氣」（《條陳海防經略事疏》，

　　在近代人，一個不容迴避的問題，即文臣將兵的資格，是緣何而獲得的。

　　可以斷定的是，若「兵」人人可談，其非近代所謂的「專業知識」無疑。當時與事後被譏以不知兵的黃道周，確實不以為用兵「別有學問」。[50]由文字材料看，除膂力一項得之於天賦外，其時的文士武將獲取軍事知識、軍事技能的途徑幾無不同；有關經驗賴有實戰中的積累，亦有同然。而文士在此之外，更擁有知識（兵學、史學、天文、輿地等學）方面的優勢──文士的自信確有其根據。王夫之曾批評「武舉」（參看《噩夢》，第 559-560 頁），也因「宰相必起於州部，猛將必發於卒伍」（《韓非子‧顯學》）云云入人之深。既如此，何「武舉」為？在近代軍事教育作為制度興起之前，鑒於科舉之弊，與前近代戰爭的特點，關於軍事人才的選拔，確也難以另有主張。這也可以由一個方面為軍事的「非專業性」佐證。

　　由史傳文字看，上文已經提到的那些參與軍事且著有成效的文臣，其軍事知識的由來、其軍事指揮資格的獲取，既與教育體制亦與銓政無干──那毋寧說是一種個人修養，略近於近人所謂的「業餘愛好」。[51]楊一清任山西按察僉事，以副使督學陝西，「在陝八年，以其

---

《唐荊川文集》外集卷二）。據趙時春所撰唐順之墓誌銘，唐氏竟因諸將之屏、怯，憤而嘔血（《唐荊川文集》附錄）。

50 彭士望《與李元仲書》：「漳浦嘗讀天下書，一覽不遺，獨未學軍旅，竟以此敗」（《樹廬文集》卷二。按漳浦即黃道周）。黃道周本人則說：「禹、稷、顏、閔一樣苦心，何曾別有學問？如要學問，黃、農七十二戰，豈有兵書？烈山粒食，天下未開泉府也」（《榕壇問業》卷一二，《景印文淵閣四庫全書》子部儒家類）。可知其人的「未學軍旅」，也因不認為「軍旅」有待於學。黃氏治《易》，即以《易》為兵書，說「征伐之道，詳於《易》書」（同書卷一）。

51 美國學者賴文遜說過：「如同八股文的極端美文主義所顯示的那樣，中國的官員在履行官務上是 amateur，這一情況到明代較此前更甚。他們受過學院式教育，（絕大多數）經過書面考試，但卻沒有受過直接的職業訓練。」「在政務之中他們是

暇究邊事甚悉」（《明史》本傳）。袁崇煥任邵武知縣而「好談兵」，
「遇老校退卒，輒與論塞上事，曉其情形，以邊才自許」（同書卷二
五九本傳）。至於文臣因任職兵部而「知兵」，則是有此職任而方有此
學的例子。《明史》鄭曉傳，曰曉嘉靖初為職方主事，「日披故牘，盡
知天下，士馬虛實強弱之數。尚書金獻民屬撰《九邊圖志》，人爭傳
寫之」（卷一九九）。文臣的軍事知識，既得之於文字（如「故牘」），
也得之於實地考察與親歷戰陣。與軍事有關的任命，固然提供了獲取
此種知識的條件；而披覽故牘與實地考察，即非任職兵部者也自可
能。王陽明「年十五，訪客居庸、山海關。時闌出塞，縱觀山川形
勝。弱冠舉鄉試，學大進。顧亦好言兵，且善射」（《明史》王守仁
傳）。孫承宗則「始為縣學生，授經邊郡。往來飛狐、拒馬間，直走
白登，又從紇干、清波故道南下。喜從材官老兵究問險要塞，用是曉
暢邊事」（同書卷二五〇本傳）。熊開元記金聲未仕時，因天下多故，
即以王守仁為榜樣，「凡行間所應有，無不習焉」（《金忠節公傳》，
《金忠節公文集》）。因而史傳文字所謂的「明習兵事」、「曉暢兵機」
云云，作為一種能力，繫於人而非繫於職事。當然對史傳所謂的「知
兵」，也只能在其時的知識狀況中理解。「兵學」既非嚴格的專業知
識，「知兵」作為一種個人修養、才能，也自無需經由嚴格的衡度。[52]

---

amateur，因為他們所修習的是藝術；而其對藝術本身的愛好也是amateur式的，因
為他們的職業是政務」（轉引自閻步克《士大夫政治演生史稿》第5-6頁）。王源批評
官之「職」不專，「但以官之大小為陞降，不論其才與職之稱否，似天下皆通才，
遂致天下皆廢才」；李塨則引了陸世儀的類似議論（均見《平書訂》卷三）。

52 但「兵」仍被認為有學的必要。范景文引孔子所說「軍旅之事，未之學也」，曰：
「天下事未有不學而能，而兵事為甚。其所謂『學』者，身曾涉歷，手曾營綜……」
（《辭免新命疏》，《范文忠公文集》卷二）強調其「學」的實踐品性。徐光啟曾強
調「武書」的重要性，曰：「武書之不講也久矣，釋樽俎而談折衝，不已迂乎？」
徐氏欲借王陽明所批《武經》，為「籌遼」之「一箸」（《陽明先生批武經序》，《徐
光啟集》卷二第65頁。按《武經七書》指《孫子》、《吳子》、《六韜》、《司馬法》、

　　文武事權、功能非充分分割的狀況，勢必施加極大的影響於人才的造就。法家主張「以吏為師」，以律令、朝廷功令為教材。國家制度，尤其某些制度性安排，對於造成一時代的人才狀況，以至塑造士人心性，其力量確非學校、書院所可比擬。可以設想，前述的制度設置、官員任用，直接鼓勵了士人對「文武兼資」這一目標的追求。據說熊廷弼才兼文武，「先中萬曆某科湖廣武鄉試第一名，後又棄武就文，中萬曆丁酉湖廣鄉試第一名。於是榜其堂曰：『三元天下有，兩解世間無』」（王應奎《柳南隨筆》卷一第6頁）。而上文已引的徐光啟所謂「權謀、陰陽、形勢、技巧」，則不但概括了其時「兵學」的主要項目，亦提示了揀選軍事人才的標準。因「形勢」、「陰陽」與「謀略」有關，可以大略地認為，到本書所論的這一時期，士人所認為與兵事有關的知識與技能，仍限於謀略與技擊。有關的軍事人才標準，不但被認為適用於武將，也適用於從事軍事的文臣。

　　「投石超距」、射石沒羽到此時仍被津津樂道，確可謂風味古老。王守仁曾以善射令將士折服。《明史》王守仁傳記王氏巡撫江西，武將「輕守仁文士，強之射。徐起，三發三中」。熊廷弼「有膽知兵，善左右射」（同書卷二五九本傳）。盧象昇非但善射，且有膂力（卷二六一本傳）——都強調了傳主的軍事技能，使用傳統兵器的技巧。文臣能令武將、士卒折服的，亦此「三發三中」、「左右射」。弓馬嫻熟，至此不但仍被作為「軍事人才」（包括將領乃至統帥）的標

---

《三略》、《尉繚子》、《李衛公問對》，徐氏所序為茅氏印本）。徐氏還說：「明興二百五十餘年，定鼎有青田策勳，中興稱陽明靖亂，二公偉績，竹帛炳然。乃其揣摩夫《正合》、《奇勝》、《險依》、《阻截》諸書，白日一甎，青宵一炬，人固莫得而窺也」（《擬上安邊御虜疏》，萬曆三十二年，同書卷一第3頁。按青田即劉基）。

準，也是文士被許「知兵」、賴以與武人抗衡的重要條件。「唐荊川於
譙樓自持槍教俞大猷，一時以為韻事」（陸世儀《思辨錄輯要》卷一
七）。盧象昇「雖文士，善射，嫻將略，能治軍」，其人「身先士卒，
與賊格鬥，刃及鞍勿顧」，「以是有能兵名」（《明史》本傳）。於此由
「人才」的一面溝通了文武。儘管如下文將要談到的，火器的迅速發
展已改變了「實戰模式」。由此一端也證明了人們有關「軍事」的觀
念並未發生重大更革。凡此均可資考中國前近代的軍事制度與軍事教
育。[53]

　　《明史‧禮志》記洪武三年所定的作為「軍禮」的「大射之
禮」：「太祖又以先王射禮久廢，弧矢之事專習於武夫，而文士多未
解。乃詔國學及郡縣生員皆令習射，頒儀式於天下。」永樂時尚有
「擊毬射柳之制」。同書《輿服志》則記有「自太祖不欲勳臣廢騎
射，雖上公，出必乘馬」。關於太祖命國子生習騎射及郊廟之祭行大
射之禮，尚可參看黃佐《南雍志》卷一《事紀》一。《太祖實錄》：洪
武二十年七月，「禮部請如前代故事，立武學、用武舉，仍祀太公，
建昭烈武成王廟。上曰：……至於建武學、用武舉，是分文武為二
途，輕天下無全才矣。古之學者，文武兼備，故措之於用，無所不
宜，豈謂文武異科、各求專習者乎？」顧炎武於此慨歎道：「文事武
備，統歸於一，嗚呼純矣！」（《日知錄》卷一七「武學」條）以馬上
得天下的開國之君，無論明清，均有此種思路，即經由制度對士實施

---

53 徐有貞《條議五事疏》：「國家用兵，必資智勇之人，豈必盡出於將軍之中。大凡天
　下之民有心計者，皆能運智，有膂力者，皆能效勇」（《明經世文編》卷三七）。主
　張不拘一格選拔，標準即「軍謀勇力」、「弓馬膂力」。劉大夏以為選將之法不善，
　「挽強引重者，目為勇敢；談說縱橫者，號為謀略」，無以得將才。但他設想中的
　武舉，所試亦不出「騎射」、「步射」、「策、論」等項（參看其《議行武舉疏》，同
　書卷七九）。楊一清說軍事人才的選拔，亦不出「弓馬出眾、膂力兼人、有膽氣有
　智略」四條標準（《著演陣行兵事宜》，同書卷一一八）。

塑造，使「文—武」的均衡實現於士人的品質。明亡之際，士人確也以習武作為對危機的回應。風氣所至，雖學人也「學雙劍，學長槍」（《張元岵先生墓誌銘》，《黃宗羲全集》第 10 冊第 391 頁，按張元岵，張次仲），可知風氣之移人。

明清之際士人因了時事的刺激，企圖以軍事教育制度的復古，為士文化復興的契機。[54]孫承宗記左光斗「特疏開武學……期得兼資奇偉。所至較諸生射，頒《射藝錄》，刻《兼材錄》，有古弓箭社之遺，其意特遠。故士競射，而膽識為開」（《明都察院左僉都御史贈右副都御史太子少保浮丘左公墓誌銘》，《高陽詩文集》卷一七）。陸世儀主張儒者學習軍事技藝，說「器雖一技之微，儒者亦不可不學」（《思辨錄輯要》卷一七）。他以為應設科於學校之中，教授兵法（同書卷二〇）。[55]顏元制度復古的意向，體現於對漳南書院的設計——以一齋習「文事」，「課禮、樂、書、數、天文、地理等科」；以一齋習「武備」，「課黃帝、太公以及孫、吳五子兵法，並攻守、營陣、陸水諸戰法，射御、技擊等科」（《習齋記餘》卷二《漳南書院記》，《顏元集》第 413 頁）。[56]前於顏元，明亡前張履祥即曾上書當道，建議學校「復

---

54 《續文獻通考》卷四七《學校一》：洪武三年五月，詔國子生及郡縣學生員皆習射。「洪武間，置大寧等衛儒學，以教武官子弟。二十年七月，禮部請如前代故事，立武學，用武舉，帝曰：『是析文武為二途，輕天下無全材矣。……』」成祖朝，始建武學。永樂「二十五年，又定禮、射、書、數之法……朔望習射於射圃。」

55 陸世儀認為「古者兵刑皆出於學校」，「惟知學，然後可以刑人；惟知學，然後可以殺人——此皆王道一貫之事。自後世分兵刑於學校，而兵陣遂屬之於悍將武夫，法律遂屬之於法家酷吏，可慨也！」（《思辨錄輯要》卷一七）

56 他說：「論周公之制度，盡美盡善。蓋使人人能兵，天下必有易動之勢；人人禮樂，則中國必有易弱之憂。惟凡禮必射，奏樂必舞，使家有弓矢，人能干戈，成文治之美，而具武治之實。無事時雍容揖讓，化民悍劫之氣，一旦有事，坐作擊刺，素習戰勝之能」（《顏習齋先生言行錄》卷上《學人第五》，《顏元集》第638頁）。於此他引陸世儀為同道（參看陸氏《思辨錄輯要》卷一）。

射圃」，以圖造就「文武之材」，「天下無事，陶以禮樂詩書，天下有事，入則儒臣，出則大將……」[57] 顧頡剛解釋《孟子》所謂「設為庠、序、學、校以教之。『序』者，射也」，說「其實非特『序』為肄射之地，他三名皆然」。西漢猶承其制，「《周官》大司徒以鄉三物教民，『三曰六藝：禮、樂、射、御、書、數』，而禮有大射、鄉射，樂有《騶虞》、《貍首》，御亦以佐助田獵，皆與射事發生關聯。其所以習射於學宮，馳驅於郊野，表面固為禮節，為娛樂，而其主要之作用則為戰事之訓練」（《武士與文士之蛻化》，《史林雜識（初編）》第85、86頁）。從來的儒者（包括張履祥、顏元）均未免將周官之為制度理想化，從而也將騎、射乃至弓矢的象徵意義、文化功能誇大了。

出將入相，文武兼資——即黃宗羲所主張的文武合，也「合」於人才素質。黃氏說：「使文武合為一途，為儒生者知兵書戰策非我分外，習之而知其無過高之論，為武夫者知親上愛民為用武之本，不以粗暴為能」（《明夷待訪錄・兵制三》，《黃宗羲全集》第1冊第35頁）——儘管仍嚴於「儒生」、「武夫」之別。前於此陳亮就說過「才智所在，一焉而已」（《酌古論・酌古論序》，《陳亮集（增訂本）》卷五第50頁）。在這一具體話題上，一時的「有識之士」又所見略同。

但同時論者的思路尚另有歧異。就我閱讀所及，其時論文武分、合者，惟王夫之明確肯定了權力機構內文武職任之分的必然性。他說：「若以古今之通勢而言之，則三代以後，文與武固不可合矣，猶田之不可復井，刑之不可復肉矣。」「漢初之分丞相將軍為兩途，事

---

57 張履祥曰：「至於學校，則益復射圃。蓋弧矢之利，不獨男子之志，亦先王用以威天下者。自昔三代盛時，士多文武之材，然其學必始於射，以觀德行，以飾禮樂。近世士大夫多左武事，其初學弟子，唯務為虛浮無當之文，以倖富貴，是以臨事倉皇，至於禍敗。今宜誠（原校一作鄭）重其事，使時試於射，且廣以行軍用師之道……」（《上本縣兵事書》，《楊園先生全集》卷一五）

隨勢遷，而法必變」（《讀通鑑論》卷五第 190、191 頁）。還說「三代
之制，不可行於後世者有二：農不可兵，兵不可農；相不可將，將不
可相」（同書卷二第 98 頁）。《黃書‧宰制》所謂「分兵民而專其
治」，即宜於理解為治兵、治民事權之分，目的在使「事權重而戰守
專」。較之兵農分合、文武分合的泛泛之論，上述涉及職官事權／功
能的思考，無疑更有意義。但即使王夫之，雖認為文武理當「各專其
業」，卻又以為三品以上的大臣，無論其登仕自戎伍抑科目，均應
「出而屏藩，入而經緯」，以此「合大臣憲邦之用以使交重，而不相
激以偏輕」（《噩夢》第 593 頁）——即將「合」體現於高層官員的職
任與能力，以及經國者的平衡之術。[58]

我所讀到的其時的文字中，另一有力的異議表達來自吳應箕。吳
氏不一味恭維「祖制」，他的說法是：「高皇帝嘗詔郡國生員習射，又
嘗於士策名之後，試以騎、射、書、算五事，未幾輒罷，知不能兼
也」（《令文士試騎射對》，《樓山堂集》卷一九）。至於「六藝」之一
的「射」，固為「古者文士所習」，然而「非獨以屬武備患也。懸之始
生，以示有事；行之澤宮，以觀有德」，所重更在其文化功用。同文
還說到庠序之士不習騎射，「非盡由天性，以國之興亡，兵之強弱，
固不係此」。在他看來，當道混淆了作為軍事技能的「騎」、「射」，與
作為用兵條件的「知兵」。「語曰：以書御者，不盡馬之情。則能執弓
乘馬者，非即知兵者也。……國家留計邊務，所置經督必以文臣，貴
方略也。臣見先朝之臣，有以兵名者矣，未聞騎射之必憂也。」[59]識

---

58 王夫之主張兵柄有所「專統」；他以為不宜統於兵部，「兵部所可司者，兵制之常
   也」，「若邊防征剿，出大師以決安危，自應別有專任廟算者」，這一角色應以武英
   殿大學士擔任。王氏雖不以文武合為然，其以為「兵柄」宜持之於文臣，與他論者
   並無不同（參看《噩夢》第579頁）。

59 吳氏另在《擬進策》中說：「陛下嚴重武科，行之已久，乃熊羆之士不聞即出；今
   又下明詔，使制科兼行騎射，並試武經，意將謂召虎之臣即由此奮乎？夫今士大夫

見顯然較張履祥、顏元為精。顏元、張履祥等誇張了騎射對於提高士的品性的作用，在某種程度上也將騎射乃至弓矢的象徵意義，與實用功能混淆了。但也如王夫之，吳應箕儘管強調「兵者」為「專家之學」，卻決不認為兵事應為武人所專。他不過認為軍事人才的選拔另有標準，文臣習兵別有途徑──「兵部者，文臣習兵之府也」，建議即以兵部為選拔、訓練及儲「文將」之所（《擬進策》）。無論王夫之還是吳應箕，其思路均未遠出現行制度的範圍。顯而易見的是，不能將本文所論這一時期的「文臣」，等同於近代歐美所謂「職業文官」；不但其訓練不同，而且職掌有別（所學、所事）。在本文所論的「文／武」這一範圍內，的確保留了長期歷史過程中存在的功能混淆的那種情形。談兵之為風氣，其根源確也應由此得到解釋。

## 明末政局中的文武

文人武人猶之天敵，其對立起源甚古，所謂積不相能。而本書所論的這一時期有關文武的議論，也基於有明一代的文武關係的實際狀況，以及明亡前後對於此種政治關係的檢討。魏際瑞說：「文章之士聲氣滿天下，而拳勇豪俠之士聲氣亦滿天下。然是二人者，多不相能。文人謂武人不足語，武人又謂文人無用，不識時務。故無事則兩相譏，有事則兩相軋」（《閻將軍壽序》，《魏伯子文集》卷一）。在這

雍容惰窳，不習勞勤，藉此以磨礪其氣而廣其技能可也，豈經略邊方之才遂由此出哉？」但他也不否認「騎」、「射」有「矯偏救弊」、振作士氣的功用，說「天下之弱，亦已極矣。士大夫勞苦不任，偷惰成風，故姦人叛卒無所畏，而遂因之以逞。誠如明旨，今士夫人人習兵，則積弱之氣當振，而國家之威亦緣是而立」（《時務策》）。同時黃淳耀亦以為不宜恢復以騎射試士的古法（《科舉論（下）》，《陶庵文集》卷三）。成化年間項忠則曾批評選將而以「答策」責之武人，致「廟堂舉將才，逾年不聞有一人應詔」（《明史》卷一七八本傳）。

種表述中，文、武似為對等的雙方，實則不然。多數情況下，文人處在可以輕、鄙武人的優越地位。

《明史·選舉志》說「終明之世，右文左武」。該書《兵志》述有明一代文武消長之跡，曰太祖、文皇時，「都指揮使與布、按並稱三司，為封疆大吏。而專閫重臣，文武亦無定職，世猶以武為重，軍政修飭。正德以來，軍職冒濫，為世所輕。內之部科，外之監軍、督撫，迭相彈壓，五軍府如贅疣，弁帥如走卒。總兵官領敕於兵部，皆跽，間為長揖，即謂非禮。至於末季，衛所軍士，雖一諸生可役使之。積輕積弱，重以隱占、虛冒諸弊，至舉天下之兵，不足以任戰守，而明遂亡矣」——以為「輕—重」之轉捩在正德一朝。正史書法，涉及時間界限，「以來」、「以降」云云，不過約略言之；實則積漸至於「輕」、「弱」，根源往往即在初制（所謂「祖制」）中。[60]

明制，「凡爵非社稷軍功不得封」（《明史·職官志》）。《明史·刑

---

[60] 霍韜說：「舊制內則公侯列文臣之上，外則都司列布按兩司之上，待之隆者責之備也。不惟兵部慎選其人，雖其人亦思自慎……今之都司，自壞舊制，安處布按兩司之下，不惟人以不肖目之，彼亦甘心以不肖自待矣」（《天戒疏》，《明經世文編》卷一八六）。陸粲說：「自承平日久，士大夫鄙薄武臣，雖位均體敵，猶蔑視之。事有相關，任意徑行，不相諮覆；稍下則慢易淩辱，無所不至。武臣亦不自貴重，曲意奉之」（《擬上備邊狀》，同書卷二九○）。林燫也說：「臣竊觀近日士夫，亦頗有宋人之習，大抵好淩武臣，輒之為粗才。故雖有仗鉞專閫，其寄甚重，而郡縣之吏，亦每與之爭揖遜俯仰之禮，以為氣節。至其橫遭口語，無緣自明，重者報罷，輕者行勘，事體固當爾耳」（《陳言邊計疏》，同書卷三一三）。這也應當視為政治關係中的畸態。戚繼光身任武將，他的如下說法，自然得之於親歷：「凡一切軍情，悉由撫臣建白，而後折衷於兵部，取裁於廟謨，指示發縱，勝算具在，武臣猶走狗也，驅之前則前耳」（《經略廣東條陳勘定事宜疏》，同書卷三四六）。戚氏還有「且愧武人無術，不敢與聞士大夫之政」云云（《賀華山孫公巡撫山西序》，《止止堂集·橫槊稿中》）。明將亡，上述畸態如故。據《明史》袁崇煥傳，高第代孫承宗為經略，楊麒任總兵，高「遇麒若偏裨」，「折辱諸將，諸將咸解體」（卷二五九）。黃仁宇的說法是，「從15世紀開始，武職的威望可能降到中國歷史上的最低程度」（《十六世紀明代中國之財政與稅收》中譯本第413頁）。

法志》:「文職責在奉法,犯杖則不敘。軍官至徒流,以世功猶得擢用。」然此種「寬武夫」而「重責文吏」(同卷),與「右文左武」未必即扞格。王夫之所指出的「文臣不許封侯」,與「公侯之為帥者,匐伏於士大夫之門」的矛盾現象(《噩夢》第593頁),令人不難尋繹最高權力者既以爵位抑制文臣、又經由禮儀控馭武人的複雜用意。[61]上述制度安排對於造成有明一代朝廷政治中的文武關係,具有根源性的意義。

《明史‧職官志》:「凡軍制內外相維」,證諸下文,首先即文(臣)武(將)相維。權力機構內部制衡,是實施中央集權的必要條件。雄猜之主的制度設計中,尤有無所不在的制衡、「相維」。在實行中,相維實即相掣。呂留良說:「後世經國者,亦只講得犬牙相制,然則立制之初,已純是一團權詐,又安望其後世之無弊也」(《四書講義》卷三九)。王陽明緣他個人的經歷,深知「凡敗軍償事,皆緣政出多門」(《與王晉溪司馬》,《王陽明全集》卷二七第1004頁)。「戚繼光用兵,威名震寰宇。然當張居正、譚綸任國事則成,厥後張鼎思、張希皋等居言路則廢」(《明史》卷二一二)。明末孫承宗則批評朝廷「以將用兵,而以文官招練。以將臨陣,而以文官指發。以武略備邊,而日增置文官於幕。以邊任經、撫,而日問戰守於朝」,指為「極弊」,主張「重將權」,使之「得自辟置偏裨以下,勿使文吏用小見沾沾陵其上」(《明史》卷二五〇本傳。孫承宗的這篇議論,涉及的

---

61 明初武人驕恣。據《明史》周新傳,成祖朝,周氏曾奏請「都司衛所不得陵府州縣,府衛官相見鈞禮」,「武人為之戢」(卷一六一)。也有相反的事例。無論明初抑其後,文臣亦有封爵。《明史‧功臣表》:「新建伯王守仁,世宗即位,十一月以文臣封,世襲。威寧伯王越,成化十六年,以文臣封,世襲。」《皇明經世文編》宋徵璧所擬《凡例》曰:「太祖之制,非係軍功,不容封賞。乃開國以降,文臣得封者,可以指屈……」

事實複雜。其中「當重將權」之「將」，宜非專指武臣，也包括任邊事的經、撫在內）。[62]在文武「相維」之外，更有文臣之於文臣的制約。嘉靖朝，朱紈以巡撫提督軍務，迫切籲請的，是事權之一，「不必御史干預」（參看其《請明職掌以便遵行事》，《明經世文編》卷二〇五）。穆宗朝，譚綸請責其與戚繼光得專斷，「勿使巡按、巡關御史參與其間」（《明史》譚綸傳。時譚氏為兵部左侍郎兼右僉都御史，總督薊、遼、保定軍務），果如所請。但明末鹿善繼就沒有這樣幸運。鹿氏言及為文臣（言官）掣肘，不勝憤懣。[63]

畸輕畸重，此消彼長，又有因時的變動。黃宗羲述說明代文武勢力之消長，將甲申之變歸結為崇禎「重武之效」（《明夷待訪錄·兵制二》）；以武將為小人，為「豪豬健狗」（《兵制三》），憤激之情，溢於言表。孫奇逢也說「時平以大帥仰小吏之鼻息，世亂以悍將制孱儒之性命」（《夏峰先生集》卷三《贈孔氏兄弟序》）。王夫之將文官受制於武人，歸因於文官愛錢，因而武人得以「始媚之，中玩之，繼乃挾持

---

62 唐德剛《晚清七十年》一書說清代「將不專兵」（綠營），如「提督、總兵等皆受制於科甲出身的文職官員的總督和巡撫；而督撫之間又相互制衡」（第512頁），與明代幾無二致。

63 軍事行動受制於朝端議論，每令任其事者徒喚奈何。嘉、隆之際王崇古就曾抱怨「議論太多，文網牽制，使邊臣無所措手足」（《明史》卷二二二本傳。時王崇古為兵部尚書，總督宣、大、山西軍務）。錢謙益說孫承宗督師而為人主遙制，曰：「高陽公兩督師，斤斤繩尺，不肯意外行事，吾每惜之，今而知其非得已也」（《向言》下，《牧齋初學集》卷二四第784頁）。盧象昇說「臺諫諸臣，不問難易，不顧死生，專以求全責備」（《明史》盧象昇傳）。熊廷弼任軍事，以「毋旁以掣臣肘」為言；至「給事中姚宗文謗於朝，廷弼遂不安其位」（《明史》熊氏傳）。袁崇煥亦有「謗書盈篋，毀言日至」之慮（同書袁氏傳）——（任軍事的）文臣又受制於他文臣。鹿善繼《採集廷議敬效折衷疏》曰：「臣嘗謂今日敕時對症有二語：議臣不難任臣，文臣不難武臣，天下太平矣」（《認真草》卷一一）。

之」（《搔首問》，《船山全書》第 12 冊第 632 頁），所見與黃宗羲有
別。而事實上，明末的情狀，「右文」、「右武」已不敷形容。

文臣的處境更其不堪的，是在大廈傾倒中的南明朝。其時曾親見
或親聞文臣為武夫所挾制、擺佈的黃宗羲，到明亡後仍不免憤憤。他
比靈斯武朝黃道周、蘇觀生等人於「蛟龍受制於螻蟻」（《行朝錄》卷
一，《黃宗羲全集》第 2 冊第 121 頁），以崇禎、弘光間「大將屯兵」
為有明兵制之一變。令黃氏印象深刻的，固然是武人的驕恣跋扈，亦
有文人於兵事的無能。《行朝錄》卷三：「當是時，孫、熊建義，皆書
生不知兵，迎方、王二帥，拱手而讓之國成」（同書第 128 頁。按
孫，孫嘉績；熊，熊汝霖；方，方國安；王，王之仁）。《海外慟哭
記》亦曰自孫嘉績建義，浙東豪傑皆起，「然嘉績實不知兵，以其權
授之總兵王之仁、方國安，東浙之事不能有所發抒」（同書第 211
頁）。[64] 上述文字作於明亡之後，對文士的救亡乏術，猶有餘恨。黃宗
羲本人曾於魯王監國時從亡海上，親身體驗了其時「諸臣默默無所用
力，俯首而聽武人之恣睢排篞」的艱尬窘迫（《海外慟哭記》，同書
第 209 頁）。文士的厄運尚不止於此。熊汝霖終為武人（鄭彩）所
殺──忠臣義士的末路竟至於此！黃氏所師事的劉宗周曾與崇禎辯論
「才」、「守」。由上述事實看，舉義的文士雖風操凜然，奈無軍事才
能何！明清之際有關文武全才的人才標準，自然也以此沉痛的經驗為
依據。[65] 上文所引陳子龍《重將權》說文武分的後果，曰「方今之

---

64 《行朝錄》卷一：「上賜宴大臣，鄭芝龍以侯爵位宰相上，首輔黃道周謂『祖制，
　武職無班文官右者』，相與爭執，終先道周，而芝龍怏怏不悅。諸生佞芝龍者，上
　疏言道周迂腐無能，不可居相位」（第115頁）。張肯堂以額餉招集義勇，將出三
　吳，鄭芝龍劫其餉，張氏「鬱鬱無所發抒」（《海外慟哭記》，第237頁）。《行朝錄》
　錄陸世儀《江右紀變》，記金聲桓舉義，以姜曰廣為閣部，「而曰廣諸人，素不習兵
　事，聲桓亦無遠略，識者已知其不能有為矣」（同書第204頁）。

65 黃宗羲《錢忠介公傳》對比宋末與明末，說：「在昔文、謝孤軍，角逐於萬死一生

患，文士懦弱而寡略。寡略者非獨昧於兵也，而凡事不勝任」（《陳忠裕全集》卷二三）。文士不唯在明清對抗中，也在這一時期激烈的文武對峙中認識了自身的「弱」，因而制度復古以至身親戎事均被作為了自強的途徑。在這種意義上，「談兵」亦為「對峙」所激成。

武將之「鷹揚」、「跋扈」，一向為文士所側目。熱衷於談兵，並不意味著稍減對武夫的根深蒂固的鄙視。魏禧《書歐陽文忠論狄青劄子後》，說歐陽修論其時的名將狄青，「深文巧詆，以中人於深禍，……險狠陰猾，若古小人害君子之術而又工焉者」（《魏叔子文集》卷一三）——在此一題目上發露歐陽修的「心術」，如此之不容情！[66]上文所引關於文武對立、對抗的描述，因出諸文人而不無偏見，毋寧讀作文人的武人批評。即使如此，僅由上文也可知，明亡之際由「文—武」的角度的明代政治批評，旨趣互有差異甚至牴牾。批評朝廷輕視武人、文士鄙薄武人、兵事的，與批評明亡之際人主的縱容武將、武將的橫恣的，批評人主殺戮「文帥」、「文將」（如熊廷弼、袁崇煥之獄）、自毀長城的，批評文士（尤其言官）空談使將帥不得展布以致敗軍債事的，像是都有足夠的事實根據。明亡後的追論中，既有人責難文士不敢身任兵事，放棄軍權，任由武人恣睢，又有人指謫書生之妄言知兵，徒以誤國，毋寧說示人以問題本身的複雜性。

有明一代，文武關係也決非一味緊張。武將的驕恣不法（如李成梁），固然賴「當國大臣」（即文臣）為奧援（參看《明史》本傳）；

---

之中，空坑，安仁之敗，亦是用兵非其所長，其進止固得自由也。未有一切大臣，聽命於武夫之恣肆排羣，同此呼吸之死生，而蠢然不得一置可否如幕客、如旅人。」推原其故，「有明文武過分，書生視戎事如鬼神，將謂別有授受，前此姑置。當其建義之始，兵權在握，諸公皆惶恐推去，不敢自任，武人大君而悔已無及矣」（《錢忠介公傳》，《黃宗羲全集》第10冊第559-560頁）。痛惜之意，情見乎辭。

66 《宋史》卷三一九歐陽修傳：「狄青為樞密使，有威名，帝不豫，訛言籍籍。修請出之於外，以保其終，遂罷知陳州。」

武將得以「展布」、「發抒」的條件，也正在文臣的支持（至少不掣肘）。[67]《明史》戚繼光傳曰其「賴當國大臣徐階、高拱、張居正先後倚任之。居正尤事與商榷，欲為繼光難者，輒徙之去。諸督撫大臣如譚綸、劉應節、梁夢龍輩咸與善，動無掣肘，故繼光益發抒」（卷二一二）。戚繼光本人說其與譚綸，曰「知公者某，成某者惟公」（《祭大司馬譚公》，《止止堂集・橫槊稿中》）——是譚、戚共同成就的一段佳話。

文人對於武人，非但不一律輕視，對於能文（即使只是粗通文墨）的武人，更不吝揄揚。錢謙益記戚繼光「少折節為儒，通曉經術，軍中篝燈讀書，每至夜分。戎事少間，登山臨海，緩帶賦詩」（《列朝詩集小傳》丁集中，第 540 頁）；稱道戚繼光、俞大猷，說：「慶曆以來，稱名將者，無如戚南塘、俞盱江。南塘之《練兵實紀》，盱江之《正氣集》，使文人弄毛錐者為之，我知其必縮手也」（《題張子鵠行卷》，《牧齋初學集》卷八四第 1777-1778 頁）。[68]可知其對戚、俞，不以尋常「武夫」目之。陳子龍也在詩中說戚繼光「著書近《六韜》，詞賦齊名卿」（《上念故戚大將軍功在社稷問其裔孫幾

---

67 陸粲認為對武將宜寬文法，疏節簡目，曰：「夫有非常之人，然後能行度外之事。漢用陳平，捐黃金四萬斤，不問其出入，遂以滅項羽。今之邊臣，動支其錢穀，拔用一將校，稍破長格，則文法吏且操尺寸以議其後」（《擬上備邊狀》，《明經世文編》卷二九〇）。主張使將帥「饒於財」，俾士卒用命。王夫之對軍旅生活也有出諸人情的體貼，認為不宜以廉潔苛責武人，曰「牛酒時作，金錢飛灑，所以貫桀驁之死心」（《黃書・宰制》，第518頁）。錢謙益所撰孫承宗行狀，記孫氏曾「改正總兵官謁經、撫儀注」，「不得仍前戎裝長跽」，「武帥之氣大奮」（《牧齋初學集》卷四七第1178頁）。

68 關於戚繼光的《練兵實紀》，四庫館臣曰：「今以此書考其守邊事蹟，無不相符。非泛摭韜略常談者比。」還說戚氏的《紀效新書》，「其詞率如口語，不復潤飾。蓋宣諭軍眾，非如是則不曉耳」（《四庫全書總目提要》子部兵家類存目）。錢氏所欣賞的應非文體。

人不忘勳舊以勵來者感而賦詩》）。武將與文士論交，亦一時美談。
《明史》蕭如薰傳：「薊鎮戚繼光有能詩名，尤好延文士，傾貲結
納，取足軍府。如薰亦能詩，士趨之若鶩，賓座常滿。妻楊氏、繼妻
南氏皆貴家女，至脫簪珥供客猶不給。軍中患苦之，如薰莫能卻也。
一時風會所尚，諸邊物力為耗，識者歎焉」（卷二三九）。由此可知，
非惟文人談兵、入幕為「風會所尚」，即武人的能詩好延攬文士，亦
何嘗不在風會中！

　　戚繼光即不能稱「儒將」，其文集中涉及儒學、理學的話語，足
證其決不自外於儒者，也不自外於文人。而吐屬風雅、雖戎馬倥傯之
際，仍不廢詩酒唱和，亦其人為武將而為文人接納的一部分根據。郭
朝賓《止止堂集序》稱道戚氏處戰地而「意思安閒，遊於翰墨，其整
且暇何如者」──正是文人所欣賞的一種儒將風度。更有意思的是，
雖身為武將，卻以聖賢、孫武比較而高下優劣之，也證明了他的自期
絕不止於武人（參看《止止堂集・愚愚稿上》）。戚氏說：「孔明兵
法，莫過於『寧靜致遠』一句。故謂去外寇易，去心寇難。能去外寇
而不能懲忿窒欲以治腹心竊發之寇者，不武也。」「用兵能用浩然之
氣，即是義理之勇，否則血氣而已矣」（同上）。理學語境中武人「談
兵」有如是者！若戚氏生當崇禎朝，必附和劉宗周「先守後才」說無
疑。理學氛圍中的武人，甚至不免於襲用理學話頭，說「主靜」，說
「不睹不聞」、「戒慎恐懼」，撰《大學經解》（參看戚繼光《書靜庵
卷》，《止止堂集・橫槊稿中》；同書《愚愚稿》），且也用語錄體──
亦其時的「時式」。

　　到明亡之際，戚繼光、俞大猷一流人物，已罕有其人。

## 火器與明末軍事

　　與文人的謀略之談相映成趣的，是部分地出自文臣之手的實用類兵書。何良臣的《陣紀》，清四庫館臣許其「切實近理」（《四庫全書總目提要》子部兵家類。按何氏弱冠棄諸生從軍，嘉靖間曾官薊鎮遊擊）；對鄭若曾的《江南經略》，則以為雖「多一時權宜之計」，「究非紙上空談，檢譜而角者也」（《四庫全書總目提要》子部兵家類存目。按鄭氏曾佐胡宗憲平倭）──也強調其實用性。徐光啟有關軍事的著述如《徐氏庖言》，有關練兵的《選練條格》（見《慎守要錄》卷七，經韓霖刪改），以東南「倭患」與東北邊患（建州的軍事擴張）為直接背景，著述期待極其明確。[69]范景文參與軍事，亦「輯戰守等書，用以訓練戎伍」（《將略標序》，《范文忠公文集》卷六），務切於用。對效用──包括時效，因而不免於「權宜之計」──的期待，也屬於其時經世之學的一般特徵。

　　與戚繼光《紀效新書》、徐光啟《選練條格》一類著述相應的，是關於軍事管理的標準化、規範化（包括一定程度的量化）的要求。徐氏所謂「條格」，即在此方向上，用他本人的話說，即「器式程度」，有可供「按核」的「銖兩尺寸」（《處置宗祿查核邊餉議》，《徐光啟集》卷一第 17-18 頁）。對於其它軍事措置，徐氏也主張「定格式」、「畫一規格」，強調可計量、可複製性，與其在工程方面強調「度數」、技術指標，同一思路。他對於敵臺的設計，度數詳明，正乃用其所長（參看其天啟元年《移工部揭帖》，同書卷四）。徐氏思考

---

69　徐光啟自說其有關奏疏，「大都言戰勝守固，必藉強兵；欲得強兵，必須堅甲利器，實選實練」（《謹申一得以保萬全疏》，天啟元年，《徐光啟集》卷四第 174 頁）──意思確也平平無奇。置諸其時兵事之談中，值得注意的，是不惟不作「忠義」云云的道德談，亦幾不作謀略談。

的精密，對於技術性、工藝指標的強調，與同時大多談「經世」、兵
事者，已不在同一境界，[70]可供辨識近代「科學」、「技術」的輸入在
此一隅打下的印記。

　　當其時雖有實用兵事大全、兵學知識總匯一類大書的纂輯梓行，
我所謂「實用兵書」者的著述趣味，注重的是具體的適用性，如備
倭，如城守，如選將、練兵等。有關兵事的奏疏亦然：固有「太平十
策」類無所不包者，也有止於一事或數事，目標極其明確具體者。徐
光啟解釋「古來談兵，未見有瑣屑至此者」，歸因於宋代以後武備的
廢弛（《徐光啟集》卷三第 115 頁）。事實則是上述具體化，其間有關
事類的劃分，未始不可以視為傳統兵學進一步專業化的契機。

　　孫承宗所撰《車營百八叩》，即面對下屬的車戰教材。全書共一
百零八問，涉及歷史上的著名戰例，設想車戰的諸種情境，問對應之
策。該書應撰於其守遼時，自序中說：「遼，吾土也，其寒暖燥濕、
丘陵、阪險、原隰，吾得備悉。……日與諸文武大吏肄。撞晚鐘而入
幕，獨坐則思，漏四五下，覺而又思；撞曉鐘而起，旦與諸文武大吏
肄。知則試之，不知則相與探討……」

　　明末對於戰車、車戰的興趣，因於其時的戰場形勢。讀《孫
子》，讀出了《孫子》非教戰之書，乃教不戰或守的書，「此書盡用兵
之害，而於守與不戰持之最堅」，「其論彼己勝敗之際，至為懇切，蓋
止欲不敗，而未嘗敢求必勝也」（《習學記言序目》第 678 頁），「然則

---

70 徐光啟《恭承新命謹陳急切事宜疏》（萬曆四十七年）曰：「至於選練一法，將欲使
　智勇材藝，人盡其長；工械技巧，物究其極」（《徐光啟集》卷三第118頁）。他力圖
　擬定具體而可供核查、檢驗的指標及可以兌現的封賞：「所用如此甲冑，如此器
　械，如此銃炮；所習如此技藝，如此營伍，如此號令；今日如此餉給，如此體貌；
　他日如此進戰，如此退守；後來如此功賞，如此勳名」（《遼左阽危已甚疏》，萬曆
　四十七年，同卷第110頁）。

為孫子之術者，必無戰而後可爾」（同書第 684 頁）。明中葉後士人的談兵，所談也更在「守」；「止欲不敗」，則因強弱之勢至此早已昭然。[71] 關於戰車，嘉靖朝程文德就曾說其功能在「捍」、「蓋」，便於以此「壯膽」，因「我軍見虜，如羊見虎。虎逐來時，羊得一藩籬，亦可幸免」；認為「我軍必不能迎戰，恒欲自守」，而戰車即「可守之具」（《與人議戰車書》，《明經世文編》卷二一一）。

有別於文人的方略談，徐光啟一流人由實戰出發，著眼於器甲士馬等的逐一改進，士卒的選練外，甲仗的精良、具體的攻防設施（即硬體），自然備受關注。《荀子·議兵》：「古之兵，戈、矛、弓、矢而已矣。」到本書所論的時期，所謂「兵」，早已不限於上述數種。范景文崇禎初年出鎮，大舉修繕兵器，除槍炮刀斧外，「至於兵書戰策所載、術士劍客所傳軍火秘器，堪備攻守之用者，皆令制一以備掌故之遺」（《恭報公費繕器疏》，《范文忠公文集》卷四）。

馬文升早就談到其時京軍器械之窳惡（參看馬氏《為修飭武備以防不虞事疏》，《明經世文編》卷六三）。萬曆年間徐光啟實施其「選練」計劃，發現「兵非臣之所謂兵也，餉非臣之所謂餉也，器甲非臣所謂器甲也」（《剖析事理仍祈罷斥疏》，萬曆四十七年，《徐光啟集》

---

71 張居正曾說薊鎮不同於他鎮，「在他鎮以戰為守，此地以守為守；在他鎮以能殺賊為功，而此地以賊不入為功」（《答閱邊部文川言戰守功閥》，《張太岳集》卷二八第342頁）。他授策戚繼光，也說：「今日之事，但當以拒守為主，賊不得入，即為上功」（《答總兵戚南塘授擊土蠻之策》，同書卷三二第405頁）。戚繼光也說：「或謂戰守當並論。今薊山川險阻，能守而使之不入，不更愈於戰乎？曰『兵法全國為上』，守險正全國之道也。薊莫善於守。」（《辨請兵》，《明經世文編》卷三四九）。其時論者主張築邊牆，守邊固圉。譚綸亦以「負牆以戰，遏之邊外」為「上策」（同書卷三二二）。隆慶朝王任重以為「今之制禦北虜者有三，曰戰，曰守，曰款；而三者之中，守為上，戰次之，款不足言矣」（《邊務要略》，同書卷四一四）。這樣的戰守形勢勢必影響於士民的心態。有明中葉以還軍事上的軟弱，造成了普遍的不安全感，衰世、末世之感，不可避免地影響於人們的行為方式。

卷三第140頁）。他批評其時邊軍的物質狀況，曰：「甲冑苦惡，器械
朽鈍，業已不堪，今或苦惡朽鈍之物並為烏有，甚則舉而鬻諸虜中
也」(《擬上安邊御虜疏》，同書卷一第3頁)。徐光啟強調「器勝」，
且明確地指出此「器」即火器，說「最利者，則無如近世之火器」，
火器乃「今之時務」。[72] 徐光啟不但言「知兵」，且言「知器」(參看其
《西洋神器既見其益宜盡其用疏》，同書卷六)：這似乎是他特有的提
法。他本人熱衷於製器，說：「欲我制敵先議器械，欲敵不能制我先
議盔甲」(《恭承新命謹陳急切事宜疏》，同書卷三第123頁）——與
儒者所謂輕重後先大相徑庭。[73] 他以為在當時的戰場形勢下，「惟盡用
西術，乃能勝之」，而「欲盡其術，必造我器盡如彼器，精我法盡如
彼法，練我人盡如彼人而後可」(《西洋神器既見其益宜盡其用疏》，
同書第288、289頁）——確可作為晚清洋務運動的先聲。

---

72 徐氏曰：「古者五兵六建，及遠不過弓矢。五代以來，乃有石炮。勝國以後，始用
火器。每變而愈烈，則火器今之時務也」(同書卷三第115頁，為《敷陳末議以殄凶
酋疏》等三疏之按語)。其《器勝策》曰：「此器習，而古來兵器十九為土苴，古來
兵法十五為陳言矣」(同書卷一第53頁)。天啟元年的奏疏中說：「今京師固本之策
莫如速造大炮」(《謹申一得以保萬全疏》，卷四第175頁）；曰其時「下手之處，全
在先造精堅甲冑、鋒利器械、大小火炮……」(《申明初意錄呈原疏疏》，同卷第183
頁)。同年上疏「特請急造臺銃，為城守第一要務」(《臺銃事宜疏》，同卷第186
頁)。其人主張一貫，對策不出此。前於此，嘉靖朝胡松即曰：「夫中國長技，其可
恃獨火器耳」(《陳愚忠效末議以保萬世治安事》，《明經世文編》卷二四六)。趙炳
然也說「我兵……所恃以為奮擊者，火器也」(《題為經略重鎮邊務以極圖安攘大計
事》，同書卷二五三)。明末在火器、用夷人等事上與徐氏所見略同者，尚有李之藻
等（參看同書卷四八三李之藻《制勝務須西銃敬述購募始末疏》等)。關於明代火
器的運用及有關的知識狀況，尚可參看於謙《建置五圍營疏》(同書卷三三)、丘濬
的火器考（《器械之利二》，同書卷七四）等。師從徐光啟的孫元化，亦有關於火器
的著述（參看徐新照《明末兩部「西洋火器」文獻考辨》，《學術界》2000年第2
期)。

73 劉宗周奏對，說：「臣聞用兵之道，太上湯武之仁義，其次桓文之節制，下此非所
論矣」(《子劉子行狀》卷上，《黃宗羲全集》第1冊第235頁)。

《明史・兵志》：「古所謂炮，皆以機發石。元初得西域炮，攻金蔡州城，始用火。然造法不傳，後亦罕用。至明成祖，得神機槍炮法，特置神機營肄習。」[74]嘉靖初，御史丘養浩請多鑄火器，給沿邊州縣。隆慶初戚繼光於薊鎮練兵，上疏以「有火器不能用」為「士卒不練」之一失（《明史》戚繼光傳）。嘉靖朝翁萬達《置造火器疏》可資考其時火器性能及應用情況。翁氏說，當其時，「若神機槍、佛郎機銃、毒火飛炮等項火器，則夷狄所絕無」，為「中國」所「獨擅」（《明經世文編》卷二二三）。近人李洵說，徐光啟所設計的火器車營，以各種武器、兵種聯合作戰，裝備更為完善（參看《明代火器的發展與封建軍事制度的關係》，《下學集》第 45 頁）。鹿善繼《車營說》，即談以火器為裝備的車營（「銃與車合」），而不廢弓弩步騎，欲使「相資相衛」（《認真草》卷一三。同卷《前鋒後勁說》，亦闡述以火器、車營為依託的戰術設想）。近人以為，「明代兵器、尤其是火器的發展，在中國古代史上是空前的」（毛佩奇、王莉《中國明代軍事史》第 135 頁）。「火器在明代軍隊中佔有很大比例。」到明末，「炮」、「銃」品類繁多（據《明史・兵志》，計有數十種），火器的製造已頗具規模。

對物質性、技術性的注重，固然與明末清初「經世」視野的擴展有關，對武器裝備的重視，卻自昔已然。徐氏之前，明代朝野人士即表現出對武器發展、裝備革新的關注。甚至不少名臣參與了器械的設計，表現出濃厚的技術熱情。如李賢《論御虜疏》所言戰車形制

---

74 據毛佩奇、王莉《中國明代軍事史》，宋代即「冷兵器與火器並用」，「元代則創制了世界上最早的金屬管形火器」。「朱元璋奪取天下的戰爭，亦多賴火器以取勝」（第136頁）。唐順之一再談到其時火器的效用，說「是倭夷用以肆機巧於中國，而中國習之者也」（《條陳薊鎮練兵事宜》，《唐荊川文集》外集卷二）。

（《明經世文編》卷三六）、郭登《上偏箱車式疏》（同書卷五七）、余子俊《為軍務議造戰車事》（同書卷六一）、秦紘《獻戰車疏》（同書卷六八）；丘濬亦一再議及戰車，且詳載車式（如《車戰議》，卷七四）。萬曆朝趙士楨《神器譜》一書，內容包括了火器的「設計、製造工藝、施放方法及火器作戰的布置」（李洵《明代火器的發展與封建軍事制度的關係》，《下學集》第 34 頁）。明亡之際，黎遂球自說「願殫變家產，制斑鳩銃五百門」（《上直指劉公》，《蓮須閣集》卷三）。還說，「使數萬人皆習此器，賊當辟易」（同卷《復友人論勤王復仇書》）。陸世儀也說自己曾欲創為戰車（《思辨錄輯要》卷一七）。直至京城陷落之後，尚有民間人士從事武器設計，冀有萬一之效。但也有另外的一面。《天工開物》卷下《佳兵·火藥料》：「火藥、火器，今時妄想進身博官者，人人張目而道，著書以獻，未必盡由試驗。」《續文獻通考》卷一八三《經籍》四三，關於顧斌《火器圖》一卷，曰書中所言軍中火攻之具，「大抵斌以意造之，無濟於實用」，「所制木人騎馬之類，頗近兒戲」。

儘管越來越多的火器用於實戰，且「新式火器」促成了明代後期兵制的變化，[75]卻直到明末，「古之兵」仍不免是交戰中的主要武器。火器的運用非但未能扭轉戰場形勢，且往往徒以資敵。「崇禎時，大學士徐光啟請令西洋人製造，發各鎮。然將帥多不得入，城守不固，

---

75 關於由火器的發展推動的傳統軍事制度的變化，李洵《論公元十五、十六世紀明代中國若干歷史問題》一文說：「新式火器的研製、試驗、應用在十六世紀的明代中國全國範圍形成一股熱潮。」據李氏的研究，嘉靖時期火器與戰車的結合，即形成了「新的軍事建置」，改變了舊有的「實戰模式」。「明朝人這種武器、戰術改革並未臻成熟，實踐的效果也不令人滿意，但它卻是一次影響軍事制度變革的因素」（《下學集》第14、15頁）。李氏還在《明代火器的發展與封建軍事制度的關係》一文中說：「按照火器與弓箭之間關係的變化規律來講，鳥槍之類的火器沒有在總體上戰勝弓箭的時候，舊的軍事制度就不會瓦解，現代軍隊也不能就此產生」（同書第51頁）。

有委而去之者。及流寇犯關，三大營兵不戰而潰，槍炮皆為賊有，反用以攻城。城上亦發炮擊賊。時中官已多異志，皆空器貯藥，取聲震而已」（《明史・兵志》）。徐光啟本人也說，其時的對手（「賊」）「甚而西洋大炮我所首稱長技前無橫敵者，並得而有之」（《欽奉明旨敷陳愚見疏》，《徐光啟集》卷六第 310 頁）。[76]明清對抗，明軍僅有的優勢已與對手所共；八旗漢軍中的火器部隊，即參加了對明軍的作戰。《史可法別傳》記弘光乙酉史可法守揚州，「北兵由泗州運紅夷大炮至，試放一彈，飛至府堂，權之，重十斤四兩，滿城惶怖」（《史可法集・附錄》，第 176 頁）。[77]人／器這一倫理問題背後，有複雜的經驗事實。李洵說，「在十七世紀的明清戰場上，雖然雙方都裝備了火器，但還是主要用冷兵器。而僅有一點火器的清兵戰勝了擁有大量火器但不放棄冷兵器的明軍」（《論公元十五、十六世紀明代中國若干歷史問題》，《下學集》第 16 頁）。先進武器不足以救明之亡，提示的與其說是「器」的功用的限度，不如說更是器與其它因素、尤其制度條件的關係。本文涉及的所有因素──不唯武器裝備，而且軍事制度、文武關係等等，都對明清之際的軍事對抗及其結局發生了影響。那一時期的戰事是在這諸多因素的共同作用下進行的。

　　《劉子全書》卷一七附錄《召對紀事》，詳記崇禎十五年劉宗周當召對時與崇禎的激辯。劉氏批評「專恃火器」，說「火器彼此共之，我可以御彼，則彼得之亦可以制我，不見河間反為火器所陷乎？……不恃人而恃器，所以愈用兵而國威愈損矣」。[78]徐光啟也說

---

76　《柳如是別傳》據錢謙益《初學集》所記徐從治為落入「賊」手的明軍西洋大炮擊斃一事，轉引趙俞之言曰：「火攻之法，用有奇效。我之所長，轉為屬階。」陳寅恪於此評論道：「此數語實為明清興亡之一大關鍵」（上冊第156頁）。

77　魏源說：「滿洲、蒙古營之有火器，始於康熙」（《聖武記》附錄，卷一一，《武事餘記》，轉引自鄭天挺主編《明清史資料（下）》第124頁）。

78　劉氏接下來說：「至湯若望，西番外夷，向來倡邪說以鼓動人心，已不容於聖世，

過，「若有人無器，則人非我有矣；有器無人，則器反為敵有矣」（《處不得不戰之勢宜求必戰必勝之策疏》，崇禎四年，《徐光啟集》卷六第 309 頁）。亦如爭「任人」、「任法」，劉宗周與崇禎所辯任人、任器，亦自有充分的經驗根據；而劉氏所堅持的「先守後才」，也未可即如崇禎，徑以「迂闊」目之。當然，討論明軍的失敗，僅上述視野顯然不夠。其它因素之外，也應當說，其時的技術水準限制了火器的效用。嘉隆間戚繼光就曾說到，明軍較之虜「長技惟有火器」，而火器「勢難繼發」（《止止堂集·愚愚稿上》）；說當時的火器「動稱百種，與夫機械之屬紛然雜陳，竟無成效」（同上）。[79]「諸多因素的共同作用」的結果是，無論火器的發展還是兵制的有限變動，在17世紀的中國，都未能有效地推動軍事制度由前近代向近代轉化。

## 結　語

倘若將談兵置於下述背景上，其所以演成風氣，更值得做深入的探究。

儒學經典有關兵事的論述，無疑施加過極其深遠的影響於士人。

今又創為奇技淫巧以惑君心，其罪愈不可挽。乞皇上放還彼國，以永絕異端，以永遵吾中國禮教冠裳之極。」崇禎「意不懌」，曰：「火器乃國家長技，湯若望非東寇西夷可比。不過命其一制火器，何必放逐！……」劉氏此番與崇禎爭辯「人／器」、「才／守」，最見儒者本色。

79 前此，楊一清《放演火器事》即說：「中國制御夷狄，惟火器最長。顧今所造槍炮，不能致遠，兼不善用，不能多中」（《明經世文編》卷一一八）。嘉、隆間劉燾也說「陣前之用，利莫利於火器，鈍莫鈍於火器，能遠而不能近、能守而不能攻故也」（《劉帶川邊防議·器械》，同書卷三〇四）；以弓矢為無此弊。李洵《明代火器的發展與封建軍事制度的關係》一文說：「根據當時的技術水準，所有的火器無論在它的射程與機動性上，並不能完全超過常規武器，即弓箭刀槍，對於騎兵的突襲，既缺乏快速迎擊的效能，又缺乏保護本身安全的機制」（《下學集》第43頁）。

《論語‧衛靈公》：「衛靈公問陳於孔子。孔子對曰：『俎豆之事，則嘗聞之矣；軍旅之事，未之學也。』明日遂行。」《孟子‧盡心》：「有人曰：『我善為陳，我善為戰。』大罪也。」《孟子‧離婁》：「爭地以戰，殺人盈野；爭城以戰，殺人盈城。此所謂率土地而食人肉，罪不容於死。故善戰者服上刑，連諸侯者次之，闢草萊任土地者次之。」所謂「兵凶戰危」，以兵事為不祥，則無間儒、道。《老子》曰：「戰勝以喪禮處之。」上述經典話語對於士人心性的塑造，是無論如何估量都不至於過分的。儒者面對與兵事有關的道德難題，用以規避的，通常即孔子的「軍旅之事，未之學也」。廣為流傳的，另有「儒先」的故事。如張載「少喜談兵，至欲結客取洮西之地，年二十一，以書謁范仲淹」，范警之曰：「儒者自有名教可樂，何事於兵。」因勸讀《中庸》，張氏終成粹儒（《宋史》卷四二七本傳）。上文一再談到的徐光啟，好談兵且躬親兵事，卻一再申明「臣本文儒，未習軍旅」，可見「軍旅」本非「文儒」所當從事。號稱「能兵」的盧象昇，也自說「非軍旅長才」（楊廷麟《宮保大司馬忠烈盧公事實佚傳》，《盧忠肅公集》卷首）。《明史》楊嗣昌傳，記楊氏奏對有「善戰服上刑」等語，為崇禎所申斥。當此時楊嗣昌的引據經典，確也只能解釋為自掩其無能。

在清初經學復興的氛圍中，與兵事有關的經典釋讀，也呈現出活躍的面貌。顏元《四書正誤》由《論語‧述而》「子之所慎」章，說孔子知兵，曰：「此處記夫子『慎戰』，必夫子亦曾臨陣。又證之夫子自言『我戰則克』，是吾夫子不惟戰，且善戰，明矣。至孟子傳道，已似少差。流至漢、宋儒，峨冠博帶，袖手空談，習成婦人女子態，尚是孔門之儒乎？熟視後世書生，豈惟太息，真堪痛哭矣！」（卷三，《顏元集》第193頁）還說：「孔門以兵、農、禮、樂為業，門人記夫子慎戰，夫子自言『我戰則克』，冉求對季氏，戰法學於仲尼，

且夫子對哀公，亦許靈公用治軍旅者之得人，豈真不學軍旅乎？偶以矯其偏好耳。後儒狃於婦女之習者，便以此藉口，誤矣」（卷四，同書第 220 頁）。他不以為然於《孟子》所謂「善戰」、「闢草萊」「服上刑」（《顏習齋先生言行錄》卷下《王次亭第十二》，同書第 663 頁）；實則他的有關議論，亦「救弊之言」──不惜救之以另一偏至。王源《平書‧武備》也說：「衛靈公問陳而孔子不答者，非謂軍旅之事不當學，以衛靈所急者，不在是耳。後世儒者遂以孔子為口實，謂為國者宜文不宜武」（參看《平書訂》卷九）。[80]還說：「人知周之尚文，而不知周之尚武」（同上）。陸世儀甚至說「禮樂是儒家一個陣法」（《思辨錄輯要》卷二一），絕非兵家所能想見。

　　儒、道對於軍事行動的社會文化意義、倫理後果的嚴重關切，其積極意義卻毋庸置疑。

　　丘濬說：「臣嘗謂天下之事，惟武功一事，最難得其盡善而無餘弊。何也？蓋興師動眾，人至多也；臨陣對敵，機無窮也。不殺則不足以退敵而功不成，是武之成，必在於殺人也」（《賞功議》，《明經世文編》卷七五）。敏感的儒者對此不能不心情複雜；兵事、與兵事有關的話題，確也構成了對儒者倫理意識的考驗。前此曾主張「不多殺人」；在南宋危亡的情勢下，尚曰「自淮以北」皆吾土吾民，「流涕以對之猶不足」，尚忍言「孫武之智」乎（《兵權上》，《水心別集》卷四第 681 頁）！明亡之際，金聲也說：「夫兵者，所謂聚不義之人，持不仁之器，而教之以殺人之事」（《舉邊才足兵餉議》，《金忠節公文

---

80　前此楊繼盛曾駁以「佳兵不祥」為口實者（參看其《請罷馬市疏》，《明經世文編》卷二九三）。李贄也說過，被「邯鄲之婦」作為口實的孔子的「軍旅之事，未之學也」云云，「非定論也」（《藏書世紀列傳總目後論》）。顧頡剛解釋孔子答衛靈公問陳，也以「軍旅之事未之學」為「託詞」（參看《武士與文士之蛻化》，《史林雜識（初編）》第86-87頁）。

集》卷一）。還說：「惟不嗜殺人，乃可使殺人」（同書卷八《唐中丞傳》）。金鉉也說：「忘戰者危，好兵者亡」（《擬周禮策對》，《金忠潔集》卷四）。有明一代屢有疏論「首功」者，無不以「止殺」為說；對以首級論功中包含的殘忍性及不可避免的弊端（如殺良冒功）的追究，也出於「仁」之一念（如潘潢《論首功疏》，《明經世文編》卷一九八）。[81]陸世儀以「仁」說「兵」，曰：「兵法儒者不可不習，此雖毒天下之事，而實仁天下之事」（《思辨錄輯要》卷四）。說「兵陣，仁人之事也，不仁之人為民害。不得已而殺人以生人，此非大仁人不可」。更以為「殺人之中有禮樂」，「殺人之中有理存焉」（同書卷一七）。他於「六藝」之一的射，既取其實用，又關心禮意，說：「古者射以觀德，是於強有力之中又欲擇其德器，所謂殺人之中又有禮焉也……」（同書卷一）這層意思，似未見於其它論「六藝」者。儒者的兵事之談不同於兵家也不同於文人者，正應在此。出諸仁者情懷，正在發展中的「火器」及其殺傷力已足以令陸世儀不安，他甚至有「厲禁」的主張（同上）。[82]一方面，嚴峻的軍事形勢要求武器的精良，另一方面，武器日益增強的威力又預示了戰爭規模的擴大，對大量生命的摧毀。敏感的儒者不能不對人心的嗜殺、對軍事行動之於生命的蔑視懷有深憂。儒者對「軍旅之事」的矛盾態度亦基於此，儘管他們不可能提出有效的替代方案。

　　明清之際士人與「兵事」有關的文化追究，甚至達於某種制度細節。王夫之好深湛之思，總能於人們習焉不察、制度沿襲已久處發現弊竇。徒、流，充軍、戍邊，作為古老的懲罰手段，刊之法典，沿用

---

81 然而出諸文人之手的武將傳狀，卻往往有對於暴力行為的渲染。對殘酷行為——諸如「磔」、「剜目」、「截耳」（又作「馘」）——的敘述態度，包含了如下理解，即以敵方（「賊」、「夷」等）為非人，不適用於「仁」的原則。

82 《天工開物》的作者並不熟悉與火器製作有關的技術，卻表達了對於紅夷炮、「萬人敵」之類火器的威力的震驚（如「千軍萬馬立時糜爛」云云）。

已久，王夫之卻發他人未發之覆，追究至於上述政治行為的潛在語義，洞見隱藏其中的有關軍事（尤其邊務）的價值態度。他在《噩夢》中說：「……乃自充軍之例興，雜犯死罪，若流若徒，皆以例發充軍。軍舍武職有大罪則調邊衛，邊衛有大罪則發哨，是以封疆大故為刑人抵罪之地，明示閫外之任為辱賤投死之罰，督制鎮將且為罪人之渠帥，如驛吏之領因徒，國家之神氣，幾何而不沮喪乎！」（第587頁）「然罪人充配，損國威而短士氣，始為謫罪充軍之議者，庸人誤國之禍原也」（第592頁。按《明律》充軍條例至有二百十三條之多）。的確可謂鞭闢入裏。王源《平書》論「刑罰」，也說：「若夫充軍之法則愈謬。軍者，國之爪牙，宜鼓舞之，優渥之，然後可以得其心與力；乃以為罪人，而出於『徒』之下，人孰肯為之哉？此武備之所以弛，而敵愾無人也」（參看《平書訂》卷一三）。李塨《擬太平策》也說：「明問罪充軍，大誤。軍者，民之傑；國之大事，戡亂安民以定社稷，曷乃以為罪所也？」（卷五）與王夫之不謀而論合。被我們驚為「特異之見」的，未必不是某一圈層中的共識。[83]顏元所

---

[83] 翁萬達《易州議罷抽民兵疏》以為抽丁擾民，「甚不可」，其反對抽丁的理由之一，即「今之充軍者，罪下死囚一等，抽丁聽調一如軍制，安得不驚！」（《明經世文編》卷二二三）徐光啟對「軍徒」提供了一種解釋：「律法有流罪三等，久廢不行；大率比附軍徒，引例擬斷。推原其故，當因杖流人犯，二三千里之外，了無拘管，亦無資藉，勢難存立；不若軍徒既有衛所驛遞官長鈐束，新軍亦有月糧三斗，徒犯亦有站銀二分，少資糊口。故流罪廢而比附軍徒，勢不得已也」（《欽奉明旨條畫屯田疏》，《徐光啟集》卷五第236頁）。關於「軍戶」的地位，王毓銓《明代的軍屯》一書說：「各種差役，也就是說，諸色戶役之中，如民戶的納糧當差，匠戶造作營建，灶戶煮鹽，軍戶承應軍差，以軍戶的差役為最重最苦。因而軍戶的地位在明代的『四民』——軍、民、匠、灶——之中最為低下；其應役戶丁的身份接近於奴隸」（第234頁）。關於有明一代的「謫發」即因罪充軍，參看該書第226-227頁。該書說：「『從征』、『歸附』、『垛集』等軍本非罪隸，但身與充軍罪犯為伍。抄沒人戶婦女，例給功臣家為奴婢；如與旗軍，則婚配為妻。如此，身非罪隸也降為罪隸了。」以致「人恥為軍」（第239頁）。

見，也與上述諸人有合。他說：「軍者，天地之義氣，天子之強民，達德之勇，天下之至榮也。故古者童子荷戈以衛社稷，必葬以成人之禮，示榮也。明政充軍以罪，疆場豈復有敵愾之軍乎！」（《顏習齋先生言行錄》卷下《不為第十八》，《顏元集》第 688 頁）上文提到文人、名士的兵事之談不乏精彩，如王夫之、顏元這樣的儒者的上述意義追究，不也出諸特識？

在清理「明清之際」這一起止不甚明確的時段的文獻時，我發現了太多的「共識」、「不謀而合」，對其時的思想共用與可能的交流不禁產生了好奇——天各一方的論者是經由何種管道實現「共用」的？被戰亂、流離播遷所分割的士人間的「交流」緣何而進行？

# 文質論

　　本文將分析明清之際士人與文／質這一範疇有關的論述，而不限於通常作為「文論」的狹義的文質論。這自然也因了其時士人的有關論說，依據已有的思想材料，涉及了遠為廣大的論域；而狹義的文質論也只有置諸那一論域，才有可能予以說明。處理這一部分材料，我所關心的，還有那一時期的士人經由文／質，對於他們處身其間的時代氛圍的感受與描述。這種描述因發生在明清易代之際，而被賦予了嚴重的意味。士人憑藉了文／質這一古老的範疇理解自己的時代，解釋自身處境與命運，為這一論域注入了具體生動的生命內容。

　　本文也將涉及狹義的文質論，力圖重現有關論述賴以進行的思想史的背景，呈現不同的論者（即如我以「文人」、「儒者」一類名目所標示的）間的交互影響與其間的差異。士人——尤其其中被目為「文人」的那一部分——對於部分地作為他們的存在方式的「文」的理解，他們與「文」有關的價值態度，是歷史地形成的，也只有置諸歷史線索中才有可能解釋。

## 說「文」

　　明清之際關於文／質的論述，在諸多方面不能不是「接著說」。以當代學術為「支離」的劉宗周，強調文質同體，說：「文質同體而異情。質必有文，文乃見質，可合看不可相離。故曰：文猶質也，質猶文也。陰陽質也，而陰陽之變化則文也；孝悌忠信質也，而其所當

然之理則文也；視聽言動質也，而動容周旋中禮則文也」（《劉子全書》卷三〇《論語學案三》）。王夫之說文質之不可分，猶象之於形，白馬之白與馬。在另一場合，他將文質的互為依存擬於陰陽。[1]互為依存自然不意味著可以等量齊觀。仍然有主從，正如形之於象，陽之於陰。但王氏區別於其它論者的，卻又在非絕對主從，即如說「質以文為別」、「質待文生」（《尚書引義》卷六《畢命》，《船山全書》第2冊第412頁）。劉宗周也說：「人知文去而質顯，不知文亡而質與俱亡也」（《論語學案三》）。即使文質有主從，在某種具體的歷史情境中，文的重要性也可能大大提升（用了當代人耳熟能詳的話，即成為了「矛盾的主要方面」）——即使仍不足以翻轉主從。

文質論提供了關於社會文化發展大勢的描述方式。從來有作為歷史觀的文質論，即漢儒所謂的夏尚忠、殷尚質、周尚文——啟示了「質文代變」的觀念的關於三代更迭嬗變的圖示，到本文所論的這一時期，依舊規範著士人關於歷史文化演進形態的想像。[2]王夫之說：「商、周之革命也，非但易位而已，文質之損益俱不相沿，天之正朔、人之典禮、物之聲色臭味，皆懲其敝而易其用，俾可久而成數百

---

1　王夫之說「離於質者非文，而離於文者無質」（《尚書引義》卷六《畢命》，《船山全書》第2冊第413頁）。「《離》謂之『文明』者，陰陽相錯之謂文。陰，質也；陽，文也」（《周易內傳》卷二上《大有（乾下離上）》，《船山全書》第1冊第163頁）。還說：「君子之道，時行時止，即質即文，而斤斤然周密調停，以求合於人情事理，則抑末而非本也」（《周易內傳》卷二下，第214頁）。

2　程顥曰：「三代忠質文，其因時之尚然也。夏近古，人多忠誠，故為忠。忠弊，故捄之以質；質弊，故捄之以文……」（《時氏本拾遺》，《二程集》第414頁）陳亮卻以忠、質、文迴圈之說為「漢儒之陋」（參看《策問·問古今損益之道》，《陳亮集（增訂本）》卷一五）。「治天下國家，唐、虞、三代皆一體也；修身以致治，堯、舜、禹、湯、文、武皆一道也。周豐《表記》所言，乃有高下，後世相因，遂為忠、質、文之論，漢以後迴圈相救之說盛行於世」（《習學記言序目》卷八第112頁）。

年之大法。……革者，非常之事，一代之必廢，而後一代以興；前王之法已敝，而後更為製作……」（《周易內傳》卷四上，《船山全書》第 1 冊第 396 頁）有關歷史演進大勢的判斷，賴文／質這一對立範疇做出，深刻地影響了士人對社會文化及其深層變動的敏感，塑造了他們感知幾微的能力。

有與文／質相異而又相關的諸種對立項的組合，未必由文／質衍生，使用中卻未必沒有文質論的隱隱制約。以文、實對舉，實即實事、實功。萬鏜在奏疏中說：「臣聞治天下之道有實有文，圖切要而有益於國家謂之實，美觀聽而無關於治忽謂之文。」「實」即指「《大學》之所謂理財用人，《詩》《書》之所稱安民講武」等「切時要務」（《應詔陳言時政有裨修省疏》，《明經世文編》卷一五一）。則以「性命」與「事功」均之為「實」，曰「性命事功其實也，而文特所以文之而已」（《與友人論文》，《澹園集》卷一二第 93 頁）。以上表述中，文、實非但有主從、高下，且關涉有用無用的判斷。文／行亦然。羅洪先主張「反躬實踐」，說：「一切智足以先人，言足以文身者，皆沮焉而莫之張喙，然後乃為還淳返樸之俗」（《答戴伯常》，《念庵文集》卷三）。[3] 王夫之所論文／情則不然。《詩廣傳》直可讀做一篇「文情論」，其中說：「天下之憂其不足者文也」，「君子之以節情者，文焉而已。文不足而後有法」（《詩廣傳》卷一，《船山全書》第 3 冊第 308 頁）。這裏與文相對待的是「法」而非「情」。「文不足而後有法」，此

---

3 清初顏元更將文、行的對立極端化，說：「孔子之書雖名《論語》，其實句句字字是行……唐、虞之史二典亦同。至《左傳》便辭藻華巧，《孟子》便添些文氣、文局。吾故曰『《左傳》《孟子》，衰世之文也』」（《四書正誤》卷六，《顏元集》第238頁）。還說：「儒道之亡，亡在誤認『文』字。試觀帝堯『煥乎文章』，固非大家帖括，抑豈《四子》、《五經》乎！文王『經天、緯地』，周公『監二代』所制之『鬱鬱』，孔子所謂『在茲』，顏子所謂『博我』者，是何物事？後世全誤」（《顏習齋先生言行錄》卷下《學須第十三》，同書第669頁）。

「法」係相對於「禮」的「法」；「文」非即我們所理解的文學，而是禮文，禮儀文明。在此種論述中，文主法從，文較之於法，是更具有根本意義的政治設施。亦有約略相當於近世所謂「文法」者（見下文）。其它尚有文／言。明初蘇伯衡說：「言之精者之謂文」（《雁山樵唱詩集序》，《蘇平仲文集》卷五）；方孝孺說：「言之而中理也，則謂之文」（《劉氏詩序》，《遜志齋集》卷一二）。李東陽的說法是：「夫文者，言之成章」（《春雨堂稿序》，《明代文論選》第 89 頁）。曰：「言者心之變，而文其精者也」（《文壇列俎序》，《滄園集・滄園續集》卷二第 781 頁）。則言、文亦有等第。[4]其它與文質不無相關的兩項對立，尚有華／實、聲／實以至言／事，即如「載之空言，不如見之行事」（《與人書》三，《顧亭林詩文集》第 91 頁）。由上述搜羅極不完備的與「文」有關的兩項對立以及舉不勝舉的涉「文」的構詞，已足證「文」之一名關係項之多，有關的論述關聯域之廣──廣到了幾無邊際。

當然，更與文／質相關、在某種特定場合近於二而一的，即文／道、文／理。劉宗周以為文質同體，其高弟黃宗羲則說文、道之「一」：「文之美惡，視道合離；文以載道，猶為二之」（《李杲堂先生墓誌銘》，《黃宗羲全集》第 10 冊第 401 頁）──主從依然分明。劉宗周追問陳梁（則梁）：「因文見道否？即文即道否？言道並不言文否？」以為其間「階級有數重」，是逐級上陞的，以「言道不言文」為更上之「階級」（《劉子全書遺編》卷四，《劉宗周全集》第 3 冊上

---

4　如下所謂「言」、「文」有別解，他說：「是自班固、傅毅以後方成流略，而競以文名家，然雖總名為文，而不知前此數百年，士蓋有意於立言而未專為文也。言之枝流派別散而為文，則言已亡，言亡而大義晦矣。歐陽氏乃通以後世文字為言……而以立言為不如有德之默，不知文之不可以為言也」（《習學記言序目》卷三七第547頁）。

第 430 頁）。下文所引呂留良說「理勝於文則極治」，也絕不以文、理作對等觀。

在上述對立項的組合中，「道」、「理」以至「行」、「實」等較少歧義，而指涉範圍不同、廣狹至不可比擬的，則是「文」。明初宋濂說，「傳有之，三代無文人，六經無文法。無文人者，動作威儀人皆成文；無文法者，物理即文，而非法之可拘也。秦漢以下則大異於斯，求文於竹帛之間，而文之功用隱矣」（《曾助教文集序》，《宋濂全集‧芝園前集》卷一，第 1167 頁）。他於此而勾畫了「文」的意涵由廣而狹──亦「文人」的角色化、「文」的文體化──的過程。他試圖返回他所以為的原初語義的「文」，說「吾之所謂文」，乃「經天緯地之文」；「凡有關民用及一切彌綸範圍之具，悉囿乎文」；說「余之所謂文者，乃堯、舜、文王、孔子之文，非流俗之文也」（《文原》，《宋濂全集‧芝園後集》卷五，第 1403、1404 頁）。流俗所謂文，亦文人之文、文章之文。《曾助教文集序》則說：「天地之間，萬物有條理而弗紊者，莫非文，而三綱九法，尤為文之著者。」下文還將談到，「三綱九法」之為文，尤足以彰顯儒者的想像力。蘇伯衡如下所謂「文」，卻更有包容性，將近人所謂「自然」與人文設施，一併包括在內：「天下之至文，孰有加於水乎？」「大凡物之有文者，孰不出於自然，獨水乎哉！是故日月星辰、雲霞煙霏、河漢虹霓，天之文也；山林川澤、丘陵原隰、城郭道路、草木鳥獸，地之文也；君臣父子、夫婦長幼、郊廟朝廷、禮樂刑政、冠婚喪祭、搜狩飲射、朝聘會同，人之文也，而莫非天下之至文也。」辭翰之為文，是不在其中的：「奈何後世區區以辭翰而謂之文耶？」（《王生子文字序》，《蘇平仲文集》卷五）處在這段歷史的另一端，明清之際，李顒說了類似的意思：「經天緯地之謂文，非雕章繪句之末也」（《學文堂記》，《二曲集》卷一九）。他釋「以文會友」之「文」，也說：「文乃斯文之文，

在茲之文，布帛菽粟之文；非古文之文，時文之文，雕蟲藻麗之文」
（同書卷三七《四書反身錄・論語下》）。顏元也說：「夫『文』，不獨
《詩》、《書》、六藝，凡威儀、辭說、兵、農、水、火、錢、谷、
工、虞，可以藻彩吾身、黼黻乾坤者，皆文也。故孔子贊堯曰：『煥
乎其有文章』。周公作謚曰：『經緯天地曰文，道德博聞曰文』」（《四
書正誤》卷三，《顏元集》第 190 頁）。凡此，強調的與其說在「文」
是什麼，毋寧說在不是什麼。所欲表達的，更是對文人、文事的鄙
薄。以此大而形彼之小，以此重形彼之輕，以此「至文」形彼之「區
區」（蘇伯衡）。儒者往往用此種論式，以見詩文之「文」的無足輕
重。而如顏元，出諸經世價值觀，將文與行極端地對立起來，甚至以
為《四書》、《五經》一類冊籍，也不可言「文」——看似大此
「文」，實則又不免小之。[5] 顏元甚至不惜危言聳聽，說「儒道之亡，
亡在誤認一『文』字」，不但出自儒者的身份自覺，且有儒學內部批
評的明確意識。但「經天緯地」畢竟非普通士人所能從事，亦非他們
所敢自期；與他們更直接相關的，仍然不能不是可雕可繪的「文」。

有所謂「天文」、「人文」。《周易》：「文明以止，人文也，觀乎人

---

5 顏元說：「吾輩能認取『煥乎』之文章是甚物事、是甚光景，則不惟八股帖括、八
　大家古文非文，雖《四書》、《五經》亦止記此文章之冊籍，並不可言『文』矣」
　（《四書正誤》卷三，《顏元集》第198-199頁）。所用的是排除法，由對其它種
　「文」的抹煞、貶低而界定是「文」非「文」。他明確地表示自己所論非「文」的
　等級問題，而是性質問題（即是文非文），闡說此意不厭重複。如說：「文之一字，
　孔子以前未誤。堯之文章，文王之文，孔子在茲之文，是經書文字乎？認『文』作
　經書文字，誤自漢、宋耳」（同上第194頁）。「古者不惟無帖括、八大家等文，並無
　漢宋注疏、章句、語錄之文。文，《詩》、《書》、六藝耳。《詩》、《書》亦只是三物
　之譜……」（《四書正誤》卷四，同書第213頁）他所謂「文」固非文墨，當然更不
　是辭翰、文藝，即不是文人所謂的文，文人所從事的文。是、不是，斬釘截鐵，不
　容有折衷的餘地。而這「不是」正是顏元所著重表達的。顏氏說「文」，與其言
　「學」相通。他的說「文」，有當代理學、經學批評的明確的針對性。

文以化成天下。」王夫之釋《周易》「賁」卦，說：「天地之大文，易知簡能……不待配合而大美自昭著於兩間」；《賁》之文飾，非天地自然易簡之大美」（《周易內傳》卷二下，第 213-215 頁），由此區分了「天地之大文」與人為的文飾、「人文而相雜以成章」之「文」，說，倘「飾於物而徒為美觀，其為文也抑末矣」（同上第 216 頁），儘管他以為人文化成，亦不可少。王夫之的友人方以智更有奇思妙想，他所說「兩間森羅，無非點畫」（《通雅》卷首之三《文章薪火》），更出於詩人的想像。他還說：「莫非賦也，善言者必寓諸物，故古今之以寓而賦者，莫如莊子；古今之善賦事者，莫如太史遷。推而上焉，古今之善賦物者，莫如《易》。燦而日星，震而雷雨，森而山河，滋而夭喬，跂而官肢，觸而枕藉，皆天地之所賦也。寓此者進乎賦矣」（《余小蘆賦序》，《浮山文集後編》卷二）。不同於顏元等人，他不以文人之文、文墨之文與天地之大文作對立觀，亦不以「經」（如《易》）與天地之大文作對立觀。他關於後者的想像，毋寧說為文字（包括經文）所啟發——而那又是何等瑰麗的想像！由文字書寫之文到兩間之大文，有方氏對於宇宙天地、生命世界生動的知覺，此知覺中人文與自然的生動關聯。與「文」關聯的，是如此匪夷所思、詭異奇妙的世界！

當其時江右魏禮也說：「夫惟必以文而後謂之文者，其不文也甚矣。廊廟之軒冕黼黻，儒生之被服，耕者而荷鋤，椎髻，衣短後之衣，山人草服木冠，皆天地自然之文……」（《家譜則例》，《魏季子文集》卷一六）儘管也強調了此文非彼文（即文人、文事、文章之「文」），而以「耕者而荷鋤，椎髻，衣短後之衣，山人草服木冠」與「廊廟之軒冕黼黻，儒生之被服」均之為「天地自然之文」，畢竟出於活潑的思理。「泛文」之泛，也正賴有此種活躍生動的想像力。上述意義上的「文」、與「文」有關的廣闊浩淼的想像空間，已遠在現代人的經驗與能力之外。

更見儒家之徒的面目的，自然是「禮」之為「文」，「三綱九法」
之為文。禮乃「天理之節文」。王夫之說：「文與禮原亦無別……在學
謂之文，自踐履之則謂之禮，其實一而已」（《讀四書大全說》卷五，
《船山全書》第 6 冊第 691 頁）。關於「博文約禮」之「文」，李顒
說：「身心性命之道，燦然見於語默動作、人倫日用之常，及先覺之
所發明，皆文也」（《二曲集》卷三五《四書反身錄・論語上》）。此文
形之於「禮文」（即見諸典籍的禮儀規範），卻不限於「禮文」。張履
祥的說法是：「道之顯者謂之文。聖人之道，不外禮儀三百，威儀三
千而已」（《答沈德孚》，《楊園先生全集》卷四）。此所謂「文」固不
限於具體的禮文，卻仍賴禮文而條理化，賴禮儀行為為其表徵。

針對儒者嗜說的「禮一文」，亦正有逆嚮之論。江右魏禧就質問
道：「誰謂《周禮》之虛文而可以捍強大耶？」（《魏叔子文集》卷二
《魯論》）該文後附彭士望語：「須知古今來文者必弱，強者不文。
夏、商之少康、武丁，越之句踐，絕無書本氣習；南宋禮樂詩書，雍
容坐論，不到厓門舟中授《大學》不止也。哀哉！」「文者必弱，強
者不文」，確然是明清之際軍事對抗之餘的「文」論，或更應當讀做
士人於明亡後的憤激之語。即使此種論述也非出於偶然。顧炎武、吳
梅村就曾做華夷風俗的比較（如《日知錄》卷二九「外國風俗」
條），甚至徑將「夷俗」與其軍事效應聯繫起來，[6]儘管不曾引出魏禧
那種極端的結論。

---

6 參看拙著《明清之際士大夫研究》上編第二章第一節，該書第114-115頁。嘉靖朝趙
　炳然說「中國長技盡屬彌文」（《明經世文編》卷二五二《題為條陳邊務以俾安攘
　事》），也基於夷—夏比較。上述差異在軍事對抗中格外觸目，「文」的意義，易於
　被由負面指認。戰時對任軍事者，有「寬其文法」的主張，認為宜「簡節疏目」，
　以發揮其主動性。「蓋豪傑之士，率有俠氣，不可繩撿……今呼甲冑之士如奴隸，
　而又舞文弄墨以密其防，欲勇敢之不變為怯弱，不可得也」（王燁《陳膚見以贊修
　攘疏》，《明經世文編》卷二六三）。矯枉之法，即「稍闊略文法」。

　　既然無往而非「文」，也就無往而無「文質」之辨——關涉政治、歷史、社會、文化，以至更具體的文學藝術。「文」在不同情境、語境，不同的上下文中，被賦予了不同意涵。[7]文／質還啟發了一種觀察人性、人物的眼光。《論語‧八佾》有所謂「文質彬彬，然後君子」。文質的平衡被作為理想人格的條件。據此劉宗周說：「文勝則為偽君子，文亡則為真小人」（《論語學案三》）。張履祥也曾以文／質品鑒人物，如說吳與弼「質勝於文」，方孝孺「文勝於質」（《備忘一》，《楊園先生全集》卷三九）——由此不也可證儒者的文質論關聯域之廣？

## 文／質：世運與文運

　　士人憑藉了文／質這一視野，做有關歷史趨向的大判斷，也借諸文、質二分，表達尚不免朦朧的對於當世的總體感受，以至醞釀在社會生活中而未必能明確指認的「傾向」、「趨勢」。他們用以判斷的根據，就包括了自己所密切接觸的文字（詩文等）。顧炎武說：「文以少而盛，以多而衰。……以三代言之，春秋以降之文，多於《六經》，而文衰矣」（《日知錄》卷一九「文不貴多」條）。這裏所說「文」，泛指文章、文本。文章、文本大致可以計量；士人習為常談的「文勝」，儘管缺乏明確的數量指標，與顧氏所謂文之多，通常有關。但「文」「質」孰勝一類關涉整體的判斷，卻仍然更繫於直覺、文化敏感，難免於模糊、籠統。

---

7　文、質的語義、語用，繫於論域、語境。王夫之說禮有文質，略近於今人所說的形式—內容：「不廢其朔，質也，而將其敬，不從其情，則文也；不違其時，文也，而致其愛，不靳乎美，則質也」（《宋論》卷一第37頁）。在以上表述中，文與質何為形式，何為內容，卻又難以釐清。

　　「質文代興」的觀念，嚴重地影響了對於與文事、詞章有關的風
氣、演進趨向的觀察與感知。士人不但相信文章以「世運」為盛衰，
且相信文章的盛衰足兆世運，自信有緣此覘世之盛衰、卜國之興亡的
能力。王夫之論《詩》，說：「《易》有變，《春秋》有時，《詩》有際。
善言《詩》者，言其際也。寒暑之際，風以候之；治亂之際，《詩》以
占之」（《詩廣傳》卷四第 458 頁）。「故善誦《詩》者……即其詞，審
其風，覈其政，知其世」（同書第 474 頁）。「因《詩》以知陞降，則
其知亂治也早矣」（第 479 頁）。他由「聲詩」分辨治亂盛衰、風會所
趨、世道人心，曰「戾之情，迄乎風化，殆乎無中夏之氣，而世變隨
之矣」（同書卷一第 303 頁），則顯然賴於明亡之際的經驗。呂留良以
時文選家的眼光看「文運—世運」，說：「文運之變，每視文理之勝負
為盛衰。理勝於文則極治，平則盛，文勝則衰，純乎文則亂。自治而
盛也，文運長；自衰而亂也，文運促。成、宏以上，制科之文，理勝
之文也；嘉、隆之間，文與理平之文也；萬曆以至啟、禎，則文勝與
純乎文之文也」（《呂晚村先生文集》卷五《五科程墨序》）。不同於顧
炎武的說文之多少，呂氏所說乃「文」內部文理間的平衡抑失衡，企
圖由此解釋有明一代由「極治」而「盛」而「衰」的一段歷史。顏元
無暇分辨「聲詩」，而徑直地斷以「崇尚浮文」為明亡之因，說：
「宋、明兩代之不競，陳文達一言盡之，曰：『本朝是文墨世界。』
明太祖洞見其弊，奮然削去浮文，釐定學政，斷以選舉取士，可謂三
代後僅見之英君；卒為文人阻撓，復蹈宋人覆轍，則慶、曆學術之雜
亂，啟、禎國事之日非，皆崇尚浮文之禍也」（《習齋記餘》卷六《閱
張氏王學質疑評》，《顏元集》第 491 頁。陳文達，陳剛）。[8]

---

8　誇張「文」、「辭」的作用，令文人與其「辭」承擔國亡、道喪的責任，也是一種被
　普遍使用的修辭策略，只不過王夫之將何以然分剖得更為細緻而已（參看《詩廣
　傳》卷四論《板》）。

　　文／質固然用之於當時的感知以及事後的推斷，卻更用於預測。到本文所論的時期，若干論者因感受到了政治空氣的凜冽而有了與「文勝」有關的憂懼，其中以顏元的預感最有嚴重意味。他說：「天命方將取儒運而蹶之，秦人之禍已著，而沓沓者曾不知醒。吾之憂懼，何有已乎！」（《四書正誤》卷六，《顏元集》第 231 頁）對於他所以為的不祥之兆，反覆言之，猶如梟鳴。[9]其時士人對「文運」的預測中，似乎充滿了危機感。與顏氏不相謀的施閏章，竟也想到了「嬴秦焚書之禍」，將此禍歸因於「文極而敝」，以為自己所處的情勢，就是「天下日競於文，而文益敝」（《房樞部文集序》，《施愚山集》文集卷五第 89 頁）。陳維崧也說到「五六十年以來」，詩「調既雜於商角，而亢戾者聲直中夫鐸，淫哇噍殺，彈之而不成聲」，恐因此而來「青絲白馬之禍」；以下王褒、庾信云云，自然暗指遺民，或有遺民傾向者（《王阮亭詩集序》，《湖海樓全集・文集》卷一）。悚然，栗然，由後人看來「文化復興」的年代感知危機，兇險的預警，傳遞著大禍將至的消息。如果考慮到發生於其時的文字獄（如莊氏史獄），上述論者的預感又何嘗誇張！於是張履祥說：「今日文弊極矣，疑謂當捄之以質行。質行者，非欲蔑棄典文，枝鹿椎魯之謂」（《與嚴穎生》，《楊園先生全集》卷四）。在另一處解釋了「質行」：「天下文敝極矣，唯敦本尚實可以救之」（同書卷三九《備忘一》）。[10]「文勝」的危害，往往是由政治上估量的，救弊（反質）之舉不能不與文化統制發生關係。

---

9　顏元將衰、敝的徵兆，歸結為禪宗、訓詁、帖括等。在顏氏的表達中，將要到來的禍患，更像是對於文化墮落的懲創，對儒者、士人墮落的懲創。

10 前此羅洪先就說過：「今世著書滿家，甲可乙否，使人莫知取的。有聖人起，必將付之秦火，以反躬實踐為先。一切智足以先人，言足以文身者，皆沮焉而莫之張喙，然後乃為還淳樸之俗」（《答戴伯常》，《念庵文集》卷三）。

　　通常的文質論者以尚質為「正確」。涉此論域，甚至文人名士的議論也往往無異於時論。袁宏道就以為，「物之傳者必以質，文之不傳，非曰不工，質不至也」（《行素園存稿引》，《袁宏道集箋校》卷五四第 1570 頁）。還說：「夫質猶面也，以為不華而飾之朱粉，妍者必減，媸者必增也」（同上第 1571 頁）。而出於流行見解之外、逆反於普遍的思維惰性的，倒是有思想能力的儒者。黃宗羲《留書‧文質》：「蘇洵曰：『忠之變而入於質，質之變而入於文，其勢便也。及夫文之變而又欲反之于忠也，是猶欲移江河而行之山也。人之喜文而惡質與忠也，猶水之不肯避下而就高也。』余以為不然。夫自忠而之於文者，聖王救世之事也；喜質而惡文者，凡人之情也。逮其相趨而之於質，雖聖賢亦莫如之何矣」（《黃宗羲全集》第 11 冊第 2 頁。黃氏所引蘇洵語，見《嘉祐集‧書論》）。像是怪論。黃氏以「喜質而惡文」為「凡人之情」，不免出乎尋常經驗之外，非明白黃氏何以界定此「質」此「文」，其思理即難以洞悉。《明夷待訪錄》中未刊的《文質》篇，是由華夏文化喪失（夷狄化）的現實危機出發討論這一傳統命題的。其所謂「質」，與下文將要談到的王夫之所謂「質」，所指相近。在他們的有關表述中，「質」固非高於「文」的價值；文即禮樂文化，質則反之。這裏有易代過程中的文化破壞、華夏文明的危機所引出的憂思——潛隱在文質論的線索中的，是緊貼了時勢的夷夏論。黃宗羲由制度（包括服制，與葬、祭、冠等有關的禮儀活動，以至燕飲等）之日損、日廢，看政治設施、社會生活的日趨於質，說：「凡禮之存於今者，皆苟然而已。是故百工之所造，商賈之所鬻，士女之所服者日益狹陋。吾見世運未有不自文而趨夫質也」（《留書‧文質》《黃宗羲全集》第 11 冊第 3 頁）。這種趨勢的終點，即王夫之所謂的「夷狄」、「禽獸」。被認為尖銳的「君主論」刊之於《明夷待訪錄》而行世，《文質》則以鈔本流傳，其中的道理，後人未必能盡知的

吧。君主論中的故明政治批判，與文質論之於時勢的針對性——當其時自有人明白其間的玄奧。

其時僻處湘西的王夫之，卻與黃宗羲遙相呼應，只不過未必能達於黃氏的聽聞罷了。

在王夫之的以下論述中，文、質均屬於歷史範疇。「唐、虞以前，無得而詳考也，然衣裳未正，五品未清，婚姻未別，喪祭未修，狉狉獉獉，人之異於禽獸無幾也」（《讀通鑑論》卷二〇第 763 頁）。上文注引王氏釋《周易》「大有」卦「離」之謂「文明」。「文明」的對面即「混沌」（「禽獸」）。「故吾所知者，中國之天下，軒轅以前，其猶夷狄乎！太昊以上，其猶禽獸乎！禽獸不能全其質，夷狄不能備其文。文之不備，漸至於無文，則前無與識，後無與傳，是非無恒，取捨無據，所謂饑則呴呴，飽則棄餘者，亦植立之獸而已矣。魏、晉之降，劉、石之濫觴，中國之文，乍明乍滅，他日者必且陵蔑以之於無文，而人之返乎軒轅以前，蔑不夷矣。文去而質不足以留，且將食非其食，衣非其衣……又返乎太昊以前，而蔑不獸矣。至是而文字不行，聞見不徵，雖有億萬年之耳目，亦無與徵之矣，此為混沌而已矣」（《思問錄外篇》，《船山全書》第 12 冊第 467 頁）。較之上述顏元、施閏章、陳維崧所表達，這無疑是遠為深刻的危機感。在黃宗羲、王夫之，文衰的主要表徵，即禮失；存「文」，則是存禮樂文化、「華夏文明」。「文去」（即禮失）埋伏著夏而變夷、人而禽獸的大危機、大變局。文質論之嚴峻，由此而抵達了極點。[11]

上文說到通常的文質論者尚質，王夫之卻說，「聖人……於人

---

11 王、黃議論之合，另如王氏說「直情徑行，禮之所斥也」（《俟解》，《船山全書》第 12 冊第 487 頁）；黃宗羲亦引子遊所說「直情而徑行者，戎狄之道也」（《留書·文質》），若合符節。黃氏該文說「天下之為文者勞，而為質者逸，人情喜逸而惡勞，故其趨質也，猶水之就下」，也大異於常談。

也，用其質，必益以文」；「聖人之道，因民之質而益焉者，莫大乎文。文者，聖人之所有為也。」「文」之功用大矣哉！人之異於草木，君子之異於野人，端在於此。這裏有王夫之這樣的儒者緊張關注的人禽之辨。「故曰：『日用飲食，民之質也。』……因其自然之幾而無為焉，則將以運水搬柴之質，為神通妙用之幾，禽其人，聖其草木，而人紀滅矣。是以君子慎言質，而重言文也」（《詩廣傳》卷三第390、391頁）。在另外的場合，他將「運水搬柴之質」以「樸」之一名形容。他所謂「樸」，也指未蒙教化的前文明狀態。[12]正是在上述意義上，他說：「天下之憂其不足者文也」（見上文）。欲救成見之為偏蔽，王夫之往往有對於時論、俗論的逆反之論。[13]上述議論中有他特有的犀利的洞見與偏見——卻是王夫之才有的富於深度的偏見。他的有關論述與葛洪的論「質樸」、「雕飾」（《抱朴子》內篇《釋滯》、外篇《鈞世》等），意似近而理路實異。以世俗所稱道的「質樸」為前

---

12 他在《俟解》中說：「若以樸言，則唯饑可得而食，寒可得而衣者為切實有用。養不死之軀以待盡，天下豈少若而人邪！」（第487頁）他以為人之為人，「必於饑不可得而食、寒不可得而衣者」求之（同上第488頁）。基於此，他激烈批評先秦農家之曰「勤」曰「樸」，導致尊卑上下秩序、禮樂文明的破壞（《四書訓義》卷二九《孟子》五，《船山全書》第8冊第329頁）；將世俗所樂稱的「樸實」、「率真」歸結為「庶民」之為庶民，也即禽獸之為禽獸（參看《俟解》，第478-479頁）。與庶民——禽獸相對的，自然是禮樂文化所賴以寄存的士林精英。

13 可資比較的，即如以下關於「樸」的議論。江右彭士望說：「自樸散而為奇，奇散而為邪，邪散而為偽，偽散而為饑寒，饑寒散而為盜賊」（《內省齋文集序》，《樹廬文鈔》卷五）。魏禮也說：「天下去樸久矣！樸者人之本，萬物之根，世道治亂之源也。夫惟樸去至於盡，而小人盜賊弒逆烝報殺戮之禍害相尋矣。故世之治也必先反樸，而其亂必先之以浮靡巧詐言行乖戾以醞釀殺機……」（《答張一衡書》，《魏季子文集》卷八）陸隴其所一再標舉者，乃「樸實」這一標準，無論文、人還是風氣（《與陳藹公書》，《陸子全書・三魚堂文集》卷五）。孫奇逢則說：「今之四禮雖云廢矣，然天下無不冠不婚不喪不祭之人，名存而實在其中矣」（《夏峰先生集》卷四《家禮酌序》）。對當代文化狀況的估量與王夫之何其不同。

禮樂文化或去禮樂文明的狀態——倘若想到其時所謂的「夷狄之世」
正在展開，王氏的上述論說，自可讀做預警。當著右質左文已成常
談，王氏的逆反之論決非有意立異，他所表達的，是儒家之徒基於其
文化立場的對於華夏文明陷落的深切憂懼。

至於作為一時代治象的「質」，大致指疏節闊目；猶之對於人的
樸陋，對於政治設施，他的批評也針對了「疏」「闊」。「禽獸不能全
其質，夷狄不能備其文」，也即王氏所謂的「上古樸略之法」，其特徵
就包括了政治設施的簡陋，禮儀文明的缺失，甚至「虎狼之父子，蜂
蟻之君臣」（參看《俟解》，《船山全書》第 12 冊第 479 頁）。王氏批
評「托質樸以毀禮樂」，說「所甚惡於天下者，循名責實之質樸，適
情蕩性之高明也。人道之存亡，於此決也」（《俟解》，第 483 頁）。所
論乃治道，亦人性。華夏文明的淪喪與人的失其為人，被認為互為因
果。王氏曾有條件地肯定被他作為「申、韓」的對立物的「黃、
老」，即被作為苛暴滋擾的對立面的清靜無為（參看拙作《廉吏・循
吏・良吏・俗吏——明清之際士人的吏治論》一文）；但在本文所論
的題目上，他卻持守嚴格的儒家立場，不欲為黃老政治留一隙之地。
可以認為這裏標出了對於黃老的有限肯定的那條「限」，倘逾此限即
成荒謬。[14]

在王氏的論述中，與「質」、「樸」語義相關的，尚有「儉」。我
曾在其它處分析王夫之以及顏元、魏禧的論「儉」（參看《廉吏・循

---

14 他說：「樸之為說，始於老氏，後世習以為美談。樸者，木之已伐而未裁者也。已
伐則生理已絕，未裁則不成於用，終乎樸則終乎無用矣……人之生理在生氣之中，
原自盎然充滿，條達榮茂。伐而絕之，使不得以暢茂，而又不施以琢磨之功，任其
頑質，則天然之美既喪，而人事又廢，君子而野人，人而禽，胥此為之。」「養其
生理自然之文，而修飾之以成乎用者，禮也」（《俟解》，第486-487頁）。「生理自然
之文」故有「天然之美」，尚待「琢磨」、「修飾」（不廢「人事」），方成乎用。這裏
有儒家倫理所認為至為嚴重的「君子、野人」以至「人、禽」的界限。

吏・良吏・俗吏》）。儒者所批評的，是作為「禮」的刪略的「儉」以及與此相關的作為政治氣象的「儉」（而非常人因於貧窶的「儉」）。儒者於此等微妙處，顯示了其特殊的洞察力與文化敏感。因而此種「樸」、「儉」，決非單純以物質、財富含量標記，換句話說，更以文化品格標記。黃宗羲在其《文質》篇篇末引由余說秦繆公「儉其道」，曰「由余之所謂道，戎狄之道也」。上述「樸」、「儉」（即禮儀形式的樸陋苟簡、生存狀態的鄙野、文化形態的粗糙鄙俗，等等），標出了「質」（「文質」的「質」）的限度。[15]他們不苟同於對上古史的美化、理想化，尊重「文明」之為積纍，將作為歷史哲學的文質論，還原到具體的歷史情境，以至生活世界——可以認為是禮學復興的學術語境中的文質論。倘若想到易代之際大破壞之後，儒家之徒以文化修復為使命承當，遺民中的有識者以「存華夏文明」（亦抗拒「夷狄化」、禽獸化）為職志，即不難感到上述文質論被賦予的極端嚴峻性。

## 儒者文論中的「文」

文人固然好論文，文／質卻從來更是儒者的話題，且所論不止於上文所說的作為歷史觀的文／質，作為治道的文／質，作為風俗論的文／質，也有近代所謂「文論」的文／質。儘管論者好說大文質，示人以其所謂「文」，不限於文辭之文，卻依舊不免歸結於狹義文質，也因此文此質關涉士人的日常行為，較之抽象的作為歷史觀的文／質，支持一種文化大判斷的文／質，更有切身之感。

在較為初始的使用中，「文」就有了詞章一義。子曰：「弟子入則

---

15 但王夫之在《周易內傳》中也說過，當著「時方競於交飾之文，文有餘則誠不足，固不如敦尚儉德者之安吉也」（卷二下，第218頁）。

孝，出則弟，謹而信，泛愛眾，而親仁。行有餘力，則以學文」（《論語·學而》）。朱子《集注》：「文謂《詩》《書》六藝之文……」至於後世的儒者論文／道，以文為「言語文字之末」，自然也與孔子所謂「行有餘力，則以學文」云云有關。[16]

儒者也並非都以文為「言語文字之末」。明清之際被後世視為大儒的王夫之、黃宗羲，就是長於論文且精於文事者。黃氏《明文案序》總結有明一代文事，氣勢恢宏。該文論「至情」、「至文」、文、文人，別闢一境界，說有「其人不能及於前代而其文反能過於前代者」——正宜於評論明代之文；還說「今古之情無盡，而一人之情有至有不至。凡情之至者，其文未有不至者也，則天地間街談巷語、邪許呻吟、無一非文，而遊女、田夫、波臣、戍客，無一非文人也」（《黃宗羲全集》第 10 冊第18頁）。示人以不為通常的文論視野所囿的大眼界。黃宗羲縱論有明一代詩、古文的演變發展，王夫之《夕堂永日緒論外編》（《薑齋詩話》）則提供了考察明代經義演變的較為完整的線索。其《詩廣傳》於複雜的歷史文化視野中論《詩》，緣《詩》而發為政治歷史文化的大議論，儘管不免求之過深，思理卻大非尋常經學家所能夢見。[17]他批評韓、柳、曾、王之文「詞不豐而音遽」、「噍削迫塞而無餘」（《詩廣傳》卷一第 344 頁），自有正是由「詞章」一面的衡度，出諸精於文事者的眼光，雖大異於常談，卻不

---

16 周敦頤《周子通書》：「文所以載道，輪轅飾而人弗庸，徒飾也，況虛車乎！文辭，藝也；道德，實也……不知務道德而第以文辭為能者，藝焉而已」（第39頁）。宋濂說：「余諱人以文生相命。丈夫七尺之軀，其所學者獨文乎哉？」（《文原》，《宋濂全集》第1403頁）

17 《詩廣傳》生發，抽繹，引申，示人以論域之廣，非尋常經學文字，亦非通常文論。僅由《詩》言，則不免求之過深。非「詁」《詩》，而是借《詩》闡發他本人的思想——尤其關於治道，關於「人道」。他由《詩》讀史，讀君臣父子夫婦，讀風俗民情、「人心風會」，亦因史而讀《詩》，雖時有穿鑿，卻不失為特別的讀法。

能不認為是獨具一格的文論，與他本人關於歷史文化的論述，有顯然的一貫。[18]

從來有氣象寬豁的儒者。下文將談到陸世儀對「文人」不無輕蔑（「不過一文人而已」），認為「吾人責大任重」，太費心力於古文詩歌，即為「浪擲」，對於他視為「末技」的詩文，卻又反覆談論，未必就真的輕看。目標在「一洗向來學究之習，而成聖人大無外之教」（亦廣聖學、聖道），他甚至主張「聖門從祀」，當有「文學」一科，遷、固、李、杜、韓、柳、歐、蘇，均宜從祀，尺度之寬，即黃宗羲、王夫之也未見得能認可。[19]孫奇逢更氣象闊大，他引陸象山說「李白、杜甫、陶淵明，皆有志於吾道」，曰「詩亦道也，藝亦道也，無物不有、無時不然者也。淵明三君子有志於道，所以為千古詩人之冠，具眼者自不獨以詩人目之。離道而雲精於詩、精於文，小技耳。雖有可觀，君子不貴也」（《夏峰先生集》卷一三《語錄》）。儘管論文／道仍儒者口吻，畢竟沒有顏元式的偏執。

王夫之愛古人而不薄今人，關於明代詩、詩作者，以至時文、時文寫家的議論，甚至不止於「平情」，非但不吝稱許，且因激賞而有估價之過。如以為文徵明（徵仲）詩「輕秀」與孟浩然「相頡頏」

---

18 王夫之以為，「言愈昌而始有則，文愈腴而始有神，氣愈溫而始有力。不為擢筋洗骨而生理始全，不為深文微中而人益以警……刻露卞躁之言興，而周、唐之衰亟矣」（同上第344-345頁）——非止於關於《詩》教的常談，此種詩論文論與他關於政治社會歷史文化的議論邏輯貫通，也見出他的思想的一貫與徹底。

19 陸世儀曰：「愚意聖門從祀，自及門七十子及周、程、張、朱具體大儒之外，皆當分為四科，妙選古今以來卓犖奇偉第一等人物，盡入從祀。如黃憲、文中子，此『德行』中人物也；張良、李泌，此『言語』中人物也；孔明、房、杜、韓、范、司馬，此『政事』中人物也；遷、固、李、杜、韓、柳、歐、蘇，此『文學』中人物也……」（《思辨錄輯要》卷二一）他所列從祀聖門的龐大名單中，除「文學」外，尚有與「政事」（即「事功」）有關的價值估量與人物評價；其間等第，下文將涉及。

（《薑齋詩話・夕堂永日緒論內編》，《船山全書》第 15 冊第 828 頁）；曰「若劉伯溫之思理，高季迪之韻度，劉彥昺之高華，貝廷琚之俊逸，湯義仍之靈警，絕壁孤騫，無可攀躡，人因望洋而返；而後以其亭亭岳嶽之風神，與古人相輝映」（同上第 831 頁。按劉伯溫，劉基；高季迪，高啟；劉彥昺，劉炳；貝廷琚，貝瓊；湯義仍，湯顯祖）。他看重詩作者的才、情，詩的「勢」，不囿於文／道的眼界，使用的是一套較為複雜的分析工具。上述文字間播散出的，是對於「故明」的溫暖的文化感情。當議論之時，王氏不以「儒者」自居，而以「文人」為「不足觀」，是大可相信的。由此也可知其人必不為偏見所囿，對文／質、文／道的見識，定與迂儒不同。

　　儒者文論，每有精粹之見；且正因了文化視野的廣闊，有僅由「修辭」著眼者所見不能及。但「理學氛圍」影響於一時代文論之深刻，畢竟不能忽略，儘管有關的現象已經人多所談論。那種影響在本文所論的「關係」（即文／質、文／道、文／理）中，呈現得尤為集中。即如研究者已經注意到的，明代直至明清之際的文論對於理學家之文的極端推崇。黃百家引其父黃宗羲語，說方孝孺「不欲以文人自命，然其經術之文，固文之至者」（《明文授讀評語匯輯》，《黃宗羲全集》第 11 冊第 155 頁）。黃氏比較宋濂與歸有光，說歸氏之學，「畢竟挹之易盡」，宋濂「無意為文，隨地湧出波瀾，自然浩淼」（同上第 159 頁）。「不欲以文人自命」、「無意為文」，乃所以成其為至文──儘管黃氏本人被認為未脫文人氣習，[20]卻也不能免於對文人、

---

20 全祖望《答諸生問南雷學術劄子》批評黃氏「文人之習氣未盡，以正誼明道之餘技，猶留連於枝葉」（《鮚埼亭集》外編卷四四）。近人朱倓說黃氏之文「往往為感情所驅使，好為過實之言」，其議論「褒貶任情，抑揚失實，即其紀事，亦有類此者」（《明季杭州讀書社考》，《明季社黨研究》第231-232頁）。但由另一面看，學人而文人名士，豈不正作成了黃氏的豐富性？

文事的隱蔽的輕視。即上文所引黃氏的論「至情—文人」，不也既張
大了視野，又透露了儒家之徒貶抑文人時的隘？黃氏更稱道王陽明
文，說正、嘉之後，「文勝理消」，「即如陽明之文，韓、歐不足多者」
（《李杲堂先生墓誌銘》）。黃氏以方孝孺文為「至」，張履祥則以朱子
之文為「至」，說「《左》、《騷》、《史》、《漢》而下，諸大家雖文字卓
然有不可及，然義理亦醇疵互見。……朱子之文，至大至博，至純至
粹……」（《訓門人語三》，《楊園先生全集》卷五四）[21]由文／道衡
度，陸世儀說：「歐、韓之文，皆與道相近，然而終隔一層者，以其
志在為文，欲借道以傳文，非借文以發揮吾道也。此際主客之分，自
有毫釐千里之辨」（《思辨錄輯要》卷五）。「志在為文」，亦黃宗羲所
不以為然的有意為文。倘依了陸氏，不可以「文」本身為目的，不可
「有要好的意思在」，不可「專尚才思」，亦難乎為詩文矣。但在當
時，即使長於為文且未必不刻意為文如黃道周者，也不免要以重道輕
文為話頭。比如他說：「文章於人，如華著樹，煙霞著天，能於此處
不黏心眼，則幾於道矣」（《與紀石青書》，《黃漳浦集》卷一九）。但
「無意為文」、「不黏心眼」云云，卻又未必全屬偏見，換一個角度，
也可以讀做精於文事者的內行話、經驗之談的吧。

　　理學家的詩作最為此一時期論者激賞的，宋儒即邵雍，明則陳獻
章。王弘撰論理學家詩，說邵雍《擊壤集》「以詩作語錄，前無古，
後無今矣」（《山志》「邵康節詩」條，初集卷二第 34 頁），也應繫於
學術旨趣：王氏治《易》，宜有此論。陸世儀以為作詩能合「興觀群
怨」者，在明為劉文成、陳白沙，對陳尤推崇，尺度則是「合道理風
雅為一」（《思辨錄輯要》卷五。劉文成即劉基）。關於陳獻章詩的評

---

21 陸隴其也說，「粗言之，則韓退之、歐陽永叔之文已可謂見道；精言之，則必如洛
　閩、如洙泗，方盡乎道之妙，當盡乎文之妙」（《與陳藹公書》，《陸子全書·三魚堂
　文集》卷五）。

價，這一時期的儒家之徒似有同然。張履祥也說：「昭代諸作者，愚以為當以白沙為宗，蓋主於性情而不及律調。故其為詩，若風雲變化，出奇無窮，有康節擊壤之風，而溫厚和雅過之，誠可繼統三百。其餘互有短長，未之及也」（《答唐灝儒二》，《楊園先生全集》卷四）。王夫之也說朱子之後，「唯陳白沙為能以風韻寫天真」（《夕堂永日緒論內編》，《船山全書》第 15 冊第 839 頁）。[22]

　　陸世儀不止於以唐宋以降的著名文人與理學巨擘比較，他設置了更為複雜的價值座標，說「王、楊、盧、駱之上，有韓、柳、歐、蘇，韓、柳、歐、蘇之上，有韓、范、富、歐陽，韓、范、富、歐陽之上，尚有周、程、張、朱及孔、孟在」（《思辨錄輯要》卷五）。儼然等級序列。有趣的是，陸氏上述文字中的歐與歐陽均應指歐陽修。一時誤書，倒證明了文人而名臣如歐陽修者，本不便簡單地歸類，也不足以支持有關「文人」的偏見。陸氏的原意卻在以韓琦、范仲淹之類名臣的文章，置諸韓愈、柳宗元一流大文人之上——則「事功」之為價值尺度，也介入了關於「文」的評價。陸氏氣象寬裕，見識通達，涉及有用無用，卻也不出時論範圍，引他人說「人之有文章，猶天地之有花草。若文章不藻麗，是花草無色也」，斷然道：「與其為花草，毋寧為五穀！」（同書同卷）[23] 價值論中，更有赤裸裸的功利計

---

22 《四庫全書總目提要》關於陳獻章，曰：「其詩文偶然有合，或高妙不可思議。偶然率意，或粗野不可向邇。至今毀譽亦參半。王世貞集中有《書白沙集後》曰：『公甫詩不入法，文不入體。又皆不入題。而其妙處有超出法與體與題之外者。』可謂兼盡其短長。蓋以高明絕異之姿，而又加以靜悟之力。如宗門老衲，空諸障翳，心境虛明，隨處圓通。辨才無礙，有時俚詞鄙語，衝口而談。有時妙義微言，應機而發。其見於文章者亦仍如其學問而已。雖未可謂之正宗，要未可謂非豪傑之士也」（集部別集類《白沙集》）。

23 陸世儀有「有用文人」、「無用之辭章」一類說法（同書同卷）。王源說「文」之功用，「而使人得之如藥之可以療病，如麻絲谷粟可以溫、可以飽，如水沃焦而火可禦寒也」（《復陸紫宸書》，《居業堂文集》卷六）。彭士望以「經濟」尺度衡文，關

量。他勸人勿為「詩文小技」，也說：「與其為一時春華之王、楊、盧、駱，何如為千古卓犖之韓、范、富、歐」（《答梁質人》，《二曲集》卷一七）。也如論文／質、文／道的揚此抑彼、去此取彼，其時如陸、李等由價值觀的偏至論詩文與事功，所見竟有如此者！[24]

明太祖曾要求生員「毋徒尚文藝」、「徒以文辭為務」（《明實錄·太祖實錄》卷一四五）。到明亡前夕，孫承宗說：「臣讀祖訓，以典謨訓天下，蓋力斥揚、馬浮藻，至曰：『士不究道德之本，不達當世之務，何裨實用！』夫實用者，高皇帝所謂『文』也」（《應天鄉試錄後序》，《高陽詩文集》卷一一）。明亡後繼續此種議論，就有顧炎武如下廣為人知的話：「君子之為學，以明道也，以救世也。徒以詩文而已，所謂『雕蟲篆刻』，亦何益哉」（《與人書》二十五，《顧亭林詩文集》第98頁）「凡文之不關於六經之指、當世之務者，一切不為」（《與人書》三，同書第91頁）。還說：「竊以為聖人之道……其文在《詩》、《書》、三《禮》、《周易》、《春秋》……其所著之書，皆以為撥亂反正，移風易俗，以馴致乎治平之用，而無益者不談。一切詩、

---

心在虛／實及適用與否：「故曰：文者虛器，詩者感興之端倪，中無以實之，則必不適於用」（《與胡致果書》，《樹廬文鈔》卷三）。持此尺度，對唐、宋詩人文人均有不滿。

24 顏元持有用無用的狹隘尺度，對陶、韓、柳、李、杜、蘇均不以為然。他說：「淵明品節自高，然野酣放廢之態，終不離晉室人物」（《習齋記餘》卷六《讀刁文孝用六集三卷評語》，《顏元集》第497頁）。「嘗惜蘇、柳僅以文名，李、杜猥以詩著，謂以大才用之無用也」（《習齋記餘》卷三《寄祁陽刁文孝》，同書第430頁）。還說：「若韓、柳猥以文名，李、杜僅以詩著，將在下而修身、齊家，儀風、式俗，在上而致治、撥亂，康濟民命，安所用之？以若彼之賦質聰穎，而區區就此，負蒼天之篤降矣」（《習齋記餘》卷三《寄陳宗文》，同書第443頁）。「子瞻佞佛之文，傳笑千古，只因胸中原吾道為宰耳」（《習齋記餘》卷六《讀刁文孝用六集十卷評》，同書第505頁）。顏氏對韓愈的批評，尚可參看《習齋記餘》卷六《評潮州謝表》。

賦、銘、頌、贊、誄、序、記之文，皆謂之巧言而不以措筆」（《答友人論學書》，同書第 135 頁）。[25]

鄙薄詞章、文人的不止儒家之徒，自居志士、豪傑者，往往也有此姿態。據孫奇逢說，他的友人鹿善繼曾說「不欲使人名我為詩人」，「亦不欲使人名我為文人」（《北海亭集序》，《夏峰先生集》卷三）。江右彭士望不欲以「文人」自限，聲稱「文人之文與志士之文，本末殊異」（《與魏冰叔書》，《樹廬文鈔》卷二），儘管他本人並未脫文人面目。王源也自說其「文與世所謂文人者不類」；甚至切齒道：「文人者，士之賊」，說「門戶之禍，率起文人」（《復陸紫宸書》，《居業堂文集》卷六）。與魏耕一案有關的山陰張宗觀（一名近道），「見詩人，則罵曰：『此雕蟲之徒也。』」見友人朱士稚與人論詩，「亦罵不置」，然而張、朱二位「實皆能詩，樂府、古風尤絕倫」（孫靜庵《明遺民錄》卷二七第 208 頁）。有益無益的價值判斷，有用無用的效用估量，不妨一致；「志士」以詩與其「大志」不相容，也如迂儒的以詞章與學道、成聖不相容。

當明清易代之際，文人與其文遭遇了來自文／道與有用／無用兩個方向上的批評──儒者與自負經濟者有時正是同一人。這裏有其時的經世取向影響於衡文以至文事的例子。「明道」正是儒者認為的文的大用。方孝孺就說過：「凡文之為用，明道、立政二端而已」（《答

---

25 李顒以是否「從事語言文字」為關係「立品」，自說「生平未嘗從事語言文字，亦絕不以語言文字待人」（《立品說別荔城張生》，《二曲集》卷一九）。至於李顒勸人勿學詩文，以詩文為「有害於道心」（同書卷一六《答友求批文選》）；更屬於極端的道學立場，即同時儒者也未必認同。張履祥以為從事語言文字而心有所繫，就難免於「玩物喪志」，說：「至如遷固敘事，甫白詩歌，兼治擷絕，俱不能無弊。先正有云：心無所繫。一有所繫，遂失其正。吾人讀書，只以維持身心，研究事理。專用其心於此，則有玩物喪志之患」（《答吳仲木》，《楊園先生全集》卷三）。未必不也堂皇地辯解了自己的「不文」。

王秀才》，《遜志齋集》卷一一）。明末徐光啟更由效用而將文區分為
「朝家之文」、「大儒之文」、「大臣之文」與「文士之文」，以為文士
之文不過「刻脂鏤冰而已」（《焦氏澹園續集序》，《徐光啟集》卷二
第89頁）。顏元、李顒等人更憑藉了經世視野，將關於「文」的價值
衡度中的功利標準推向了極端。

　　《明史》桂彥良傳錄有太祖與桂氏的如下對話。「帝曰：『江南大
儒，惟卿一人。』對曰：『臣不如宋濂、劉基。』帝曰：『濂，文人
耳。基峻隘，不如卿也』」（卷一三七）。語氣間並不掩飾起自草莽的
帝王對文人的輕視。到本書所論的時期，最足令人印象深刻的，當是
顧炎武的一再引宋代劉摯所謂「士當以器識為先，一號為文人，無足
觀矣」。顧氏抱怨唐宋以下文人之多（《日知錄》卷一九「文人之多」
條），說自己一讀上述劉摯語，「便絕應酬文字，所以養其器識而不墮
於文人也」（《與人書》十八，《顧亭林詩文集》第96頁。以下還談到
文章作與不作的標準）；說「能文不為文人，能講不為講師，吾見近
日之為文人、為講師者，其意皆欲以文名，以講名者也」（《與人書》
二十三，同書第97頁）；說「凡今之所以為學者，為利而已，科舉是
也。其進於此，而為文辭著書一切可傳之事者，為名而已，有明三百
年之文人是也」（《與潘次耕劄》，同書第166頁）。明初大儒宋濂、方
孝孺都曾對蘇氏父子大表傾倒，[26]王夫之卻極鄙蘇氏，對此不惜一論
再論。[27]對於蘇氏父子的學術與心術，張履祥與王夫之有所見之同

---

26 宋濂說蘇氏：「自秦以下，文莫盛於宋，宋之文莫盛於蘇氏」（《蘇平仲文集・序》，
　《宋濂全集・芝園續集》卷六第1575頁）。以下即對於三蘇的讚美。方孝孺號稱粹
　儒，語涉文／道，拘執甚於其師（宋濂），卻以莊周之書、李白之詩、蘇軾之文為
　「神」（參看其《蘇太史文集序》，《遜志齋集》卷一二）；另文說蘇軾「魁梧宏博，
　氣高力雄，故其文常驚絕一世，不為婉昵細語」（同書同卷）。至少在這種場合，並
　沒有失卻衡文的正常心態。
27 王氏批評宋詩宋文，態度峻厲（參看《宋論》、《薑齋詩話》）。他對於三蘇的激烈批

（參看《楊園先生全集》卷三九《備忘一》）。[28]劉宗周門下，陳確是能文的一個，卻也說「詩文小道」，若「沾爾求工，亦關係一生人品，於『文人』二字上更加不去，最是恨事」；還說「生平尚論古人，不能不遺憾於韓、蘇二大家」的「人以文傳」而非「文以人傳」（《與吳仲木書》，《陳確集》第74頁），口吻與迂儒無異；在此一點上，與張履祥同調。但王夫之、張履祥的排蘇，卻並非即在文／道的傳統視野中，更關涉其時儒者關於「世道人心」的憂慮，不便籠統地斥為偏見。

由後人看去顯係「偏見」者，也可能有非近人所能想見的複雜背

---

評，不全著眼於「辭翰」，往往別有旨趣（即如針對他所以為傾險的策士人格）。但他的批評又非全無關於辭翰。即如他批評韓、柳、曾、王之文的「噍削迫塞」為「情淫」，對三蘇的文字也有類似的說法。憑藉特有的視野，不惟所見之三蘇，且所見之元、白等，也不免大異於人（包括他儒），固有顯然的偏見，深刻處卻也有其它論者所不能到。

28 張氏另在書劄中說：「乃若蘇氏之學，則原本於《國策》，其為學者之禍，甚於柳氏。柳氏詞章而已耳，蘇氏則詖淫邪遁，無所不至矣。神廟時世教方壞，蒙士四書一經，正文讀竟，即讀《國策》、莊、列、三蘇文字，幾種書作為舉業以取世資，是以生心害政之禍，至今猶烈也」（《與吳裒仲》，《楊園先生全集》卷一○）。陸隴其也不以蘇氏父子之文為然（參看其《天濤詩文敘》，《陸子全書‧三魚堂文集》卷九）。王弘撰卻肯定朱子的論蘇氏，其《書晦庵題跋後》說：「朱子嘗留心書畫，此題跋三卷，持論極正，不作道學門面語。其跋陳光澤家藏東坡竹石，云：東坡老人英秀後凋之操，堅確不移之姿，竹君石友庶幾似之。跋張以道家藏東坡枯木竹石，云：出於一時滑稽詼笑之餘，初不經意，而其傲風霆閱古今之氣，猶足以想見其人。跋與林子中帖，云：仁人之言，不可以不廣，乃為刻石常平司西齋，蓋於東坡三致意焉。世獨知朱子論學排擊東坡，而不知其讚美景仰固如此。余故特著之。古道漸衰，流風日下，後之講學者獨傳得排擊法耳，豈不可歎！」（《砥齋題跋》）可知王氏決不會苟同於王夫之、呂留良等人的排蘇之論。前此徐渭曾批評朱子對蘇軾持論之苛，說「朱老議論乃是盲者摸索，拗者品評，酷者苛斷」，擬其人於「苛刻之吏」，「只是張湯、趙禹伎倆」（《評朱子論東坡文》，《徐文長佚草》卷二，《徐渭集》第1096頁）。由《薑齋詩話‧夕堂永日緒論外編》看，王夫之所以嫌惡蘇氏，也因明代經義、古文學蘇者之多，蘇氏父子在有明一代影響之大。

景。即如其時論者（不限於「儒者」）不滿於詩人的啼饑號寒。由
《詩》的《邶風‧北門》、陶潛的「饑來驅我去」，到杜甫的有關詩
作，王夫之斥之為「惡詩」，以為似「鄉塾師」、「遊食客」，態度激
切，且以韓愈《進學解》、《送窮文》的「悻悻然怒，潸潸然泣」為
「不知道」（參看《詩廣傳》論《邶風‧北門》、《薑齋詩話‧夕堂永
日緒論內編‧四五》、《夕堂永日緒論外編‧二七》）。[29]錢謙益竟也
說，「淵明乞食之詩，固曰『叩門拙言詞』，今乃以文詞為乞食之具，
志安得不日降，而文安得不日卑！」（《列朝詩集小傳》第446頁）關
於韓愈，顏元也有類似的議論，說「論佛骨遭貶，此君子含笑入九原
時也；只不能堪其孤苦貧窮，《表》中便盈幅媚氣，與《送窮文》相
表裏，文公所以為文人之雄，非聖賢骨力也」（《習齋記餘》卷六《評
潮州謝表》，《顏元集》第486頁）。無關「詩藝」，出乎常情，也出乎
常人的閱讀感受；此種批評尺度的背後，卻不止有所謂「詩教」，所
關聯的，更有那個嚴峻的時代，士大夫與尊嚴、品格有關的思考（參
看拙作《君主》篇）。儘管涉及士對於貧、窘的態度，持論難免於道
學氣味。

　　無論其間有怎樣繁複瑣細的差異，你在檢視宋元以降的文獻時都
不難發現，棄詩文而從事理學，通常被敘述為人生境界提升的過程。
在詩賦、儒學間做非此即彼的選擇，對詞章的放棄，往往被作為「竄
入聖域」的條件，入道之始階。至於粹儒所以「粹」，更在祛除了文
人氣習。據說薛瑄就經歷了「盡焚所作詩賦，究心洛、閩淵源」之一
過程（《明史》卷二八二本傳）。《二曲集》卷四五《歷年紀略》，「偶

---

29 王氏詩論、文論（如《夕堂永日緒論》內外編、《南窗漫記》）中的文人，與其它論
　　述（如《詩廣傳》）中的文人，又有不同。須將不同角度、旨趣的論述並讀，才能
　　知其人對有關人物（如陶、杜）的複雜態度。設若摘出若干字句，徑以之為王氏的
　　「杜甫論」，則難免於誤解。

得周鍾制義全部，見其發理透暢，言及忠孝節義，則慷慨悲壯，遂流連玩摹，每一篇成，見者驚歎。既而聞鍾失節不終，亟裂毀付火，以為文人之不足信、文名之不足重如此，自是絕口不道文藝……」李氏本人也反覆講述此一過程。顧炎武對陸世儀說自己「少年時，不過從諸文士之後，為雕蟲篆刻之技」（《與陸桴亭劄》，《顧亭林詩文集》第 170 頁）。對黃宗羲，也說「炎武自中年以前，不過從諸文士之後，注蟲魚，吟風月而已」（《與黃太沖書》，同書第 238 頁）。許三禮記陳確，曰其人「自奉教蕺山，一切陶寫性情之技，視為害道而屏絕之」（《陳確集》首卷，第 1 頁）。朱鶴齡也自說「始而氾濫詩賦，既而亶勉古文，後因老友顧寧人以本原之學相勖，始湛思覃力於注疏諸經解，以及儒先理學諸書」（《與吳漢槎書》，《愚庵小集》卷一〇第497 頁）。呂留良則說：「某少時不知學，狎遊結納，無所不至。今始恨悔所作，不但俠邪浮薄，惡之不為，即豪傑功名詞章技藝之志，皆刊落殆盡矣。」「其所願慕者，窺程朱之緒言，守學究之家當而已」（《呂晚村先生文集》卷一《復黃九煙書》）。固有轉向理學者，也有轉向經學、考據學者——在顧炎武、朱鶴齡的表述中，並不做嚴格區分；但無論為何種意義上的轉折，都經歷了對文人伎倆的放棄。在理學之士，此種自述，更是一種意義嚴重的表白：似乎非有此一番覺悟，即不足為世所重。

此種輿論氛圍，不能不影響於普遍的價值觀。黃宗羲說，「近見修志，有無名子之子孫，以其父祖入於文苑，勃然不悅，必欲入之儒林而止」（《論文管見》，《黃宗羲全集》第 10 冊第 651 頁）。由此等處，可感那種價值論入人之深。恥為文人，不屑於詞章，黃氏於此慨歎道：「嗚呼！人心如是，文章一道，所宜亟廢矣。」黃氏以王陽明為中興有明文統的人物，不滿於論者無視王氏之於「詞章」的貢獻，「謂文與道二，溝而出諸文苑」（《李杲堂先生墓誌銘》）。文與道一，

本是黃氏的信念；以為王陽明不應當被「溝而出諸文苑」，卻未必為其它王學中人所敢知。[30]陳守實曾分析清明史館將歸有光由儒林傳「黜入」文苑傳一事：「儒林傳序，原本為喬萊作。喬，寶應人。在史館分得儒林傳，與同館人撰長編，以震川入儒林，頗以為深快。總裁大臣抑之文苑，同人咸以為惜。夫震川之入儒林或文苑，不必計論。溯其學術，震川出自魏校，校為崇仁學案中人，而好像山之說，與程朱異趣。則震川之由儒林而黜入文苑，亦與學術之偏好有關」（《明史抉微》，《明史考證抉微》第 21-22 頁）。令人可知「儒林」、「文苑」在史事中之等第。至於「黜入」云云，則又可證有關的偏見，近人竟也不免。章學誠說：「古今以來，合之為文質損益，分之為學業事功，文章性命。當其始也，但有見於當然，而為乎其所不得不為，渾然無定名也。其分條別類，而名文名質，名為學業事功，文章性命，而不可合併者，皆因偏救弊，有所舉而詔示於人，不得已而強為之名，定趨向爾。後人不察其故而徇於其名，以謂是可自命其流品，而紛紛有入主出奴之勢焉」（《文史通義校注》內篇三《天喻》，第 310 頁）。本文所論的這一時期，此義似尚未為人道。[31]

儒者非不文、不能文，卻確有非但不能文，且自豪於不文者。顏元就坦然自承其「詩文無能比於人」（《習齋記餘》卷三《寄陳宗文》，《顏元集》第 442-443 頁）。薛瑄門人張鼎編其師文集（《薛文清集》），序引朱子贊程子「布帛之文」、「菽粟之味」二語為比，清四庫

---

30 黃氏說：「第自宋以來，文與道分為二，故陽明之門人不欲奉其師為文人，遂使此論不明」（《明文海評語匯輯》，《黃宗羲全集》第11冊第98、99頁）。即使推崇理學家之文，論者所持尺度也依然有別。

31 章學誠解釋其《文史通義》之作，說「以為文史緣起，亦見儒之流於文史。儒者自誤以謂有道在文史外耳」（《姑孰夏課甲編小引》，《章學誠遺書》卷二九第325頁）。此義似乎也未見於明清之際士人言論。

館臣以為「殆無愧詞」，曰：「考自北宋以來，儒者率不留意於文章。如邵子《擊壤集》之類，道學家謂之正宗，詩家究謂之別派。相沿至莊昶之流，遂以『太極圈兒大，先生帽子高』，『送我兩包陳福建，還他一匹好南京』等句，命為風雅嫡派。雖高自位置，遞向提唱，究不足以厭服人心。劉克莊集有《吳恕齋文集序》曰：『近世貴理學而賤詩賦。間有篇詠，率是語錄、講義之押韻者耳。』則宋人已自厭之矣。明代醇儒，瑄為第一。而其文章雅正，具有典型，絕不以俚詞破格。」（《四庫全書總目提要》集部別集類《薛文清集》）或許薛氏之文果真當得「布帛之文」、「菽粟之味」而「無愧詞」，「布帛菽粟」卻往往被儒者用來辯護其不文。徐渭就曾譏諷道：「菽粟雖常嗜，不信有卻龍肝鳳髓，都不理耶！」（《與季友》，《徐渭集·徐文長三集》卷一六，第 461 頁）流播於坊間的講義、語錄，尤不文之甚。顧炎武即曾批評語錄「不文」，講學先生從語錄入門者「多不善於修辭」（《日知錄》卷一九「修辭」條）。王夫之說，「語錄者，先儒隨口應問，通俗易曉之語，其門人不欲潤色失真，非自以為可傳之章句也。以此為文，而更以浮屠半吞不吐之語參之，求文之不蕪穢也得乎？」（《薑齋詩話·夕堂永日緒論外編·一五》，第 849 頁）但也應當說，文質彬彬體現於人，即注重義理而兼擅詞章——明清之際固不乏其人。後世所稱大儒顧、黃、王，均可歸入此類。其它尚有陳確等。這裏或有必要重複地說明，文人、儒者的分類，本為了方便論說。如顧、黃、王等，豈是此種指稱所能範圍的？

## 理學語境中的文人文論

讀明代、明清之際的文字，你不難注意到，衡文於理學語境，文人的口吻通常無異於儒者。

　　自揚雄說「雕蟲篆刻」「壯夫不為」（《揚子法言・吾子》），文人
即襲此話頭，以示志不在此，也成了一種常談。《明史・文苑二》記
唐寅，說寅詩文「初尚才情，晚年頹然自放，謂後人知我不在此，論
者傷之」（卷二八六）。唐順之不欲人以「文人」目之，鄙「文士雕蟲
篆刻」以為不足道，比文事於「隋侯之珠彈雀」，「耗精力於無所
用」，以詞章求工為「詩文之障」，說為文不如求道，辭賦徒以溺心，
甚至較之道學而不廢吟詠者，議論更有其激烈（參看《唐荊川文集》
卷六《答皇甫百泉郎中》、同書卷四《寄黃士尚遼東書》、同卷《與陳
兩湖主事書》等），既有功利尺度，又雜佛學世界觀——或許也正因
其本是文士，更有「陷溺」的焦慮？[32]當年茅坤即疑唐氏「本是欲工
文字之人，而不語人以求工文字者」（參看同書同卷《與茅鹿門主事
書》）。[33]梁份曾引述唐氏之語曰：「以大地為架所不能載者，此煙消草
腐之物」（《懷葛堂集》卷二《問真堂詩集序》），儘管其人可傳者，無
非此「物」。

　　文／質作為一種文學史的視野，影響於文人關於文事嬗遞（質文
代變）的想像，由來已久。在理學時代，文人為風尚所裹挾，更不免
要以「道」與「文」權量輕重，論文／道、文／質，通常與儒者所見
不殊。歸有光就說：「夫道勝，則文不期少而自少；道不勝，則文不

---

32 以古文家名世的唐順之，竟也自述其去彼取此，每自悔其早年耗散精力於故紙間而
　　不知返，以從事儒者「性命之學」為「歸根覆命」，說「詩文末藝，與博雜記問，
　　昔嘗強力好之，近始自覺其如羊棗昌歜之嗜，不足饑飽於人，非古人切問近思之
　　義，於是取程、朱諸老先生之書，降心而伏讀焉」（《與王堯衢編修書》，《唐荊川文
　　集》卷五）。自說「稟氣素弱，兼以早年馳騁於文詞技藝之域，而所恃以立身者，
　　又不過強自努力於氣節行義之間，其於古人性命之學，蓋殊未之有見也」（《寄劉南
　　坦》，同書補遺卷二）。唐氏在出任軍事前的一個時期，讀程朱書而談心性，靜坐修
　　身，「日用操練」，身體力行「寡欲慎獨」——正在其時儒學空氣中。

33 唐氏辯解說自己「不語人以求工文字者，非謂一切抹殺，以文字絕不足為也，蓋謂
　　學者先務，有源委本末之別耳」（同劄）。

期多而自多」（《雍裏先生文集序》，《震川先生集》卷二第 26 頁）。還
說：「以文為文，莫若以質為文。質之所為生文者無盡也」（《莊氏二
子字說》，同書卷三第 84 頁。按歸氏此篇所謂「文」，非文辭之
「文」；所論乃泛文質）。唐順之說「文與道非二」（《答廖東雩提學
書》，《唐荊川文集》卷五），意在強調道之為「本原」。屠隆則以為
「道之菁英為文」（《劉子威先生澹思集序》，《白榆集》卷二，《明代
文論選》第 265 頁）。清初魏禧也說：「惟文章以明理適事，無當於理
與事，則無所用文。故曰：文者，載道之器」（《惲遜庵先生文集
序》，《魏叔子文集》卷八）。施閏章說：「文者，道之見於言者也」
（《陳徵君士業文集序》，《施愚山集》文集卷四第 70 頁）——足證
「主流思想」的籠蓋。

　　晚明文人與王學的關係已經人論說。[34]數百年之後的今人，已難
以體驗王陽明的文字（！）對於文人的吸引力。與唐順之並稱古文大
家的茅坤就說，「（唐宋）八大家而下，予於本朝獨愛王文成公論學諸
書，及記學、記尊經閣等文，程、朱所欲為而不能者……」（《茅坤
集·茅鹿門先生文集》卷三一《唐宋八大家文鈔論例》，第 834 頁）
還說當代文章自宋濂後「寥寥」，獨王陽明「《論學》書及《兵略》諸
疏，可謂千年絕調」（《謝陳五嶽序文刻書》，同上卷六第 323 頁）。此

---

34 如馬積高的《宋明理學與文學》。左東嶺《王學與中晚明士人心態》一書也論到李
　贄的「心學因緣」，湯顯祖的「心學淵源」，馮夢龍、公安三袁與心學的關係（參看
　該書第四章）。該書還具體分析了嘉隆間著名文人唐順之、王慎中、徐渭等與王學
　的關係。關於公安三袁、張岱與王學，夏咸淳《晚明士風與文學》也有論說（參看
　該書第149頁）。章培恒、駱玉明主編《中國文學史》：「嚴格說來，所謂『唐宋派』
　的主腦人物王慎中和唐順之，實際上是宗宋派——說得更清楚些，是道學派，因為
　他們真正推崇的，首先是宋代理學而不是文學」（下卷第七編第三節《唐宋派及歸
　有光》，第247頁）。而王、唐所受當代思想的影響，主要來自王學，交遊也大有王
　學中人。

種議論，抽離其時的思想氛圍，的確也無從解釋。明代古文家與宋代之歐、蘇等神情之不肖，於此或可窺見一二。上文已談到儒者對「儒先」及當代大儒由「文」的一面的極端評價。這裏應當說，表服膺於理學家的詩文，已成彼時風氣，即知名文人也未必能外。陳獻章尚止於以邵雍與杜甫並提（「子美詩之聖，堯夫更別傳。後來操翰者，二妙罕能兼」），唐順之竟以為「三代以下之文未有如南豐，三代以下之詩未有如康節者」（《與王遵岩參政》，《唐荊川文集》補遺卷三。南豐，曾鞏），以為邵雍詩已深入少陵之堂奧。以道學眼看詩文，所見不免如此。倘若將此種議論簡單地讀做「皈依」，未必合於實際；毋寧相信那是一種出自真誠的閱讀體驗，儘管大可作為文人自信力削弱之一證。明末湯顯祖說：「我朝文字，宋學士而止。方遜志已弱，李夢陽而下，至琅邪，氣力強弱鉅細不同，等贋文爾」（《答張夢澤》，《湯顯祖全集》詩文卷四七，第 1451 頁）。由上文可知，王夫之看當代「文字」，尚不曾用了如此悲觀的眼神。

　　明清之際的文人襲用上述評價尺度者，有關的言說，了無新意。屈大均宣稱不屑於「徒為世之文人之文」，說「文人之文多虛，儒者之文多實」；而「天下至實者」即「理」，以朱子、張載為「集文事之大成」（《翁山文外》卷二《無悶堂文集序》）。屈氏以道學態度讀《離騷》，引薛瑄、孫慎行等人語，以屈原為「善於形容道體」，「今徒以其善於騷些，驚採絕麗，為可直繼風雅，抑何得末而遺其本也哉！」（《翁山文鈔》卷一《三閭書院倡和集序》）見識之迂陋，有出儒者之下者。儒者（如黃宗羲、王夫之）衡文，尺度尚不至如是之狹。申涵光以為「真理學即真詩」（《馬旻徠詩引》，參看《清代文論選》第171 頁）。據說其人晚年耽於理學，於詞章不復措意——無非以為詞章不足以歸宿，理學才堪立命安身。凡此，自可作為主流學術影響於普遍價值取向的例子。唐順之就說過，「唐、宋而下，文人莫不語性

命，談治道，滿紙炫然，一切自託於儒家。然非其涵養畜聚之素，非真有一段千古不可磨滅之見，而影響剿說、蓋頭竊尾，如貧人借富人之衣，莊農作大賈之飾，極力裝做，醜態盡露，是以精光枵焉，而其言遂不久湮廢」（《與茅鹿門主事書》，《唐荊川文集》卷四）。唐氏籠統地說「唐、宋而下」，事實卻是，宋、明文人同在理學氛圍中，精神意氣仍顯然有別。文人文化在兩代遭際之不同，也應與理學在其時的意識形態地位有關。當明清之際，情況又微有不同。談遷《北遊錄・紀郵上》記吳梅村語：「先儒講道學，嘗淺視之，就其所撰著，往往文人所未逮者，理徹而不須辭而傳也。」談氏自說「聞之瞿然有省」（第 86 頁）。出諸吳氏，是否可以認為與易代過程中遭遇的思想震盪有關，而不宜僅由「時尚」、「風會」解釋？

　　在理學氛圍依然濃重、經學復興正演成風氣的這一時期，能由「影響剿說」中突圍而出、於「語性命、談治道」的風氣中自異其面目的，卻又是被目為「名士」者——文人中的文人，一種帶有「破壞」傾向的文人。此種文人往往根柢佛老，另有學術背景。即如方以智，論詩就出人意表。《通雅》卷首之三〈詩說〉：「《詩》者，志之所之也。反覆之，引觸之，比興而已矣。世亦有知比者，未可以言興也。興之為比深矣，賦之為比興更深矣。數千年之汗青蠹簡，奇情冤苦，猶之草木鳥獸之名，供我之谷呼擊節耳。何謂不可引故事？何謂不可入議論？何謂不可稱物當名？何謂不可逍遙吞吐、指東畫西、自問答、自慰解耶？故曰：興於《詩》。何莫學夫《詩》。《詩》之廣大配天地，變通配四時。惜乎日用而不知，雖興者亦未必知也。水不澄，不能清；鬱閉不流，亦不能清。發乎情，止乎禮義。《詩》以宣人，即以節人。老泉曰：窮於《禮》而通於《詩》。立禮成樂，皆於《詩》乎端之。《春秋》律《易》，言之者無罪，聞之者足以戒，皆於《詩》乎感之。道不可言，性情逼真於此矣。言為心苗，有不可思議

者，誰知興乎？知《易》為大譬喻，盡古今皆譬喻也，盡古今皆比興也，盡古今皆《詩》也。存乎其人，乃為妙葉。何用多談！」方氏大《詩》，廣《詩》，泛《詩》——其人說《詩》，豈止內行，豈但沒有儒者、學人式的迂陋！

即使上文一再提到的後世以「文」名而當時近「道」的文人，也並非一味襲用道學口吻。歸有光就說過：「夫文章為天地間至重也」（《保聖寺安隱堂記》，《震川先生集》卷一五第 401 頁）。[35]唐順之也說：「自古文人雖其立腳淺淺，然各自有一段精神不可磨滅。開口道得幾句千古說不出的語話，是以能與世長久，惟其精神亦盡於言語文字之間，而不暇乎其它，是以謂之文人」（《答蔡可泉》，《唐荊川文集》卷七）。即使仍不無關於文人的偏見（「立腳淺淺」），卻解釋了其人經久的文化生命。其所謂「文人」，不過有偏至而已（「惟其精神亦盡於言語文字之間」）；經了他的界定的「文人」，又豈可鄙薄！與唐氏同時並稱古文大家的王慎中也說，「文雖末技，然人材美惡，風俗盛衰，舉繫於此，不得自為高闊，持重本輕末之說付之……本末原非兩物，豈有不能為文，而可謂之為學者哉？」（《與蔡可泉》，《明代文論選》第 175 頁）到本書所論的時期，錢謙益題紀映鍾（伯紫）詩，用了誇張的態度，說「如其流傳歌詠，廣賈焦殺之音，感人而動物，則將如師曠援琴而鼓最悲之音，風雨至而廊瓦飛，平公恐懼，伏於廊屋之間，而晉國有大旱赤地之凶」（《題紀伯紫詩》，《牧齋有學集》卷四七第 1549 頁），儘管用了調侃的態度，卻令人大可相信，即使在「理學時代」，文人對於其文的價值、功能，也未曾全然失卻信念。

陳子龍對儒者論《詩》不表佩服，說：「我觀於《詩》，雖頌皆刺

---

35 歸氏以為「士大夫不可不知文」，倘「知文」，「上焉者能識性命之情，其次亦能達於治亂之跡，以通當世之故，而可以施於為政」（《山齋先生文集序》，同書卷二第 25 頁）。

也。……後之儒者則曰：忠厚。又曰：居下位不言上之非，以自文其縮然。自儒者之言出，而小人以文章殺人也日益甚」（《陳忠裕全集》卷二一《詩論》）。江右魏際瑞則表不佩服於儒者之詩，說：「程、朱語錄，可為聖為賢，而不可以為詩；程、朱之人，亦為聖賢，而作詩則非所長也。」原是一種事實，但在當時說出，未必不需要勇氣。魏氏還說，「語錄無語錄氣，斯謂之佳，而況詩乎？」（《與甘健齋論詩書》，《魏伯子文集》卷二）其弟魏禧也認為儒者之文有七弊，即「晦重」、「煩碎」、「泛衍」、「方板」、「靡弱」、「重襲古聖賢唾餘」、「每一開口，輒以聖人大儒為開場話頭」（《日錄‧裏言》，《魏叔子文集》）。其中「方板」及「襲古聖賢唾餘」、「以聖人大儒為開場話頭」，最是通病。黃端伯更直截了當地說「豎儒不能標勝於文，乃竄於理以自匿，鄙俚不韻，達者迕之」（《瑤光閣集》卷一《理學奇事記題詞》）。前於此，祝允明對理學家的文字，就非但不表佩服，且大有譏評。湯顯祖也曾說過，「世間惟拘儒老生不可與言文。耳多未聞，目多未見，而出其鄙委牽拘之識，相天下文章。寧復有文章乎」（《合奇序》，《湯顯祖全集》詩文卷三二，第1138頁）。

陳洪綬發表過一篇通達之論，說自己贊同陳繼儒（眉公）關於詩文與諷諫的見識，曰：「若詩文有不關諷諫者當不刻，有關諷諫而不佳者刻無失，則世不傳佳詩文矣。」僅以「諷諫」與否為衡度，即「不知古來詩文有以其品重而傳，有其人不足傳而文詞絕妙，與六經諸子史不朽者」（《題花蕊夫人宮中詞序》，《寶綸堂集》）——不同於尋常道學之見也不同於世俗成見。即使其人「品」不足傳，仍無妨於「文詞」之傳，且「與六經諸子史」同其「不朽」，則「文詞」之傳不傳未必與「道」有關，甚至不必賴有唐順之所謂的那一段「精神」。這種議論，確非道學中人所敢聞。陳維崧說，「為經為史，曰詩曰詞，閉門造車，諒無異轍」（《詞選序》，《湖海樓全集‧文集》卷

三）。所謂「無異轍」，未必非意在為詩詞爭地位。相信「文」有其不依附於「道」的獨立價值，汪琬不以為然於儒者所謂「文者載道之器」，質疑文、道關係的普遍適用性。他區分「為文有寄託」與「載道」，曰：「夫文之所以有寄託者，意為之也；其所以有力者，才與氣舉之也，於道果何與哉？」（《答陳靄公論文書》一，《清代文論選》第240頁）是否也可以認為透露了風氣暗中轉移的消息？[36]理學語境中「文人」的思想貢獻，自然不限於此。這一話題或有機會在其它場合繼續展開。

## 文與學：經學復興中的「文」論

明清之際的經學復興，也在該時期的文論中留有顯明的印記。即如「學」被作為了寫作詩文的條件；而「學」首先即經學，在稍為寬泛的標準下，亦作經史之學。[37]

---

36 汪琬表示，他關心的是文之工不工，而非「明道」與否（《答陳靄公書二》）。計東以為「文章必本於其境，境足以助其識，識足以明其理」（《曹頌嘉文集序》，《清代文論選》第249頁）；其所謂「理」，已不限於理學所謂理。毛先舒說：「詩之亡也，亡於理勝。非理勝之能亡詩也，以理言理，而情、景亡，並理亦亡，則詩從而亡」（《青桂堂新詠引》，同書第188頁）。毛氏又說：「文者，理也。而後世言理之文，每不足以為文者，知理以為文，而不知法以為文也」（《文論二》，同書第190頁）。其所謂「法」，即後世所謂「文法」，結撰、修辭的技巧、手段。他所討論的，是文之為文的條件。同篇說：「《詩》云：『有物有則。』文理既立，法亦隨生，此物必有則也。然則不知文之法者，其果於見理也哉？」（第191頁）他說「聖人之立言與文人之修辭」「固不侔」（《唐詩解序》，同書第194頁）。

37 經、史被認為有價值等級之別。張履祥說：「讀書，學問之一事。就讀書而言，經其本根，史其枝葉也。史至後代，尤枝葉之枝葉矣。大約三患均有：事失情實，一也；是非不足勸誡，二也；淫詞蕪說，三也……若司馬《史》、兩《漢書》，少壯常喜讀之，今久不然矣。昔人所言鴻鵠所以高飛，六翮而已；若夫腹背毳毛，增一把不為多，減一把不為少。竊謂人誠有之，書亦然也。又況橫議妄作，非特腹背毳毛之比而已」（《與何商隱》，《楊園先生全集》卷五）。足見其人見識之隘。但其人也

　　韓愈說「所謂先王之教者……其文：《詩》、《書》、《易》、《春
秋》」（《原道》），錢謙益則徑指六經為「文之祖」，且由此而推演出如
下的類宗法秩序，即六經，文之祖；左氏、司馬氏，「繼別之宗」；
韓、柳、歐陽、蘇氏以迨明代諸家，「繼禰之小宗」（《袁祈年字田祖
說》，《牧齋初學集》卷二六第 826 頁），也未必非意在為文人之文爭
地位，說明此「小宗」來歷可靠，決非冒認──確也配合了尊經之為
風氣。甚至某一具體的文人的文字，也要經此確認。錢氏所撰歸有光
小傳就說：「熙甫為文，原本《六經》」（《列朝詩集小傳》丁集中第
559 頁）。錢氏是自負其學，決不以「文人」自限的。他用別人的
話，說茅坤的才氣「殆可以追配古人，而惜其學之不逮也」（同書丁
集上《茅副使坤》第 405 頁）；批評鍾（惺）、譚（元春），說「以一
言蔽其病曰：不學而已」；學鍾、譚者，「便於不說學而已」（同書丁
集中《譚解元元春》第 572 頁）。所持的批評尺度，在一時風氣中。
黃宗羲對錢氏之學卻正有不屑，說其人「用《六經》之語，而不能窮
經」（《思舊錄‧錢謙益》，《黃宗羲全集》第 1 冊第 374 頁）。黃氏也
批評茅坤「但學文章，於經史之功甚疏」（《答張爾公論茅鹿門批評八
家書》，《黃宗羲全集》第 10 冊第 172-173 頁）；論侯方域文，也遺憾
於其人「不多讀書，未能充其所至」（《明文授讀評語匯輯》，《黃宗羲
全集》第 11 冊第 186 頁）；批評官撫辰「文有奇氣而學無原本」（同
上第 187 頁）。上文說黃氏是儒者而能文者；在近代學術視野中，黃
氏更宜於被目為「學人」，如此論文，原是本色。[38]被後世目為文人

---

有別種說法。如曰：「若夫經之與史，雖有緩急輕重之序，亦難截然分而為二。蓋
經以立其本，史以驗其用，理則一也，宜乎並進其功。人之心思，本自靈通，固不
可使其泛用，亦不可使之滯於一隅，局於一節二節也」（同書卷一二《答姚攻
玉》）。或亦因人設教。

38　黃氏的弟子萬斯同說：「經者，文之源也；史即古文也」，「誠使通乎經史之學，雖
　　不讀諸家之集，而筆之所至，無非古文也」（《與錢漢臣書》，《石園文集》卷七）。

者，當其時多在「學」的一面奮力爭勝，且衡文不出於時風眾勢之外。朱彝尊以為「文章不離乎經術」，以此衡文，即見「西京之文，惟董仲舒、劉向經術最純，故有文最爾雅」；「南宋之文，惟朱元晦以窮理盡性之學出之，故其文在諸家中最醇」（《與李武曾論文書》，《曝書亭集》卷三一第 393 頁）。還說：「今日詩家，空疏淺薄，皆由嚴儀卿『詩有別才，匪關學』一語啟之。天下豈有舍學言詩之理？」（《棟亭詩序》，同書卷三九第 484 頁。嚴羽《滄浪詩話》：「詩有別才，非關書也。詩有別趣，非關理也。」）莫秉清《潘耒臣詩草序》設為問答：「空疏者可以為詩與？博學者可以為詩與？曰：必博學哉！」（《清代文論選》第 114 頁）涉及詩文與「學」、與經史，眾口一辭，幾無異論。

上文說到對理學家之文的極端推崇。這種評價也由尊經復古的風氣中獲得了支持。宋濂說「道在《六經》」，他稱頌周敦頤、程顥、程頤、張載、朱熹之文：「斯文也，非宋之文也……六經之文也。文至於六經，至矣盡矣！」（《徐教授文集序》，《宋濂全集‧芝園後集》卷一第 1352 頁）宋氏一再引其先師黃溍關於文與經的說法，如曰「作文之法，以群經為本根，遷固二史為波瀾……」（參看其〈葉夷仲文集序〉，《宋濂全集‧翰苑別集》卷四第 1028 頁）明初文論，承自宋、元，於此有其一致。貝瓊以為「文」宜「根於經」（參看其《求我集序》，《明代文論選》第 38 頁）；蘇伯衡亦主張為文當「根柢《六經》，出入子史」（《郭璞集序》，《蘇平仲文集》卷五），可見已是常

方苞有類似說法（參看其《古文約選序例》）。以《六經》（或五經）為文章之源，確也是成說。宋濂說「文本乎經」，劉勰即有此論（《白雲稿‧序》，《宋濂全集‧鑾坡前集》卷八第494頁。按《文心雕龍》有《宗經》篇）。朱彝尊《答胡司臬書》（《曝書亭集》卷三三）即引顏之推、柳宗元、王禹偁的有關論說，以明其來有自。但「老調子」於明清之際重談，仍憑藉了經學復興之為背景。

談、共識。「《六經》之文」乃文的最高典範——明末的有關論說，仍
襲此口吻。黃宗羲引歸有光語：「為文以《六經》為根本，遷、固、
歐、曾為波瀾」，說「聖人復起，不易斯言」（《明文海評語匯輯》，
《黃宗羲全集》第 11 冊第 116 頁）。[39]「文之致極於經」，「舍經術而
能文」即如「舍泉而能水，舍燧而能火，舍日月而能明」，對此他以
蘇氏兄弟為例（《刻兩蘇經解序》，《滄園集・滄園續集》卷一，第
750 頁）。王夫之論蘇軾，卻尤不能容忍「軾亦竊《六經》而倚孔、
孟為藏身之窟」（《宋論》卷一三第 296 頁）。無論正反，都可證文人
而藉重《六經》、孔、孟，至韓、歐、曾、蘇始成風氣。文人所承，
也即這一種傳統。

　　王夫之有限地肯定了王安石的取士以經義代詩賦。[40]經義取士作
為制度影響於一時代文風、學風，無可比方。明末的有關論述，與黨
社運動中研討制藝的風氣，毋寧說更直接相關。應社課藝即宗尚《六
經》，有「五經應社」之選（參看朱倓《明季社黨研究》、謝國楨《明
清之際黨社運動考》）。由此一角度看，文事與經學的關係，一定程度
上是由朝廷功令認定的：作為應試文體的經義，無疑扮演了舉足輕重
的角色。科舉制度對傳統文人世界的顛覆與重構，是其所實現的社會
／文化功能的一部分。至於發生在明清之際的經學復興，經學、考據
學顯學地位的確立，也使文人與其文一道，經歷了文化格局內部的結
構性調整。依循上述線索，當可尋繹文人傳統地位的喪失，是在怎樣

---

39 黃氏說：「文必本之《六經》，始有根本。唯劉向、曾鞏多引經語，至於韓、歐，融
　　聖人之意而出之，不必用經，自然經術之文也」（《論文管見》，《黃宗羲全集》第10
　　冊第649頁）。王夫之對於韓、歐，必不作如是觀。

40 王夫之論取士以文賦、以經義，曰：「自隋煬帝以迄於宋，千年而以此取士，貴重
　　崇高，若天下之賢者，無逾於文賦之一途。」「於是而王安石之經義，雖亦末耳，
　　而不傷其本，庶幾華實兼茂之道也。元祐革新法，而並此革之，過矣」（《讀通鑒
　　論》卷八第324、325頁）。

的政治、文化運作中完成的。

　　以上所引某些議論倘置諸其時的語境，又令人不難察覺以經學代理學，旨趣暗移的消息。同屬談「學」、談「文」與「學」，其間仍有或隱或顯的區分，有有待辨識的細微差異。如王士禎的所說為詩「根柢原於學問，興會發於性情」（《突星閣詩集序》，《清代文論選》第354頁），「性情」無論，即所謂「根柢」，就包括了《風》、《雅》、楚騷、漢、魏樂府詩、九經、三史、諸子，越出了《六經》、經史之學的範圍。黃宗羲相信「若只從大家之詩，章參句煉，而不通經、史、百家，終於僻固而狹陋耳」（《南雷詩曆·題辭》，《黃宗羲全集》第11冊第203頁）。不但有經、史，且有百家，開出的途徑，已有廣狹之別。王夫之以「必求出處」為「宋人之陋」，說「尤酸迂不通者，既於詩求出處，抑以詩為出處考證事理」（《薑齋詩話·夕堂永日緒論內編》，第835頁）。由此可知，他關於「詩」與「學」的關係，所見必不同於時論。由他的詩話及對楚辭的詮釋（參看其《楚辭通釋》），可知決不會作出《日知錄》論《湘君》那樣的文字（該書卷二五「湘君」條）。錢謙益為陳繼儒鳴不平，說「一二儒者，必欲以經史淵源之學，引繩切墨，指謫其空疏，而糾正其駁，亦豈通人之論哉！」（《列朝詩集小傳》丁集下《陳徵士繼儒》，第638頁）

　　至於發生於此後歷史時間中的演變，已非本文討論的內容。可以相信理學語境與樸學語境中的文質論的不同；發生在其間的理學影響力的強弱變化，士人衡文尺度的調整，不消說是值得討論的題目。

# 師道與師門

　　清初閻若璩說：「明之士夫積習，師弟重於父子；得罪於父母者有之，得罪於座主者未之有也。門戶重於師弟；以師之門戶為門戶者固多，不以師之門戶為門戶者亦不少也。富貴又重於門戶；有始附正人，既而與之為敵者，有始主邪說，既而窺其黨將敗，遂反攻之者，皆惑於富貴也」（《潛邱札記》卷一）。「有之」、「未之有也」云云，過於武斷籠統；但說明代士夫重師、重「座主／門生」這一種關係，以及門戶習氣，卻不無根據。只不過這種一概之論，不免將問題大大地簡化了。

## 「師」之一名

　　也是清初，李塨說：「《周禮》仕學不分、文武不分、兵民不分、官吏不分，而上之君師不分。此所以致太平也」（《擬太平策》卷三）。由諸「不分」，合成了李氏所以為的「理想政治」。關於仕／學、文／武、兵／民，其它處已經論及。至於君／師，張岱卻說，「君道師道，夫子知其有分耳。何必復借君道，以為重乎？」（《四書遇・論語・為臣章》第 213 頁）[1]，事實是，到張岱、李塨的時期，不但君師已分且不可能復合，「師」也有了諸種性質、功能的區分。

---

[1] 張岱所說「夫子知其有分」，依據的是《論語・子罕》：「子疾病，子路使門人為臣。病間，曰：『久矣哉，由之行詐也！無臣而為有臣。吾誰欺？欺天乎？……』」

　　前於此，王艮曾一再申說「出則必為帝者師，處則必為天下萬世師」（《王心齋先生遺集》卷一《語錄》），當其時就有不謂然者（參看同書卷二《答王龍溪》）。[2] 王艮解釋「出則為帝者師」，說：「帝者尊信吾道，而吾道傳於帝，是為帝者師也。吾道傳於公卿大夫，是為公卿大夫師也。不待其尊信而炫玉以求售，則為人役，是在我者不能自為之主宰矣，其道何由而得行哉。道既不行，雖出徒出也」（同書卷一《語錄》）。強調條件（「尊信吾道」），也即強調師儒的某種獨立地位（「自為之主宰」），關於士、師的角色地位，有明確的意識。他說：「只此心中便是聖，說此與人便是師」（同書卷二《大成學歌寄羅念庵》）。由此「師」更是一種道德行為，而非固定的角色。同文說：「隨大隨小隨我學，隨時隨處隨人師。」亦學亦師，角色、行為隨時交替，是日常行為，也是生存方式。這種論述中的「師」，即法式、楷模，所謂師表人倫，與職業意義上的師不相干。本書所論的這一時期，士人論師、論師道，保持了上述這一維度。

　　當著他們以「經師」與「人師」對舉，通常意在強調後者更重於前者（參看錢謙益《溫如先生陳公墓誌銘》，《牧齋有學集》卷三二第1170頁）。[3] 以為「經師易遇，人師難逢」（《二曲集》卷三四《四書反身錄·論語上》）。徐枋則說：「道之盛也，以道為師；及其既衰，而以經為師矣」（《居易堂集》卷九《師說上》）。其時的儒者，自期固不在經師。韓愈《師說》關於師的功能，曰「傳道、授業、解惑」。宋

---

2　王艮《答問補遺》記董子某問：「先生嘗曰：『出則必為帝者師，處則必為天下萬世師。』疑先生好為人師，何如？」王艮的解釋是：「《禮》不云乎，學也者，學為人師也；學不足為人師，皆苟道也。……如身在一家，必修身立本以為一家之法，是為一家之師矣；身在一國，必修身立本以為一國之法，是為一國之師矣；身在天下，必修身立本以為天下之法，是為天下之師矣」（《王心齋先生遺集》卷一）。

3　《荀子·儒效》：「四海之內若一家，通達之屬莫不從服，夫是之謂人師。」由王先謙《荀子集解》看，此「人師」與後世與「經師」對舉之「人師」，所指不盡同。

明理學語境中，「傳道」一項不免被特化，儒者以其為人生使命、道義責任。那被認為儀型、師範家、國、天下的，固非指從事於「授業」、「解惑」的師，是不待說明的。由我們似的今人看去，「師」之一名，不免被作為譬喻運用了。

我們所以為的「本來意義上」——即非在抽象的道德意義上——的師，在本書所論的時期，或許應以「經筵講官」為最高級別。經筵是以皇帝、皇長子為對象的講堂，職任講官者通常以培養君德為己任，志在「啟沃」，冀人主「納誨」。[4]由下面的事例看，任教於宮廷的儒者，所關心者尚不止於格非、「啟沃」，他們利用其特殊身份，強調了作為士的臣的師的尊嚴。文震孟在講筵為日講官，「時大臣數逮繫，震孟講《魯論》『君使臣以禮』一章，反覆規諷」。「帝嘗足加於膝，適講《五子之歌》，至『為人上者，奈何不敬』，以目視帝足。帝即袖掩之，徐為引下。時稱『真講官』」（《明史》卷二五一本傳）。錢謙益記孫承宗在經筵，「上嗽，以紙拭涕唾。公（按即孫氏）東向拱立不進，上目之，東班官亦目趣公，公拱立如故。俟上拭罷整衣，乃前講『出入起居，罔有弗欽』。於出入起居四字，點分為讀，抑揚其音節，以聳上聽」（孫承宗行狀，《牧齋初學集》卷四七第 1163 頁）。由傳記文字看，其時的士人未必不樂道此種故事。在這類文字中，經筵講官的自尊重，被賦予了顯而易見的象徵意味——自尊所以尊臣道，同時也提示了師道之尊。[5]孫承宗的詩文集中收有《經筵講章》

---

4 程頤說：「天下重任，唯宰相與經筵：天下治亂係宰相，君德成就責經筵」（《論經筵第三劄子》，《二程集》第540頁）。儒者對經筵之講的重視，可參看程氏有關諸疏、劄（《河南程氏文集》卷六）。

5 程頤曾爭「殿上說書」及「坐講」、「立講」（《又上太皇太后書》），說「經筵臣僚侍者皆坐，而講者獨立，於禮為悖」，坐講「不惟義理為順，所以養主上尊儒重道之心」（《論經筵第三劄子》，《二程集》第539頁）。

（《高陽詩文集》卷一四）。該講章因採用口語，保留了某種現場性，其時講官的「口吻」，光宗聽講時的反應、態度，令人具體可知所以「啟沃」。可以想見的是，「經筵」較之朝堂，君臣間得有更近的空間距離，不免被作為通上下之情、解除「雍蔽」的途徑，也是臣子施加影響於人主的機會。

在朝外、民間，最具影響力的，則是學派宗主（往往也是黨社盟主），亦一種特殊意義上的「師」。此種人物的地位，固然賴有學派門派，在黨社大盛之時，也賴有其人的人格魅力、道義感召力。那時的領袖人物往往追隨者甚眾。據說楊廷樞門下「著錄者二千人」（《靜志居詩話》卷二一第 641 頁）。黃道周，「海內從之問業者幾千人」（洪思《黃子傳》，侯真平、婁曾泉校點《黃道週年譜》第 126 頁）。凡此，更宜以「聲氣」目之。陸世儀《復社紀略》：吳偉業以張溥門人，「聯第會元鼎甲，欽賜歸娶，天下榮之。遠近謂士子出天如（按即張溥）門者必速售，大江南北群相爭傳以為然。以溥尚在京師，不及親炙，相率過婁（按即太倉），造庭陳幣，南面設位，四扣定師弟禮，謂之遙拜」（卷一）。所謂「著錄」者，想必多屬此類，亦其時的一種怪現狀的吧。

據《明史·選舉志》，明初「蓋無地而不設之學，無人而不納之教。庠聲序音，重規疊矩，無間於下邑荒徼，山陬海涯。此明代學校之盛，唐、宋以來所不及也」。近人孟森也說學校固古已有之，「惟遍設學校實始於明」（《明清史講義》第 51 頁）。與其時「師道」有關的問題，也宜置諸此種背景上討論。清初顏元一再稱讚「洪武初制」，說「洪武間學政，良法哉！」（《顏習齋先生言行錄》卷下《刁過之第十九》，《顏元集》第 691 頁）此「良法」應當包括了對於學官的嚴格的遴選制度。《明史·選舉志》：洪武朝，「司教之官，必選耆宿」，宋訥「尤推名師」。「太祖召訥褒賞，撰題名記，立石監門。」還說，

「明初，優禮師儒，教官擢給事、御史，諸生歲貢者易得美官。然鉗束亦甚謹。」中葉之後，「教官之黜降，生員之充發，皆廢格不行，即臥碑亦具文矣」。[6]

杜甫詩曰：「諸公衮衮登臺省，廣文先生官獨冷。甲第紛紛厭粱肉，廣文先生飯不足」（《醉時歌》，原注云：「贈廣文館博士鄭虔」）。到了明代，「廣文」的地位似仍未見改善。袁宏道《答張東阿》，自說「一窮廣文，騎款段長安道上，雖極落寞，差不廢吟詠耳」（《袁宏道集箋校》卷二一第754頁。按袁氏曾為太學博士）。錢謙益《列朝詩集小傳》記魏沖將就教職，引鏡自歎曰：「如此人戴老廣文紗帽，他時何面目復對此鏡乎！」欷歔慨歎，發病而卒（丁集下，第600頁）。江天一以其師由廣文而擢為縣令為殊遇（《張臺垣先生擢甄安知縣序》，《江止菴遺集》卷一）。金聲批評其時士人「以廣文為冷氈」，居此位者「無師道自立之意」，而「今世師生，但取知己，自兩榜座主外，惟諸生見拔，有司得薦，余若萍梗之遭，而諸弟子之於廣文先生，有終任不相識面者矣」（《為諸生賀袁廣文得獎序》，《金忠節公文集》卷六）。梁份卻有怪論，曰「今無實而存其名、無權而有其位，如一髮之引千鈞者，惟廣文一官耳」（《復賀天修書》，《懷葛堂集》卷一）。上述文字中，袁鉅集道不過將「廣文」用作比喻而已。太學博士與府教授、州學正、縣教諭之屬，自然不可同日而語。

---

6 魏禧說有明國初「學官教養人才，真有師弟子之義」，「後之學官，貪毳無恥，下同隸丐」，最為有名無實（《日錄·裏言》，《魏叔子文集》）。前此唐順之即說：「今學官自卑其身，無恥而嗜利甚矣」，以為「提學者莫急於風勵學官」（《答王南江提學書》，《唐荊川文集》卷四）。此意他在《答江五坡提學書》中也說過（同書卷五）。然唐氏為學官撰「銘」，筆下的學官不乏骨力風采（如同書卷一〇《訓導殷翁墓誌銘》）——學官豈可一概而論！王夫之則批評司教員地位的卑下，由他看來，對官員濫施刑罰，至「教職亦挾杖以行，廉恥蕩然」，師道何以尊！（《噩夢》，《船山全書》第12冊第573頁）

學官之「冷」久矣，無足重輕。為世輕，為士輕，任此官者亦復
自輕。州縣學官，處於官僚系統的末端，其「冷」尤甚。倘若不區分
官學、私學，清理當時人們觀念中師的等級序列，處於這序列最下端
的，「廣文」之外，即應當是館師、塾師——又可區分為蒙師（童子
師）、舉業之師。韓愈《師說》即鄙蒙師，以為不過「授之書而習其
句讀」，不與於「傳道」、「解惑」。張履祥說：「蒙師之責至重，而世
輕賤之；舉業之學至陋，而世尊隆之。可謂不知類矣」（《備忘一》，
《楊園先生全集》卷三九）。也應針對此種陋俗。《張楊園先生年譜》
順治十三年記俞周煒請執弟子禮，張氏不許。康熙六年，屢求納拜，
仍不允，而以友道處之。張履祥自說其「先後為舉業之師十年」（《年
譜》康熙十年），卻自有弟子；固辭為師，不過因了此「師」不同於
彼師——於此區分了教館授徒與傳道講學。前者關係生計，後者繫於
儒者的職分、志業。

張履祥有教館的經歷，關於館師多所議論，卻內容駁雜；此一時
說教學乃「士之恒業」，有益於「養德」、「養身」（《備忘四》，《楊園
先生全集》卷四二），說與其在家「淪於流俗」，不若出外教館，「日
與蒙稚相對之為快於心，而潔於身」（同書卷五《與何商隱》六十
二）；彼一時又以教館為「旅食」，而不勝屈辱之感（同書卷二《與沈
甸華》一、《答葉靜遠》二）。當其時士人所就，無論書館、幕館，都
會發生尊嚴問題。張氏數十年業此，體驗自然深切，對從事者的心
理，也頗能洞見隱微。他說自己「實見處館一節，真如呼蹴之食，與
爾汝之受」；而「流俗之士」對於書館主人，姿態之卑屈與內心的怨
毒（「其事實有同於吮癰舐痔之事，其心實有同於弒父與君之心」），
其間的「無限情態」，確也非久在其中者即難以悉知（卷八《答姚林
友》一）。

柳宗元鄙「章句師」而不屑為，以為可為的，乃「言道、講古、

窮文辭」之師（《答嚴厚與秀才論為師道書》）。到本書所論的時期，
章句師、經師、舉業師，異名而同實。李顒說，「唯自己身心性命之
詣，及綱常名教所關，自宜直任勇承，一力擔當，雖師亦不可讓，況
其它乎！『師』若是尋常章句文藝之師，不讓何足貴？」（《二曲集》
卷三九）科舉時代，無論「廣文」還是館師、塾師（蒙師之外），均
之為「舉業師」。李顒還將其時的師區分為「舉業師」與「講學師」
（《促李汝欽西歸別言》，《二曲集》卷一九）。實則講學家——以理學
傳播為指歸者除外——所傳授的，也未必不包括與舉業有關的知識或
技能。「舉業」可能是官學、私學（包括書院）共有的教授內容。[7]張
履祥說貧士資為生計的「師」有兩種，「一曰經學，則治科舉之業者
也；一曰訓蒙，則教蒙童記誦者也」（《處館說》，《楊園先生全集》卷
一八）。張氏不以教人應試為然，以為蒙師「猶若可為」。由這篇文字
看，他本人卻仍不能不為「舉業之師」。以遺民而教人「求富貴利
達」，不免諷刺。江右的魏禧也曾體驗過此種言行不相顧的尷尬。

　　「師」的功能分化是在一個長過程中實現的。有功能、職志不同
的師，就有對「師」的不同界定，對「師道」的不同闡釋。值得注意
的，是其時士人是在何種視野中認識「師」及其職任的。就具體人物
而言，卻可能一身而多任。即如劉宗周等人，就綜合了學派宗主、經
師、講學師乃至舉業師等多種身份，處不同的場合、情境，施之於不

---

7　陳谷嘉、鄧洪波主編的《中國書院制度研究》以「應試教育」、「素質教育」區分官
　學與書院（參看該書第七章），卻也認為「應試教育在書院中佔有一定的比例」（第
　463頁）。黃進興引湛若水「攸關書院規訓」的文章：「諸生讀書，須讀文公《章
　句》應試；至於切己用功，須讀《古本大學》。《古本》好處全在以修身。」以之為
　「『官』『私』兩分的教學法」（《理學、考據學與政治：以大學改本的發展為例
　證》，《憂入聖域：權力、信仰與正當性》第412頁）。清初顏元所設計的漳南書院，
　尚設有「帖括齋」，課八股舉業，以「應時制」，儘管刻意安排在了比較不重要的位
　置（《漳南書院記》，《習齋記餘》卷二，《顏元集》第413頁）。

同的對象，所任是不同意義上的「師」。作為學派宗主、士林領袖，劉宗周一流人物在其時社會文化生活中的作用，自然遠非「師」之一名所能涵括。甚至其「門下士」也未必依「授受」釐定，很可能更基於「精神聯繫」。這種特殊的情況，固然與宋明理學的傳播方式有關，也因到了明清之際，師的道德功能凸顯，即如「劉門」（劉宗周及其弟子），毋寧說是一種特殊意義上的「師門」，已不適於通常的尺度度量。

對於關涉舉業的師（非止上文所謂「舉業師」），黃宗羲有更細緻的區分：「流俗有句讀之師，有舉業之師，有主考之師，有分房之師，有薦舉之師，有投拜之師，師道多端，嚮背攸分」（《廣師說》，《黃宗羲全集》第 10 冊第 648 頁）。說這番話，意在揭出由科舉之為制度衍生出的怪現狀。在黃氏看來，「主考之師」、「分房之師」、「薦舉之師」、「投拜之師」，尤其無關乎傳道授業。前此歸有光就說過：「今世取士之制，主司以一日之知，終身定門生之分」（《重交一首贈汝寧太守徐君》，《震川先生集》卷四第 102 頁）。賴「一日之知」的，即座主／門生、舉主／門生等關係；與「一日之知」相對的，則是受業其門。

圍繞上述關係，明清之際的士人有激切的議論。管志道說：「御史巡歷地方，自府佐以至州縣正官，一經保薦，則終其身尊之曰『老師』，而自稱曰『門生』，有以厚幣相酬者。是寧負朝廷，不負舉主也」（《直陳緊切重大機務疏》，《明經世文編》卷三九九）。顧炎武的說法更有其尖銳。《日知錄》卷二四「門生」條，說「漢人以受學者為弟子，其依附名勢者為門生」。[8]「依附名勢」云云，無疑有明確的

---

8 趙翼《陔餘叢考》卷三六「門生」條：「按漢時門生，本非弟子之稱。蓋其時五經各有專門名家，其親受業者為弟子，轉相傳授者為門生。」「唐以後，始有座主、門生之稱。六朝時所謂門生，則反閑弟子也。其時仕宦者，許各募部曲，謂之義從；其在門下親侍者，則謂之門生，如今門子之類耳」（第798頁、第796-797頁）。

針對性。《日知錄之餘》卷二「禁參謁座主」條，也意在針砭敝俗。[9]

生員間以及生員與「座師」間因科舉而結成的關係，為士類中極重要的一種非官方關係，亦其時士群體得以構成的諸種關係之一。這裏有科舉之為制度對於士大夫的強力塑造。針對此種關係的批評，集中於公／私這一倫理範疇。化公為私，將政治關係私人化，寧負朝廷，不負舉主（或座主），被指為以「私恩」代「公義」。陳子龍說：「近世晉陵、吉水之流，皆士大夫之賢者。卒其負世謗而中危法，皆徒侶太廣、不擇之故也。故揭之以為世戒。」「夫國多賢人，以為世用可矣，何必其出我門哉！此近於私也」（《陳忠裕全集》卷二八《師說下》。晉陵，唐順之；吉水，鄒元標）。此種「私」的極端的表現，即「朋黨」。「朋黨」的嚴重意味，須置於明代的語境中，才便於領略。顧炎武對於士人以科舉為因緣的聯結，即由這一方面批評，說：「天下之患，莫大乎聚五方不相識之人，而教之使為朋黨。生員之在天下，近或數百千里，遠或萬里，語言不同，姓名不通，而一登科第，則有所謂主考官者，謂之座師；有所謂同考官者，謂之房師；同榜之士，謂之同年；同年之子，謂之年侄；座師、房師之子，謂之世兄；座師、房師之謂我，謂之門生；而門生之所取中者，謂之門孫；門孫之謂其師之師謂之太老師；朋比膠固，牢不可解。書牘交於道

---

9　王夫之《識小錄》：「舉子於鄉會主考分考、殿試讀卷官，可自稱門生，而未嘗以師稱之。……惟入太學者於司成，庶起士於所教習，生儒於教官，則可稱師。湯義仍《集》於主考但稱舉主某公，可見濫稱老師，萬曆中年後之末俗也」（《船山全書》第12冊第616頁。按湯義仍即湯顯祖）。全祖望譏諷世俗之尊舉主、座主，輕人師、經師，說，「自唐以前，但有舉主而已，座主之名始於唐，至明而座主之禮嚴於舉主，則以科第重也。較其義，則舉主似稍優於座主，然皆不可謂之師。」還說：「門生之在古，門牆高弟之謂也；門生之在今，門戶私人之謂也」（《門生論》，《鮚埼亭集》外編卷三八）。可知清代與明同病。錢大昕《與友人論師書》：「鄉會試主司。同考之於士子，朝廷未嘗許其為師，而相沿師之者三百餘年」（《潛研堂全書‧潛研堂文集》卷三三）。

路，請託遍於官曹……取人主太阿之柄而顛倒之，皆此之繇也」（《生員論中》，《顧亭林詩文集》第 23 頁）。顧氏的上述生員論，與他的黨社論、講學論有其一貫。對於士人（或其中的一部分，如生員）間的集結的警戒，無疑是由「王朝立場」出發的；至於「太阿倒持」的想像，不免過分誇張。

以「私恩」代「公義」，據說某些「正人」也未見得能免俗。天啟朝熊廷弼、王化貞經撫不和，當國的葉向高因係王化貞座主，就被認為有偏袒的嫌疑（參看孟森《明清史講義》第 289 頁）。卻也大有相反的例。即如唐順之的不附其座主張璁（《明史‧唐順之傳》）。[10] 陳束出張璁、霍韜門，也不肯親附，「歲時上壽，望門投刺，輒馳馬過之」（同書文苑列傳）。萬曆間鄧以讚對其座主張居正不惜觸忤，「時有匡諫」（同書卷二八三）。明末章正宸出周延儒之門而「不肯阿徇」（卷二五八）。[11] 劉理順「出溫體仁門，言論不少徇」（卷二六六）。據黃宗羲說，錢謙益為張次仲座主，而張氏持論，「每落落不與之苟合」（《張待軒先生哀辭》，《黃宗羲全集》第 10 冊第 624 頁）。《三垣筆記》李詳序說李清「亝立朝列，不為勢奪，不為利誘，陽羨（按即周延儒）為其座師，絕不附和」。門生以保全其師的節操為自己的道義責任，亦激烈政爭的環境中的現象。劉瑾亂政，李東陽依違其間，羅玘乃李所舉士，「貽書責以大義，且請削門生之籍」（《明史》文苑列傳）。丁元薦《西山日記》卷上《直節》即記有此事。僅由此一端，

---

10　《明史‧選舉志》解釋唐順之仕途的挫折，曰：「蓋順之等出張璁、霍韜門，而心以大禮之議為非，不肯趨附，璁心惡之。」《明史》霍韜傳，曰霍「舉進士出毛澄門下，素執弟子禮，議禮不合，遂不復稱為座主。及總裁己丑會試，亦遂不以唐順之等為門生」（卷一九七）。這類故事於嘉靖議禮一類事件前後，尤為集中，令人可知政爭作為事件影響於人事的極端嚴重性。

11　據黃宗羲所記，周氏再召，章正宸表示對周當「夾持」而非「將順」（《移史館吏部侍郎章格庵先生行狀》，《黃宗羲全集》第10冊第535頁）。

也令人難以認可本文開頭所引閻若璩的判斷的吧。明人有關的倫理經驗、倫理實踐的豐富性，由師弟一倫所牽動的複雜關係，士人這一方面生活的繁複色彩，自非那種武斷之論所能涵括。

　　門生「不附」座主（舉主），一向被時論所鼓勵。卻也有「附」、「不附」所不能盡者。由李清《三垣筆記》看，當周延儒處境危殆時，李氏又不避嫌諱。[12]到明亡之際，座主、門生的關係有了更為嚴峻的意味。《廣陽雜記》記鄭三俊：「經略洪公，公之門人也。至池州，以舟迎公，公怒罵不納其使。經略大哭，曰：『老師棄我。』以終不得見而去」（卷一第40-41頁。按經略洪公即洪承疇）。卻也仍然有相反的例，如瞿式耜之於錢謙益。[13]

　　下文還要談到明亡之際劉宗周門下的王毓蓍激勵其師死。在明亡前黨爭的情境中，座師、門生的關係，就往往被由政治／道德的方面評估。由上文諸例看，尤為時論所樂道的，是師弟間的互動，以至弟子的主動性──其對於師的道義推動。同一時期見諸記述而與此相應的，則是臣之於君，婦之於夫，以至奴之於主。士夫一方面力圖恢復、重建被認為脫序、失範的倫理秩序，一方面又有對於卑、幼者道德能量、道義情懷的欣賞、肯定。

---

12　《三垣筆記中・崇禎》：「予奉差至揚州，遇周輔延儒舟，欲入謁，諸僕以緹騎同舟阻。予曰：『此豈門生所為耶！煊赫而疏之，患難而親之，何害？』……」（第81頁）。

13　瞿式耜就義前，仍以「不負門牆」自期，儘管錢氏已然降清。《瞿式耜集》卷二《自入囚中，頻夢牧師，周旋繾綣，倍於平時，詩以誌感》：「君言胡運不靈長，佇看中原我武揚。頗羨南荒留日月，寧知西土變冠裳？天心莫問何時轉，臣節堅持詎改常？自分此生無見日，到頭期不負門牆」（第243頁）。前此瞿氏曾在家書中囑咐刊刻錢氏文集事宜，說「此子盡有良心，不可不一照管憐護之，以盡吾門牆之誼也」，還說「《初學集》文章自堪不朽」（同書卷三《乙酉清和晦日蘭溪道中寄錫兒》第249-250頁）。

　　士人、士論以凸顯座主／門生間關係的道義基礎而自證其不私，
長於質疑成見的王夫之，談論座主／門生這一種關係的政治意味，卻
將鋒芒直接指向顧炎武們所憑藉的「公／私」論的視野。他不唯不以
士夫間以舉薦、銓選而結成的關係為「私」，更以人主與臣爭士為
「專私」，是非大異於時論。針對其時所謂的「拜爵公門，受恩私
室」，他的駁論顯示了一貫的犀利。他說：「自唐以來，進士皆為知舉
門生，終其身為恩故；此非唐始然也，漢之孝廉，於所舉之公卿州
將，皆生不敢與齒，而死服三年之喪，亦人情耳。持名法以繩人者，
謂之曰不復知有人主。」人主由此「束縛縉紳，解散士心」，士與座
主、舉主、師儒間關係「泮渙」，「於是乎綱斷紐絕，而獨夫之勢成」
（《宋論》卷一第 27 頁）。王氏認為倘若舉主門生的關係為「私」，有
「朋黨」之嫌，那麼君主與臣爭士，更應當承擔行「私」、鼓勵「朋
黨」的責任：「天子而欲收貢士為私人，何怪乎舉主門生懷私以相市
也。此朋黨之所以興，而以人事主之誼所由替也」（《讀通鑑論》卷二
一第 809 頁）。在其它處王夫之也曾談到「人君之病，莫大乎與臣爭
士」（《宋論》卷一第 26 頁）。以座主／門生的所謂「私」為對於絕對
君權的限制，此義決非顧炎武所能道。對於君權的上述批評角度，也
未見於黃宗羲的論說。

　　王夫之對於備受指謫的舉主門生關係，由積極的方面評價，說：
「夫士之懷知己也，非徒其名利也；言可以伸，志可以成，氣以類而
相孚，業以摩而相益」（同上卷一第 28 頁）。出於同樣的理由，他面
對為時論所豔稱的以門生而對抗座主、舉主，心情不免複雜。他說：
「後世貢舉法行，舉主門生雖有不相忘之雅，而一峰之於南陽，念庵
之於江陵，抗疏劾之，而不以為嫌」（《讀通鑑論》卷七第 298 頁。按
一峰，羅倫；南陽，李賢；念庵，羅洪先；江陵，張居正）。言下不無
遺憾。既持正論，又全座主、舉主門生之誼，在他看來更難能可貴。

　　由後世看去，正因其時有識者之「識」互有參差，才使得思想、言論呈現出豐富的層次與繁複的色調。可惜的是，僻處一隅的王夫之的上述聲音，終無嗣響，不能達於同時士大夫的聽聞。

　　當其時顧炎武的「座主／門生」論確係「公論」，幾於眾口一辭。

## 關於師道

　　明代士人重友道、重師門，重交遊與講學；師友淵源，被作為其人之為其人的重要根據──士人認為須借諸上述關係方能界定其人與自我確認。本文開頭所引閻若璩的判斷，的確有大量事實可資佐證。[14]

　　上文已然說到其時士人的追逐時尚與攀附名（流）勝（流），令人可感其時風氣的熱情與膚淺。但風氣中不但有熱情、膚淺，也有嚴肅與鄭重。即如珍重師道，不苟為師，也不苟從師。在上述方面，有明一代王學大儒的故事，對於一時代師弟一倫的塑造，為力甚巨。最有戲劇性的，無疑即王艮與王陽明的故事，[15]另有不那麼聳動卻也動

---

14 即如儒家之徒（尤其王學中人）的像祀其師。被像祀者，多為上文所說的學派宗師。賀欽師事陳獻章，「肖其像事之」（《明史》卷二八三賀氏傳）。丁元薦《西山日記》卷上《正學》：「賀公欽為給事中，聞白沙先生議論，歎曰：『至性不顯，寶藏猶霾。世即用我，而我奚以為用。』即日抗疏解官，執弟子禮。既別，肖先生小像，懸之別室，有大事必啟焉。」湛若水生平所至，必建書院祀其師陳獻章（同卷湛氏傳）。尤時熙「齋中設守仁位，晨興必焚香肅拜，來學者亦令展謁」（同卷）。其它如楊起元（復所）的像祀羅汝芳。至於弟子奉師如信徒之於教主，則羅汝芳之於顏鈞（山農）尤為顯例。上述理學之士無疑有準宗教傾向。見諸文獻，有明一代的理學之講，有時確也像是宗教集會；門派之爭，儼若教派爭持──確有某種反常性質。

15 王艮年譜記王艮往見王陽明，服其「致良知」「簡易直截」，己所不及，「乃下拜，而師事之。辭出就館舍，繹思所聞，間有不合，遂自悔曰：『吾輕易矣。』明日復入見公（按即王陽明），亦曰：『某昨輕易拜矣，請與再論。』先生（按即王艮）復上坐。公喜曰：『善！有疑便疑，可信便信，不為苟從，予所甚樂也。』乃又反覆

人的故事，如羅洪先宗王陽明良知說，未嘗及王氏門，錢德洪編王陽
明年譜，欲引聶豹例，使之稱門人，羅氏復書謂「惟其實，不惟其
名……如得其門，稱謂之門不門，何足輕重」（參看容肇祖《明代思
想史》第 138 頁。關於聶豹事，見同書第 129 頁）。

　　到本書所論的這一時期，仍在演出著類似的故事。梁份師事彭士
望，彭氏欲其為魏禧門人，梁遊移未應。魏禧故去後，梁解釋說，自
己所以深知禧，「而未遽就弟子列者，懼其慕虛名而情文有所不盡」
（《哭魏勺庭夫子文》，《懷葛堂集》卷八）。邱維屏如下所記，尤有戲
劇性。他說魏應搏其人不苟自稱門生，「投刺先進，不肯署『晚生』，
曰：『吾後進，屬少年，乃乘朝氣，何「晚」也？』」所投刺為閽者所
拒，即「收其刺而去」（《亡友魏應搏傳》，《邱邦士文鈔》卷二，《易
堂九子文鈔》）。

　　理學氛圍中，如劉宗周這樣的大儒的姿態，不難造成風氣。張履
祥說其先師劉氏「晚年不輕納人一拜」（《答吳仲木四》，《楊園先生全
集》卷三），張氏於此也效法之，自說除「授書糊口」外，「未嘗有曰
師曰弟子者」（同書卷六《與淩渝安》三）。[16]與張氏同門的陳確辭為
師，說自己曾受業於劉氏，「深負先生之教」，「深懼不能為人弟，而
敢為人師乎哉！故凡以師弟子禮見者，皆弗受也」（《陳確集》第234-

　　論難，曲盡端委。先生心大服，竟下拜執弟子禮。公謂門人曰：『吾擒宸濠，一無
　　所動，今卻為斯人動」（《王心齋先生遺集》卷三）。正因那一番反覆，愈見出對師
　　弟這一種關係的珍重。

16 姚名達《劉宗週年譜》關於王朝式，說其人甫弱冠即及劉氏之門，劉氏因其已得陶
　　奭齡之師承，故以朋友視之（第276頁）。江藩《國朝宋學淵源記》卷下記張履祥：
　　「明亡，教授里中，……是時，主講者多不務己，徒騁口辯，深疾其所為。不敢抗
　　顏為師，來學者一以友道處之」（第167頁）。清初顏元回答他人的「欲侍門下」，
　　說：「吾惡夫世之好師弟名而無其實者，豈容身自蹈之！……」（《習齋記餘》卷五
　　《筆工王學詩傳》，《顏元集》第481頁）。

235 頁）。至於其不苟為弟子，參看其《壽高聲野七十序》（同書第 246 頁）。因講學而為同門張履祥所不滿的黃宗羲，也一再說「不敢輕自為師」、「亦不敢輕師於人」（參看其《續師說》、《孟子師說》卷四、《廣師說》）。

在黃宗羲看來，正因了師道的重，不輕於為師、為弟子，故而有了師弟關係的某種平等性。「昌黎言李翱從僕學文，而李翱則稱吾友韓愈，或稱退之，未嘗以為師也；象山為東萊所取士，鵝湖之會，東萊視象山如前輩，不敢與之論辯，象山對東萊則稱執事，對他人則稱伯恭，亦未嘗以為師也；即如近世張陽和，其座師為羅萬化，尺牘往來，止稱兄弟，不拘世俗之禮也」（《廣師說》，《黃宗羲全集》第 10 冊第 647 頁。張陽和，張元忭）。上述劉宗周與其門下張履祥、陳確的處師、弟子，正合於古道。

邱維屏記魏禧的業師楊文采與禧的師弟關係，禧的軒昂、楊氏的謙和無不動人（《楊先生墓誌銘》，《邱邦士文鈔》卷二）。魏禧不欲自掩其自信、自負，他說「學可以為師，然後可以為賢弟子，蓋弟子必有過其師之處，乃能如師」（《封禹成五十壽序》，《魏叔子文集》卷一一）。他無疑以為自己屬於這種弟子。其師確也這樣認為。據曾燦說，對於魏禧，其「所執贄受業師逡巡退讓，稱『先生』而不字」（《魏叔子文集·序》）。至於弟子為師長作序，即今人也要傳為美談的，禧就曾以門人而序其師楊文采的書（《楊子書繹序》）。無論為師、為弟子，都一派嚴肅、鄭重。

「儒先」的行為具有示範意義的，另有以位尊者師從位卑者的佳話，到這一時期仍為人稱道。彭士望就說：「有明盛時，士不恥不為貴人，恥不為學人，尤不恥以貴人為學人師於賢人。是故以陳獻章、湛若水師吳康齋，方獻夫、席書、南大吉師王陽明。其時獻夫、書位皆在陽明上；康齋一老布衣，獻章、若水既舉於鄉，成進士，不恥相

師；而大吉則以座主反師門人」（《黃維緝進士五十序》，《樹廬文鈔》卷七）。道之所在，即師之所在。清初南豐的黃熙（維緝）進士及第，師事程山謝文洊，與謝氏門下的少年旅進旅退，執禮甚恭。有前人的榜樣，黃氏的上述行為就不顯得矯情離俗。

有明一代，更有以高齡而從師的佳話，即如董沄（蘿石）之於王陽明。由士人的類似姿態，可感朝聞夕死作為目標對士的鼓舞，也可見其時大儒的精神感召力，「憂入聖域」的巨大吸引力。到本書所論的這一時期，張履祥記他自己的見聞，說：「山陰朱靜因（昌祚）年長於劉先生（按即劉宗周）一歲，求執弟子禮有年，不獲命。崇禎壬午，先生將北發，請曰：『昌祚事先生且老矣，恐一旦填溝壑，終不得遂及門之願，是永恨泉壤也。』因泣下。先生感其誠，得內拜焉。」張氏所見之朱，「鬚眉皓白」（《楊園先生全集》卷三一《言行見聞錄一》）。士人的重演此類故事，未必出於有意的模仿，卻也不可避免地接受了那些廣為流傳的故事的暗中提示。魏禮記年邁的曾偉（有功）於魏禧稱門人，於此慨歎道：「嗚呼！有功既為人祖父矣，乃屹屹持古義，排批世俗，俯就人子弟之列，此其志行為何如？蓋古賢所甚難，剛毅者而後能也」（《曾有功墓誌銘》，《魏季子文集》卷一四）。上述故事中，「從師」已然包含了莊嚴的承諾。道之所在，即不妨師之，無論少長以至尊卑──也即肯定了道的至尊性。

那時節不缺少堅拒為師或堅欲從師的癡人。李顒就說有李汝欽其人，「堅欲及門」，為此不惜「徒步負笈，往返千里，途次罹災，幾不保身」（《促李汝欽西歸別言》，《二曲集》卷一九）。在這種風氣中，南方的費密不惜僕僕風塵，問學於北方大儒孫奇逢；劉宗周的門人姜希轍（定庵），也遣其子問學於孫氏（參見孫氏年譜）──南北學術的交流、互動，也於此進行。於是論者一面歎息著師道淪喪，一面示

人以古風猶在、古道猶存。而由我們似的後人讀來，卻只感到其時士人的處師、友，熱情到近乎天真。

我在下文中還要談到，師之一倫的推廣，的確可以看作其時風氣中的詩意方面。清初顧炎武撰有《廣師》。[17]顧氏指為可「師」的諸人，或以其學問，或以其德行、操守，示人的，毋寧說更是顧氏本人胸次之「廣」——他人有一長一善，即不妨「師」之的闊大胸懷。彭士望說其友歐陽斌元「生平師多於友，每學一藝，即下拜師事，稱弟子，必盡得其傳」。倘遇「異人」，「雖疥癩醜戾行乞輩，語有得，即叩頭稱弟子，同寢食，留旬月不捨去」。為向「西洋士」學藝，竟不惜「就壇事耶穌」（《書歐陽子十交贊後》，《樹廬文鈔》卷九）。不同於儒家之徒，歐陽氏所學，是「藝」而非「道」；如此強烈的知識興趣，未嘗不也緣於好奇。但虛懷以接納新知，不也正見出明人、明清間人的氣量？

明清之際關於師道的集中論說，也應置於上述背景上作為風氣的組成部分（其中又包含有關於風氣的反省）來解讀。

這一時期論師道的文字，黃宗羲有《廣師說》《續師說》，陳子龍有《師說》，徐枋有《師說》，易堂魏際瑞也有《師說》。周敦頤所謂「師道立，則善人多；善人多，則朝廷正而天下治矣」，每為論者所稱引。[18]明亡前的危機時刻，儒者以「格君心」為救亡，如劉宗周所

---

17 該篇說，「夫學究天人，確乎不拔，吾不如王寅旭；讀書為己，探賾洞微，吾不如楊雪臣；獨精三《禮》，卓然經師，吾不如張稷若；蕭然物外，自得天機，吾不如傅青主；堅苦力學，無師而成，吾不如李中孚；險阻備嘗，與時屈伸，吾不如路安卿；博聞強記，群書之府，吾不如吳任臣；文章爾雅，宅心和厚，吾不如朱錫鬯；好學不倦，篤於朋友，吾不如王山史；精心六書，信而好古，吾不如張力臣」（《顧亭林詩文集》第134頁）。

18 語見《周子通書·師第七》。明末金聲就說：「朱晦庵云：學校之政不修；周元公云：師道立而善人多。嗚呼，其所謂『政』者何政、而『道』者何道也！區區商文藝、為諸生一日之科名計，豈其旨哉！」（《袁廣文課士序》，《金忠節公文集》卷六）。

謂「格君心，定國是」(《學言》上，《劉子全書》卷一○)；明亡後反省檢討士倫理、士的內部關係，論者則將師道修復作為宗法重建、士傳統恢復的大工程的組成部分。

正因珍重，所以嚴苛。這一時期與師道有關的當代文化批評，往往態度峻厲。明亡之際，王夫之就曾慨歎道：「廉恥風衰，君師道喪，未有如斯之酷烈也！」(《黃書·離合》，《船山全書》第 12 冊第 532 頁) 陸世儀也說，「師道至於今而賤極矣」(《思辨錄輯要》卷二○)。這種話自然不能過於當真。

今人歎為「古道」、「古風」，生當其時，所見或許更是諸「不古」。陳子龍說「師弟」一倫古今之異，有一篇大議論，錄在下面：「古有名甚尊而今乃不可居者，非時之所急，勢有所不行也。古之人號曰『師』矣，今之人亦號曰『師』矣，此豈有異哉？天子之成均，以及郡國之教官，此天子命以為人師也。鄉黨之塾，章句之業，此父兄命以為人師也。師之為言尊矣，而又重以君父之命，然不聞博士弟子奉師儒凜凜。至於私相師者，業成而嬉遊自如。非今人之好為薄於古，有五異焉。古者道有宗主，人者求之，故舍之而莫適從矣；今也烏用是茫茫者，苟習其業，則吾師云爾：此一異也。古者經無定論，家立異說，苟不同師，相攻若水火；今也旨出一途，豈必師傳哉！此二異也。古之於師也，捐親戚，棄墳墓，從之數十年不相離也；今也月更而歲易，或終身僅一升其堂，非莫解之情矣：此三異也。漢臣曰：孔子布衣，養徒三千。則古之學者，其師有以資之也；今弟子無所藉於師，而師實藉焉，其名辱矣：此四異也。古者辟舉之法行，故門生故吏，榮則匯升，否亦共患；今哀樂不相及，進退無所關：此五異也。嗚呼！師道之廢久矣……今之好為人師者，非污則儜……」(《陳忠裕全集》卷二八《師說上》) 還說「以余斷之，好為人師，必君子之近愚者；好為人弟子，必小人之善托者」。「夫豪傑非常之人，

必有強項不屈之氣，人情非有所甚慕，而跪拜兢兢，終身事之，豈理也哉！今之為師弟子者，我知之矣。其師位尊而道愈高，勢盛而教益隆。其弟子入則謹身以媚之，玉帛以將之，出則號於人曰：我某氏之徒也。因緣引伸，依託影附，足以敗名傷行者累累也」（同卷《師說下》）。

在論者看來，師道不尊，也因士的輕於為師，以致自墮其道。黃宗羲反韓愈《師說》之意作《續師說》，開篇即說：「師道之不傳也，豈特弟子之過哉！亦為師者有以致之耳。」倘若其人本無可師，不足以傳道、授業、解惑，則大可不必以師待之。而士人卻「不特恥為弟子，相率而恥不為師」（《黃宗羲全集》第 10 冊第 638-639 頁）。其《廣師說》一篇也說，「今老師門生之名，遍於天下，豈無師哉？由於為師之易，而弟子之所以事其師者，非復古人之萬一矣，猶可謂之師哉！」（同書第 647 頁）歸莊說其時風氣，「一書生必有數師，一大人先生必有數十百門人」（《與某侍郎》《歸莊集》卷五第 304 頁）。江天一則說，「庸師殺人，甚於庸醫」（《鄉宦子弟論》，《江止菴遺集》卷二）。輕於從師，也輕於為師，既自用（好為人師），又不自信（輕於師事他人），如此風氣，的確熱情而又膚淺。師、弟子品質的低下，也應緣於明中葉以降學政的敗壞，以致到了明亡之後，王夫之猶追論成化間的鬻官以致「鬻士」（指「納馬、納粟而入太學」），憤然說，「自有虞氏設庠以來，極乎金、元之賤士，未有滅裂人廉恥以敗國之綱維如此者！」（《噩夢》，《船山全書》第 12 冊第 581 頁）

敗壞了師弟子關係的，更有生存壓力對於師（館師、塾師）的尊嚴的剝奪。上引陳子龍所說「弟子無所藉於師，而師實藉焉」，不免隱晦，呂留良就說得明白直截。呂氏說到貧士既不得已而以教館為謀生手段，又面臨諸多競爭者，則聘之者賤視之，其人亦不自貴重，「既得之，則婀媚順旨，諂事弟子，彌縫及乎僮僕，以是為固館之

術」（《程墨觀略論文》，《呂晚村先生文集》卷五）。上文已經說到的張履祥以教館為「旅食」，「實見處館一節，真如呼蹴之食，與爾汝之受」，正可與呂氏所說互為注腳。由此我們漸漸逼近了其時與師弟一倫有關的較為敏感的方面，也有可能是令有潔癖的士人難於啟齒的方面。

不同於僅由師弟子的道德、品質著眼的慣常議論，呂留良等論者將有關的倫理問題與商業行為、市場隱約地聯繫起來。呂氏是其時著名的時文選家，他依據自己的經驗說師道與選事與舉業相倚，以致惡性循環，「選生師，師生選」，坊間除程墨外，講章流行，「淺陋更甚」，「愈出愈謬」（《程墨觀略論文》），豈不正可用來注黃宗羲所謂「自科舉之學興，而師道亡」？彭士望也說因「甲科貴重」而師道陵遲，「竟成市道」（參看其《三館教式序》，《樹廬文鈔》卷六）。「市」之一字，往往用之於其時最為嚴厲的倫理批評，其意味之嚴重，已非今人所能想見。

張履祥不以今人之「計較多寡，及關書等於券契」為然（《處館說》）；他本人的恥於處館，多少也因了這種類似市場交易的關係。易堂魏世儼也說：「今夫人之為師者，多如傭工者之計工而得資，一歲之後，了無關切」（《代祝曾式猷先生五十一歲序》，《魏敬士文集》卷三）。是否可以作為士對於發生於其間的師的「職業化」過程的反應？在張履祥，尤為難堪的，是館師取酬的方式。他理想中的狀態，則是《論語》的「自行束脩以上」，《孟子》的「通功易事」，及「易子而教，子弟從之」（《處館說》）。[19]到張履祥所處的時代，上述意境已然古老。使張氏深受刺激的，是在上述「交易」中，師所處的類似

---

19 張履祥自說「歲歲一氈，東西任運，自謂與古傭賃力食之養未為大乖」（《與董若雨》，《楊園先生全集》卷四）。在《處館說》中，也說自己因不能耕而教館，「譬則傭然」，「以傭之值與良農而代予耕」，亦「通功易事」。

乞食者的卑屈地位（由張氏所描述，也可知其時「職業市場」的「供求關係」中，館師所處的不利地位）。我所讀明清間人的文集，未有如張履祥將處館一事如此反覆推究者。儒家之徒追究意義的習癖，使他對此職業之於自己的意味，追問而不能自已，於此不也見出了對於「師」之一名的珍重不苟？

魏際瑞《師說》（《魏伯子文集》卷三）由師的墮落，說師道之淪喪，列舉「師而匠者」、「師而賈者」、「師而奴隸者」、「師而盜賊者」、「師而禽獸者」、「師而鬼魅者」種種，由此而說為師之道，強調「匪我求童蒙，童蒙求我」，也如王夫之論臣道，強調的是士的尊嚴原則。而說為師者的自輕賤，魏氏也強調其在雇傭關係中的唯「利」是求（「以道謀食」，「館穀隆殺，教別輕重，苟得而已」）。篇後有彭士望的評語：「世不尊師，由於師不自尊，故伯子特為端本之論。」[20]

其時師弟子關係中的勢利，被歸因於更為顯然的政治方面。有明一代，政爭劇烈，所謂的「師弟情誼」，也不免如歸有光所說的「以形勢為厚薄」（《重交一首贈汝寧太守徐君》，《震川先生集》卷四第102頁）。此乃人情之常，本無足怪。張履祥則將「勢利」置於「遊走」的風氣中，說「古之學者，終身一師，故弟子得專其所以為學，而師亦得盡其所以為教，以是傳習源流，具有本末。今之學者，如六國遊士，朝秦暮楚，又如魏其武安賓客，權勢盛則趨之。……」（《楊園先生全集》卷二五《問目》）從師，毋寧說從權力（唯權勢者是師）；因而更應當目為追隨者以至黨徒，與「弟子」「門生」已無涉。事實是，非但學派系於師承，且該師聲望之隆替，亦在於門下是否有人（能傳其學之人，以至勢位顯赫之人）。如此風氣中，師弟情誼，

---

20 清人夏之蓉《師說》開篇即曰：「古之師也以道，今之師也以藝」（《清經世文編》卷六第161頁）。「藝」非即技藝，也未必不包括技藝。倘若我的理解不錯，那麼「今之師也以藝」，或許正是師的職業化的表徵。

勢必難以經受時間中的銷磨，[21]不免要令敏感的士人對於世態炎涼感
慨係之了。[22]

曾經教館的魏禧慨歎著士風的澆漓：「今少年有才士，稍能執筆
為文，便兀然自謂人師，至其素所執經受業師，若夷然不屑，不得已
而奉以其名者」（《封禹成五十壽序》，《魏叔子文集》卷一一）。張爾
岐對於師生間的情態，更有如下生動的描繪：「當其高踞皋比，攘腕
而談，學者環擁而聽之，一書義出，群然曰『昆湖』，曰『震川』；一
詩一記序出，群然曰『盛唐』，曰『秦漢』；標一指，送一疑，則又群
然曰『濂、洛、關、閩之所不逮也』。下堂而反唇，及庭而捧腹，出
門而轟鬨笑聲四溢焉」（《送鄧溫伯之莘縣訓導任序》，《蒿庵集》卷二
第 92-93 頁）。想來應得之於切近的觀察，竟是張氏本人的經驗之談
也未可知。該文也強調了「職而往師」與「學者求而來師」的區分，
由此而說師道之衰，士風之壞。

師道之尊，是要賴制度作為保障的。一時論者於此也有不謀之
合。作為救病之方，議論集中在教官資格與有關的「體統」上。論者

---

21 歸有光曰：「莊渠魏先生，於正德、嘉靖之間，以明道為己任。是時海內慕從者不
　　少。後二十餘年，能自名其師者，幾於無人」（《周孺亨墓誌銘》，《震川先生集》卷
　　一九第465頁）。即令生前聲名顯赫者，也難免於身後的蕭條。歸氏此篇有感於士習
　　之澆漓淺薄，徒「慕高名」，「至要之於其久，倡者既沒，和者隨息」。

22 錢謙益就說，「昔人重進士科，有司謂之座主。今翰林典春秋試事，亦稱座主。師
　　資之誼，自昔而然。雖仕至卿相，亦必曰出某人之門。比其衰也，座主門生，菀枯
　　遷改，或掉臂以去，或掩面而避。朝盈夕散，比於虛市。辛酉秋試，余所舉於浙者
　　百人，計終始不相倍背者，亦六七人而已」（《故福建建寧府推官待贈史科給事嘉善
　　柯君墓誌銘》，《牧齋有學集》卷三〇第1106頁）。吳應箕說因周鑣「多所薦達，於是
　　遊其門者幾數千人，而天下遂有周夫子之號。袁江州、張芑山嘗規之，而宣城沈眉
　　生屢有諷諍，其徒不說，反煽為異言。今號為弟子者，相見但字仲馭而不先生也，
　　且有辨其未嘗委贄者」（《樓山堂集》卷一九《祭周仲馭文》二。袁江州，疑為袁袁
　　州之誤，袁袁州，袁繼咸；張芑山，張自烈；沈眉生，沈壽民）。

主張教官的嚴格遴選，並以相應的禮儀規範維護其尊嚴。黃宗羲的
《明夷待訪錄·學校》一篇，即涉及上述問題。黃氏的說法是：「郡
縣學官，毋得出自選除。郡縣公議，請名儒主之。自布衣以至宰相之
謝事者，皆可當其任，不拘已仕未仕」；「大學祭酒，推擇當世大儒，
其重與宰相等，或宰相退處為之。每朔日，天子臨幸太學，宰相、六
卿、諫議皆從之」（《黃宗羲全集》第 1 冊第 11 頁）——所以尊之重
之者如此。黃氏以為師道復古，應基於上述制度性的安排。

地方教官原不屬地方政府管轄，論者卻更主張教官脫出官僚體
系。上引黃宗羲所謂「不拘已仕未仕」，即已包含有這層意思。顧炎
武設想中的學校，師「聽令與其邑之士自聘之，謂之師不謂之官，不
隸名於吏部」；還說，「夫天下之士，有道德而不願仕者，則為人師」
（《郡縣論》九，《顧亭林詩文集》第 17 頁）。由上下文看，此「人
師」非相對於「經師」，指的是不任職於官方的師。陸世儀以為「國
子監則當格外獨尊，而不當儕於諸卿」，今制，國子監的地位卻在九
卿之下。他還抱怨國子祭酒品位太低（從四品），「祭酒」之稱也非所
以「崇儒重道」（《思辨錄輯要》卷一三）。更進一步，他說，「愚謂天
下之人，凡天子、公侯、大夫、士庶，皆有定分，惟師無定分，不可
以等級拘也」（同書卷二二）。也如顧氏，主張「教官」乃「師」，「不
當有品級，亦不得謂之官」，「無常職，亦無定品，惟德是視」（同書
卷二〇）。師「不受爵於朝廷，不受制於上司，縣官以禮聘請，講道
論德，合則留，不合則去」（同上）。這些在後世看來重要的思想，當
其時似乎已近於常談。較之斤斤於在權力機構中為師爭地位，陸氏的
著眼處已自不同。李塨「訂」王源《平書》，也說「師保一官不在臣
內，最是。顏習齋先生嘗言曰：『《中庸》大臣、群臣之外，先有尊賢
一經，乃論道傳學、不可臣使之人也。……』」（《平書訂》卷三）凡
此，倘與其時論臣道的文字並讀，或更意味深長。論者所謂的尊師，

意味著官員以至天子抑其尊。如若說有不臣之士，那麼師就應當是。
儘管「學」仍然不能獨立於政，由上述論說——即學官不宜隸屬於官
僚機構——是否可以認為，在其時的有識者，「學」的從屬於「政」，
已非無疑義？

　　至於體統，從來被認為須賴相應的禮儀維繫。天啟二年劉宗周上
《修學中興第一要義疏》，即主張「自今教官見上司，請如京官堂屬
之體，獨得自別於他途」（《劉子全書》卷一四）。稍後王夫之以為
「學政唯宋為得，師儒皆州縣禮聘，而不係職於有司……不與察計之
列。行移不通於有司，迎詔、拜表、歲、時、朔、望無所參謁」（《噩
夢》第 568 頁）。其《識小錄》則說，「師道之尊，等於君父」，體現
於禮儀，「祭酒、司業於彝倫堂坐受監生旅拜」而不必答（同書第
610 頁）。同篇還說，明倫堂因係「士執經受業之所」，「故本所肄業
之學，雖登八座，位宮保，不敢以賓客禮登堂」。《明夷待訪錄‧學
校》更以為郡縣學官朔望講學，郡縣官應「就弟子之列，北面再
拜」；「祭酒南面講學，天子亦就弟子之列。政有缺失，祭酒直言無
諱」：凡此類主張，似乎都可以歸入其時重建士的尊嚴感的大工程。
就「師」、「師道」而言，較之劉氏、王氏以至黃氏，仍然要以顧炎
武、陸世儀的主張更徹底。倘若如顧、陸二氏所說，師「無常職，亦
無定品，惟德是視」，哪裏還用得著「僕僕亟拜」，以致失卻了尊嚴的
呢！陸氏的特別之處，在設想必入於具體、可操作層面，即如想到冠
服，以為師的冠服「不可同於職官之制，當另制為古冠服，如深衣幅
巾，及忠靖巾之類，仍以鄉、國、天下為等」（《思辨錄輯要》卷二
〇）——沒有官的品級，卻也另有等級區分。更特別的是，陸氏以為
師既非官，則遺民不妨為師，鼎革之後當道宜用「遺黎故老」為師。
推演此邏輯，倘不居官，遺民也不妨佐治。陸氏本人不取土室、牛車
的堅守，自與這種靈活的態度有關。

　　陸氏的上述主張自非其時遺民的共識。萬斯同《宋遺民廣錄訂誤》（《石園文集》卷八），對宋遺民就甄別甚嚴。所舉諸「失實」、「濫入」中，有多位曾任學官（州學教授、郡學師等）以至書院山長者（對此種人物亦曰「仕元」），與陸世儀所見顯然不同。關於名儒趙復，萬氏曰其人「雖未受元職，然其教大行於北方，日主講席，終於燕都，非隱士也，亦不當入」。倘如此，則不但其師黃宗羲，北方大儒孫奇逢等，不當入遺民錄，萬氏本人於清初主京城講席，似也不具備遺民資格。其實《宋遺民廣錄》的編者未必失考，而是所設界限不同。由此也令人想到學校之師的身份的某種曖昧性。

　　至於上述那些與禮儀有關的主張，有必要置諸易代之際《禮》學復興的背景上讀解。明代一向有堅持某種禮儀規範，不惜得罪尊長以至君主者。上文已經說到的經筵講官最是適例。《明史》錢唐傳：「嘗詔講《虞書》，唐陛立而講。或糾唐草野不知君臣禮，唐正色曰：『以古聖帝之道陳於陛下，不跪不為倨』」（卷一三九）。黃道周傳則記黃氏天啟年間為經筵展書官，「故事，必膝行前，道周獨否」（卷二五五）。這種拒絕或堅持，都被認為意義嚴重。即「廣文」或也示人以不可輕。《明史》本傳記海瑞署南平教諭，「御史詣學宮，屬吏咸伏謁，瑞獨長揖，曰：『臺謁當以屬禮，此堂，師長教土地，不當屈。』」上述故事，梁雲龍的敘述更有其生動：「郡守諸大夫視學陞堂，教官謁，左右跪，公居中挺立，諸大夫色艴，語侵曰：『安所得山字筆架來？』蓋指公也」（《海忠介公行狀》，《海瑞集》第 536 頁）。

　　推究禮意，原是儒家之徒——尤其其中有學識的部分——的所長。王夫之由「命官分職」，追究朝廷的「教育政策」，朝廷政治中學校之輕重，在當時，亦一種根源性的追究：於此他追究的是「學政」在朝廷政治中的分量，體現於「職官」的制度思想、設計（參看《噩

夢》第 567 頁）。我們或許可以認為，社會生活中師（以至幕賓等）
的職業化，「雇傭─契約」關係的發展，是上述思想的一部分根據。
當時的論者卻更樂於援據經典，以復古制為說，似乎關心的只是提示
「師」的原始語義，恢復其原初的功能、地位。而那些「近代因素」
在他們的視野中，其意義只是負面的。

## 所謂師門

　　黃宗羲說：「古之釋奠於先師者，必本其學之所自出。非其師勿
學也，非其學勿祭也」（《餘姚縣重修儒學記》，《黃宗羲全集》第 10
冊第 129 頁）。《明史・文苑傳》記唐時升，曰其人早登歸有光之門；
「王世貞官南都，延之邸舍，與辨晰疑義。時升自以出歸氏門，不肯
復稱王氏弟子」──是如此的鄭重！黃宗羲論師道，以賀欽之事陳獻
章、錢德洪，王畿之事王陽明，羅汝芳之事顏山農，楊起元之事羅汝
芳為例（《廣師說》）。那是當代理學家提供的師弟關係的範例。或許
可以認為，「師道」之被討論不已，多少也因了上述儒者的榜樣。黃
宗羲顯然贊同錢德洪的如下說法，即所謂「門人」，其義絕不止於
「及門委贄」；如羅洪先之於王陽明，雖未曾及門，正不妨稱門人
（參看其《移史館論不宜立理學傳書》，《黃宗羲全集》第 10 冊第
212-213 頁）。明代名儒的門下士，對於其師，確也不止於「及門委
贄」。王艮卒，鄒守益、王璣、王畿在奠文中說：「子有強力，毅然擔
當。萃我同盟，保孤恤煢。嗟嗟師門，子為白眉」，將王艮的經紀其
師身後之事（即「保孤恤煢」），視為弟子的道義責任（《王心齋先生
遺集》卷四）。到本書所論的這一時期，儒家之徒對這類故事，耳熟
能詳。

　　師弟間關係的親密性，確也要由「傳道」「授業」以外的事件，

才更足以證明。也如王陽明的弟子干預其身後家族紛爭，復社領袖張溥的門下士，曾以保護其遺屬的名義參與懲罰惡僕（參看《吳梅村全集》卷二四《清河家法述》）。易堂魏禧為其業師楊文采器重，那表達方式是，許以參與其家庭事務（《楊一水先生同元配嚴孺人合葬墓表》，《魏叔子文集》卷一八）。錢謙益身後，門人也介入了其家族衝突（參看錢孺飴《錢氏家變錄》）。這裏「門生」「弟子」的意味，有非近人所能想見者。[23]

　　儘管有如上文所引的諸種時弊，那個時期卻真的不缺乏關於師弟情誼的動人故事。錢謙益之於孫承宗，就說得上情意深摯。孫奇逢的氣象原本寬裕豁朗，師弟亦友朋，晚年所作《懷友詩》，所懷多為「及門」，序中有「晚年耄廢，尤感及門之助」云云（《孫夏峰先生年譜》卷下，康熙十二年），想必不是一句客套話。江右易堂諸子，就曾由門人那裏得力。魏禧說他的門人賴韋「去城市，棄先人之廣廈，離親戚，從予結屋於翠微峰者，幾二十年」（《麻中說為賴韋作》，《魏叔子文集》卷一五），也可讀作亂世的一段佳話的吧。

　　明初的政治暴虐，明中葉以降的黨爭，都足以使師／弟一倫的道義內容凸顯；弟子之於師的倫理義務，當明清易代之際，尤有被認為的嚴重性。

　　明初方孝孺一案誅及門人，是極端的例子。《明史》廖永忠傳（卷一二九）、方孝孺傳（卷一四一），記方氏死，其門下士有以身殉

---

23 屠隆所撰《明河南按察司副使奉敕備兵大名道鹿門茅公行狀》，記茅坤「篤於義氣」的諸種事實，中有「座師錢公、李公子並以貧告，立出橐中數百金恤助之」云云（《茅坤集》附錄一第1355頁）。也有似可歸之一類而性質大不同的例。顧公燮《消夏閒記摘鈔》卷上《明季縉紳田園之盛》：「前明縉紳，雖素負清名者，其華屋園亭，佳城南畝，無不攬名勝，連阡陌，推原其故，皆係門生故吏代為經營，非盡出己貲也」（轉引自謝國楨《明清之際黨社運動考》第212頁）。

者。廖永忠的兩個孫子廖鏞、廖銘曾受學於方氏，因收葬方氏遺骸而
論死——像是可以為有爭議的「誅十族」之說做一注腳。永樂中藏方
氏文者死罪，有門人王徐潛錄為《侯城集》，使方氏文集得行於世。
此案中門生弟子與其師同難，明亡之際師弟子同殉（或曰師殉明、弟
子殉師），一首一尾，若有呼應，也不妨認為完成了一種境界。

　　羅汝芳的師事顏鈞（山農），則是另一極端的例子。另有何心隱
與其門弟子。永豐縣志本傳：「汝元（按梁汝元即何心隱）既遭捕，
其徒祁門胡時和隨侍數千里。汝元死，時和亦哀痛死」（《何心隱集·
附錄》第 126 頁）。顧憲成《重刻懷師錄題辭》曰：「予讀楊夷思先生
（坦）所輯《懷師錄》，為之出涕，作而歎曰：異哉，梁永豐落落布
衣也，其生也不能富人，不能貧人，不能貴人，不能賤人，樵兒牧稚
可狎而睨焉。比其死也，人皆冤之。為之徒者，且相與捐身以赴之，
至冒鼎鑊，蹈白刃而不恤」（同上。按梁永豐即何心隱）。曰師曰弟
子，豈苟然哉！

　　天啟閹禍，也成就了堪稱楷模的師弟。即如史可法與其座師左光
斗。左、史的這段故事中，更為世俗所樂道的，是史氏在極端兇險的
情勢下，冒險探監的豪舉——確也算得上亂世傳奇。對此史可法說：
「猶憶逆璫陷師於獄，一時長安搖手相戒，無往視者。法不忍以逆焰
故而避之，微服過從，一慰痛楚。師見而驚蹙曰：『爾胡為乎來
哉？』唯恐夏馥之載禍相餉也。瀕危若是，而尚慮以相知見累，師真
師而父母矣」（《祭大中丞左公文》，《史可法集》卷四第 114 頁。羅振
常《史可法別傳》記其事甚詳，見同書附錄）。

　　上述左、史的故事，清初猶傳頌在人口。傳在人口的，另有李應
昇與其師吳鍾巒。魏禧記這一對師弟：「李公之被逮也，道出先生
（按即吳氏）家，先生命二子輟讀侍左右。李公曰：『此後亦勿令吾
兒讀書。』先生曰：『書何必不讀，特勿學子真讀書耳。』李公笑

曰：『還須勿令從真先生遊也。』二公雖一時悲憤之言，其師弟相期許、欣然自喜之情，亦足以明其所講習」（《端友集後敘》，《魏叔子文集》卷八）。此種師弟關係的嚴峻風味，是在酷烈的政治鬥爭中生成的。這類故事在明末的歷史情境中，無疑有其訓誨意義。關於天啟遇難的東林諸人，《明儒學案・東林學案》有一段激情的話，說「一堂師友，冷風熱血，洗滌乾坤」。對於明清易代之際的士人，不久前黨爭中的患難師弟，為處此一倫，提供了切近的榜樣。由後世看去，後一幕戲的劇情儼然銜接了前一幕，且同樣塗染了濃重的血色。

明清之際師弟一倫的嚴肅性，在劉宗周與其門下王毓蓍、祝淵的關係中，有「淋漓足色」的呈現。王毓蓍以其自沉激勵其師殉明，是其時最為人所稱道的師弟故事之一。關於王毓蓍，劉宗周竟說：「吾講學十五年，僅得此人」（《子劉子行狀》卷下，《黃宗羲全集》第 1 冊第 247 頁）。儘管王氏此前係不受羈束的風流名士，不被認為具備「廁入聖域」的資質。時人以至劉宗周本人對王毓蓍之死的反應使人相信，師弟關係中的道義原則在此「歷史瞬間」，被推向了極致，授業以至傳道，似乎都退居「第二義」了。

其時另一大儒黃道周，則師弟同日就義。至於《年譜》所說「三千年來之師弟，於茲僅睹」（莊起儔編《漳浦黃先生年譜》，《黃漳浦集》），卻不免誇張。當其時師弟同死，黃門絕非僅有的例子。金聲被執，門人江天一與之同死（《明史》卷二七七）。屈大均記陳邦彥赴義，陳氏之門人「皆一時相從以死」（《順德給事岩野陳公傳》，《翁山佚文輯》卷上）。另有其它義舉。瞿式耜殉難，門人殯殮，也正令人想起方孝孺的故事。遺民後死者也貢獻了他們的故事。即如梁份之於彭士望、魏禧。[24]也有情節不同的故事。《明史》淩義渠傳記京城陷

---

24 梁份《懷葛堂集》王源序：「質人（按即梁份）樸摯強毅，嘗隻身走數萬里，欲繼

落，「得帝崩問」，門生勸無死，義渠厲聲曰：『爾當以道義相勖，何
姑息為！』揮使去」（卷二六五）。

　　儘管其時的士人相信，師弟之誼尤見之於顛沛造次之際，「義
舉」卻也非到了國亡才有。明末傅山就曾率諸生為其師袁繼咸伏闕訟
冤。傅氏與其友薛宗周因此舉而有「山右二義士」之譽，時人以為其
「事師行義」，「當求之古人」（《因人私記》，《霜紅龕集》卷二九第
809、810頁）。[25]事實的確是，不待明亡，激烈的政爭即已將師弟一
倫的道義基礎極度地強調了。道義要求無疑使得人生嚴肅。處師弟子
關係的極端的嚴肅性，與明中葉以降修省之為風氣，不無關係。風氣
中江右的宋之盛曾令門生以《日錄》為自己記過，「藉以懲改」（《答
謝秋水書》三，《髻山文鈔》卷下）。儘管並未就此發展出「新型的師
生關係」，卻也令人看到對於「道」的追求，怎樣提升著師弟關係的
境界。

　　而為人所詬病的明人的門戶習氣，卻也形成在同一政治、文化空
氣中。[26]即使對於「門戶」，也仍然不可作一概之論。由上文可知，有

---

　　兩先生志」。此所謂繼志，應指「恢復」之志。同書姜宸英序說「梁子緣師志，退
　　守窮約，年過四十不求仕」。
25 張自烈《上為友訟冤書》篇後自記：「先是臨侯（按即袁繼咸）就逮，諸生傅山、
　　薛宗周者，皆左右臨侯於厄深，合孔門陳蔡之義。太史馬素修為紀其事，斯亦足傳
　　也」（《芑山文集》卷三）。全祖望也記明亡之際傅山與袁氏以節義相砥礪（《陽曲傅
　　先生事略》，《鮚埼亭集》卷二六）。傅山本性情中人，涉筆師門，即一往情深，如
　　《敘楓林一枝》（《霜紅龕集》卷一六）。其《與居實》一箋，自說「死在旦暮」，卻
　　仍然不忘「為袁先生尸祝山中」（同書卷二三第641、643頁）。
26 前此陸象山說過：「後世言學者，須要立個門戶。此理所在，安有門戶可立？學者
　　又要各護門戶，此尤鄙陋」（《語錄》，《陸象山全集》卷三四第255頁）。《明儒學
　　案》卷四六蔡清《語要》：「先正嘗謂『願士大夫有此名節，不願士大夫立此門
　　戶。』今襃名飾字以相重，便是標門標戶矣」（第1099頁）。羅欽順亦不滿於其時的
　　「門戶」。同書卷五二：「整庵（按即欽順）方自貴重，懲兩家之聚生徒，各立門
　　戶，故少所容接」（第1255頁。「兩家」指王守仁、湛若水）。黃宗羲晚年所撰《思

明一代，固然有慕名義而藉重「師門」者，也自有珍重此種名分，以為嚴肅的道義承當者。且泛泛地批評「門戶」，也未見得合於實際。政爭中諸「不附」的故事，豈不正可作為對「習氣」的反撥？有明一代，甚至有藉口「門戶」的迫害。劉宗周就曾歎息道：「『門戶』二字，數十年來，不知殺天下多少正人，傷天下多少元氣」（《劉子全書》卷一五《面恩陳謝預矢責難之義以致君堯舜疏》）。

　　重師所以重道，非借「師門」以自重。故黃宗羲說「人重夫世系，非世系之足以重人」《天岳禪師七十壽序》，《黃宗羲全集》第10冊第675頁）。黃氏曾批評釋氏「以大道為私門」，說「豪傑之士生於其間者，附不附皆不可」（《蘇州三峰漢月藏禪師塔銘》，同書第513頁）。由黃宗羲、陳確等人看，其時的劉門，已在上述習氣之外。陳確之於「師門」，未必即以「傳承」自任；其同門友黃宗羲評價他的學術，也不斤斤以「師說」為尺度，無不氣象闊大。由劉宗周而黃宗羲，由顏元而李塨——明清之際乃學術風氣轉移之會，此「轉移」也實現在上述弟子之於師的另闢蹊徑、別開生面上。人與「時風眾勢」關係之複雜多樣，上述個案無疑可以作為分析材料。

　　即使黃宗羲有如上言論，其門弟子也仍然會因了師事他人而感受壓力。李塨年譜辛巳（1701），記萬斯同說：「某少受學於黃梨洲先生，講宋、明儒者緒言。後聞一潘先生論學，謂『陸釋朱羽』，憬然於心。既而黃先生大怒，同學競起攻之，某遂置學不講，曰：『予惟窮經而已。』以故忽忽誦讀者五六十年。……」（《李塨年譜》第83頁。按潘先生即潘平格）《年譜》所記，應據李塨《萬季野小傳》（《恕谷後集》卷六）。

---

舊錄》，記周鍾、周鑣：「兩家之門人相見，則睊睊相向」（《思舊錄·周鑣》，《黃宗羲全集》第1冊第353頁）。

　　門戶角立，非此即彼，去此即意味著就彼，即「背師教」以致叛道。王柏曾說：「考亭後學一時尊師道之嚴，不察是否，一切禁止之」（《大學沿革後論》，《魯齋王文憲公文集》卷一○）。王柏本人亦朱學中人，因對朱子改本《大學》（《大學章句》）的異議而為其它「考亭後學」攻擊，因有是言。王艮《年譜》嘉靖十六年丁酉：「時有不諒先生（按即王艮）者，謂先生自立門戶。先生聞而歎曰：某於先師（即王陽明），受罔極恩。學術所繫，敢不究心以報。」

　　在黨爭的氛圍中，「叛師」有了尤為嚴重的意味。但見解轉移，仍有不惜一「叛」者，晚年的黃綰可為一例——倒是愈見出嚴肅的理學家在此「倫」上的不為苟且。這一種故事到本書所論的時期也仍在演出。歸莊曾奉潘平格為師，後對潘氏有所疑，改而為友；其致書潘氏，說自己將前往造訪，「端拜致謝，以了從前師弟之案，然後相向長揖，重敘朋友之禮」（《與潘用微先生書》，《歸莊集》卷五第333頁。關於此事始末，歸氏另有《敘過》一文），說得極其坦然。確如歸氏本人所說，「大丈夫心事光明磊落」；即在當時人看來，也未必不作為古風猶存的一份證明。流傳至今的古人文字中，令人興趣不衰的，就有這一類文字。[27]

　　作為對於門戶習氣的反撥，理學家的「標宗旨」遭遇了嚴厲的批評。

　　標宗旨，亦所謂「單提直指」，無疑是易於收效的傳道方式。陸象山詩云：「易簡工夫終久大，支離事業竟浮沉」（《陸象山全集》卷三四《語錄》第276頁）。「支離」即無統貫的宗旨。湛若水說：「夫

---

[27] 錢穆分析歸莊、潘平格（用微）之「始相契而終相隙」，說歸氏「雖嶔奇，而求道心切，皇皇未得安止。故一見用微持論高而自信堅，不覺為之俯首心折。稍久則識其平淡空疏，而悔心乘之」（《中國近三百年學術史》第二章第55頁）。當其時「求道心切」，即名士亦不免。大儒、知名之士追隨者之眾，由歸氏一例，也可解釋。

所謂支離者，二之之謂也。非徒逐外而忘內，謂之支離。是內而非外者，亦謂之支離，過猶不及耳。必體用一原，顯微無間，一以貫之，乃可免此」（《答陽明》，《甘泉文集》卷七，轉引自容肇祖《明代思想史》第 67 頁）。與「支離」相對待的，即「一貫」。認為思想、義理必有提掇、總攝，否則即不能免於支離——劉宗周即批評朱子解《大學》「愈析而愈支」（《大學雜繹》，《明儒學案・蕺山學案》第 1589 頁）；其標舉「慎獨」，無疑也為免於支離。[28]

求「多學而識」與求「一貫」，儘管可能出諸同一人，卻仍然會有側重之不同。學必有所主，有要領：從來就有這一種思路；立宗旨，如王夫之所說「立要領於一字而群言拱之」（《詩廣傳》卷四，《船山全書》第 3 冊第 461 頁），卻是理學興起後的一種風氣。其時士人論學，會問對方尊旨如何。由後世看去，標宗旨類於宗教行為，有語言拜物教的嫌疑。到本書所論的這一時期，非立宗旨，即不足以名「派」；師門宗旨即學派綱領，亦一士人群體的便於為人識別的標記。師弟間以宗旨為授受；弟子則以承傳、維護宗旨為道義責任——門派、門戶習氣的釀成，未必不以此為一部分條件。

前此胡瀚就說過：「宋儒學尚分別，故勤注疏；明儒學尚渾成，故立宗旨。然明儒厭訓詁支離，而必標宗旨以為的，其弊不減於訓詁」（《明儒學案》卷一五第 330 頁）。明清之際陸世儀說：「或問儀以宗旨，儀應之曰：實無宗旨。昔朱子人問以宗旨，朱子曰：某無宗旨，但只教人隨分讀書。愚亦曰：儀無宗旨，但只教人真心做聖賢。」「予初起手得力一『仁』字，後來又得力『敬』字『天』字，

---

28 劉氏說：「《大學》之道，一言以蔽之，曰慎獨而已矣」（同上）。他又標舉「誠意」，說：「知止而後定、靜、安、慮、得，所謂『知至而後意誠』也。意誠則正心以上，一以貫之矣。今必謂知止一節是一項工夫，致知又是一項工夫，則聖學斷不如是之支離……」（《子劉子學言》卷一，《黃宗羲全集》第1冊第287頁）。

『理一分殊』、『人心道心』、『一貫』、『性善』、『太極人極』，諸如此類，皆可立宗旨，然不欲立者，恐舉一而廢百也」（《思辨錄輯要》卷二）。這「舉一而廢百」，說得很切當。顧炎武也批評「舍多學而識，以求一貫之方」（《與友人論學書》，《顧亭林詩文集》第 40 頁）。據說呂留良「平居講習未嘗標立宗旨」，且說「惟異端之學有綱提訣授，吾儒無是也」（《呂晚村先生文集》附錄呂公忠撰呂留良《行略》）。

態度尤為激切的，是王夫之。王氏說，「一以貫之，而非執一以強貫乎萬也」；「如近世陸、王之學，竊釋氏立宗之旨，單提一義，秘相授受，終流為無忌憚之小人」，足為炯鑒（《周易內傳》卷一上，《船山全書》第 1 冊第 50 頁）。還說：「抬一官樣字作題目，拈一扼要字作眼目，自謂『名家』，實則先儒所謂『只好隔壁聽』者耳。」「扼要字者，如程子教學者以主敬，乃立本以起用，非知有此事便休，更不須加功修治之謂。」「聖賢之學，原無扼要」（《薑齋詩話·夕堂永日緒論外編》，《船山全書》第 15 冊第 855-856 頁）。其時「立宗旨」之為風氣，與科舉文體之一體的「經義」未必無關；而做文章的方式，與普遍的論證方式、思維方式，又有可能相互助成。前此陳亮曾在致朱熹書中，對儒者傳「絕學」（朱子所謂「諸聖相傳心法」、「堯、舜相傳之心法」）極盡挖苦，曰其人「三三兩兩，附耳而語，有同告密；畫界而立，一似結壇」（《又乙巳秋書》，《陳亮集（增訂本）》卷二八第 352 頁），刻畫此種教派／學派行為之詭秘，窮形盡相。王夫之沿用了「附耳相師」的形容，將儒家之徒的類似行徑比之於佛、道兩家的「密室傳心」，說「語學而有雲秘傳密語者，不必更問而即知其為邪說」（《俟解》，《船山全書》第 12 冊第 488 頁）。[29]

---

29 王氏還說：「有德之言，唯心得之，乃與往聖合符。韓退之言堯舜遞傳至孟子，豈有密室心印、衣缽拂子如浮屠之授受乎！」（《搔首問》，同書第625頁）張岱也說：「傳道之說，宋儒仿禪家衣缽而為之，孔門無此也。曾子隨事用功，子夏泥於多

王夫之批評「立宗旨」，與他論詩的批評「立門庭」一致，甚至與他主張的「用獨」，也不無貫通。他說，「李文饒有云：『好驢馬不逐隊行。』立門庭與依傍門庭者，皆逐隊者也」（《薑齋詩話・夕堂永日緒論內編》第 831-832 頁。李文饒，李德裕）。

顧炎武既「不立壇坫」，也就無所謂「宗旨」。黃宗羲雖師從劉宗周，且講學授徒，卻也不曾標宗旨[30]——風氣也就於此而暗中轉移。但「轉移」的意味仍然複雜。王汎森就認為，明清之際「反宗旨之說的興起，代表思想學術由多元到一元的趨勢」（《明末清初思想中之「宗旨」》，臺灣《大陸雜誌》第九四卷第 4 期，1997 年）。

## 講學之於師道

陳寅恪《隋唐制度淵源略論稿》論及魏、晉、南北朝學術與家族、地域的關係。「家族學術」在本書所論的這一時期，未見有復興的跡象；即方氏父子、黃氏、萬氏兄弟，[31]也難言「家世之學」。而宋元以降講學活動的流動性——師的隨處設壇，講學對象的因時、地的變動，或弟子隨師的流動，也有利於地域限囿的突破。

「黨社運動」與大規模的講學在同一環境中發生，一定意義上相

---

學，故語以『一貫』。若雲秘傳，何不以語顏子？若曰道慎其接，子夏之後，何以流為莊周？根性各別，道體無方。『忠恕』二字，亦舉己所得力及門人所易曉。向來認作機鋒，近來紛紛執著，皆屬邊見」（《四書遇・論語》第124頁）。

30 錢穆說黃宗羲《明儒學案》「於諸家學術，各有評騭，要以陽明致良知、蕺山慎獨之說為主，初未嘗不欲於萬殊中立一定局，使後之學者出於一途」，而寫於晚年的《明儒學案序》，「則謂『寧鑿五丁之間道，不假邯鄲之野馬』，頗以執定成局出於一途者為非」，則黃氏個人見解，實自有變，較之前此之「拘執蕺山慎獨之訓」，境界已不同（《中國近三百年學術史》第二章第27頁）。

31 即方以智與其父方孔炤、其子方中通、中履，黃宗羲與其弟黃宗炎，萬斯大、斯同兄弟。

互助成。「師門」因黨社而規模擴張、影響力擴大，在主盟黨社者那裏更看得清楚。至於那種集團傾向，可以視為知識人作為社會力量的集結——向黨社領袖，嚮學派宗主，向一種魅力人格的集結。所宣稱的理由未見得重要，重要的在「集結」這一動作、動向。數百年之後，由有關的文獻仍然不難感知包蘊在集結中的巨大激情。熱情的士人冀信仰有所附麗，於形而上的「道」之外，還需要其俗世化身。對儀型、偶像的需求，終明之世；而理學宗師、一時的大儒，有時就承當了偶像的角色。在此種風氣下，所謂「師門」，有可能被賦予了思想傳播、學術傳承之外的意義，即如經由師門，實現士的力量（包括思想、文化能量）的組織與凝聚——明亡之際更是如此。

下文將要談到，「講學」未必在師弟子之間。明中葉後儒者的講學活動，更是一理學派別中人的「思想交往形式」（參看陳來《明嘉靖時期王學知識人的會講活動》一文），但上引李顒文確有「講學師」之一名。李氏以「講學師」區別於「舉業師」，右此抑彼。這只是李氏個人的意見；由下文可知，同時張履祥、顧炎武的說法已大有不同。

宋、元以降講學之為風氣，本與理學為盛衰。陸世儀說：「正、嘉之間，道學盛行，至於隆、萬，日甚一日，天下靡然成風」（《思辨錄輯要》卷一）。因了明儒的競相講學，「講學家」幾成「道學家」的別名。考察明代士人的師弟關係，明人對師道、師門的理解，自應聯繫於理學運動中講學之為風尚。明中葉後愈加如火如荼的講學活動，無疑有助於恢復師道之尊；而理學對於思想傳承的強烈要求，賦予了師弟子一倫以非同尋常的內容。其時大儒主持的講會，無疑將師弟一倫大大地推廣了：凡與於講會者，均可自居弟子；而其時講學規模之大，則為文化史上的奇觀，因此師弟關係之濫，名分之淆，不難想見。緣於此而以「弟子籍」、「弟子考」的方式表達認同以及實行廢

黜，也證明了士人間緣「師」而建立的聯繫的嚴重性質。至於會講中的平等感（即如參與者以齒序），無疑也潛移默化地改造著師／弟倫理。明代士人氣象的寬豁處，呈現於此種場合，確也令人感得親切。[32]

有明一代的理學名儒均有大批追隨者，其間或確有授受，或只是偶與於講會，即自列於門牆。富於吸引力的，名儒之外尚有名臣。李東陽、楊一清門下，均號稱多士。《明史》楊一清傳，說其人「愛樂賢士大夫」，「朝有所知，夕即登薦，門生遍天下」（卷一九八）。嘉、隆以降講學而以傳道自任、務為聳動的，更是「王學知識人」（參看陳來《明嘉靖時期王學知識人的會講活動》；吳震《明代知識界講學活動繫年（1522-1602）》）。由有關記述，不難得知其時講學者（如王艮及其徒）的「傾動」程度——當然也不排除記述者張大其辭的可能性。對於「義理」的熱情浮蕩在士人中，甚至使得有關的記述傳達了某種詩的氣氛。那流動不已的士人中，的確像是湧動著追求詩式生存的激情。[33]這一時期的講學，就規模而言，大約唯王夫之所批評的漢代「專家之學」可比（參看《後漢書‧儒林傳》）。講學可以是如此富於號召力、如此激動人心的活動！

---

32 由劉宗周所擬《證人會約》（亦作《證人社會約》），可知其時儒者主持的此種講會，設計、組織之周密。陸世儀《論學酬答》卷四《與陳確庵論講會書》說「諸散徒共舉講會」，己「至期齋戒肅臨」，極其鄭重。陸允正《顯考文學崇祀鄉賢門人私諡文潛先生梓亭府君行實》記陸氏立「講規」、「罰規」，「定歲會、月會、旬會、時會之禮」，「皆嚴憚以從事，畏敬以奉行，久而弗渝，肅如也」（《梓亭先生遺書》）。

33 《明儒學案》記陶匠韓貞「以化俗為任，隨機指點農工商賈，從之遊者千餘。秋成農隙，則聚徒談學，一村既畢，又之一村，前歌後答，弦誦之聲，洋洋然也」（卷三二第720頁）——亦其時人文勝景。此種文字提供了民間、底層與士夫交互影響之一例。韓氏一流民間人士之可畏，也應在其政治能量。據耿定向所撰王艮傳，韓氏以安定地方作為其講學活動的一種成效。該傳記縣令某與韓貞問答，「令問政，對曰：『儂僰人也，無能輔左右，第凡與依居者，幸無訟牒煩公府，此儂所以報明府也。』令檢案牘稽之，果然，益敬禮焉」（《年譜‧補遺》，《王心齋先生遺集》卷四）。

萬曆末年以後的黨爭中，講學亦所爭之一題目，啟、禎間更被東林派人士作為對抗閹黨的姿態。據說因當時所謂正人從事講學，「閹黨則無不與講學為仇」（孟森《明清史講義》第 296 頁）。明清易代之際，世亂時危，更有對於講學的積極的功能賦予。劉宗周崇禎朝的奏疏說馮從吾首善書院之建，「會廣寧告陷，人多迂之者，從吾曰：『今日正不可不講學。』此其意固自遠矣」（《敬循職掌條列風紀之要以佐聖治疏》，《劉子全書》卷一七）。據劉汋所撰劉宗周年譜，天啟五年，「逆閹大興鉤黨之獄，緹騎四出，削籍遍天下。先生（按即劉宗周）曰：『天地晦冥，人心滅息，吾輩惟有講學明倫，庶幾留民彝於一線乎？』」劉汋議論道，自鄒元標、馮從吾、高攀龍卒後，「士大夫爭以講學為諱。此道不絕如線，惟先生巋然靈光，久而彌信」。[34]

劉氏的上述姿態有其代表性。王猷定《澹臺講疏序》：「澹臺祠為吾豫章講學地也。今天下方亂，四方暴骨，而士大夫方且登堂而講堯舜周孔之學……」（《四照堂集》卷二）講學於「天下方亂」，固有特殊意義，甚至有某種悲壯意味。「講學」這一行為，在那一特定情境中，獲得了作為士的生存方式的嚴重意義。士人將其使命、職能自覺，將其文化與道義自信，寄寓在這一行為中。而一時領袖群倫的人物的講學活動，尤被作為對上述意義的有力注釋。

李□、黃宗羲、孫奇逢，是明清之際最負盛名的講學者。湯斌《孫徵君先生日譜序》曰孫奇逢「晚年攜家蘇門，聲華刊落，生徒數

---

34 《年譜》：「總憲鄒南皋先生、僉憲馮少墟先生因兵逼關門，人心崩潰，率同志講學於首善書院，先生（按即劉氏）實左右之。」時劉氏任禮部儀制司添注主事。至於明亡前的京師講學，或也因了釋氏的刺激。劉宗周崇禎九年撰《宋儒五子合刻序》，說：「京師首善之地，道化之所自起也，而士大夫談學者絕少，間有之，便指為不祥，以是益懸屬禁，而談宗門則否，士乃往往去彼取此。今年處京師，見宗風頗盛，嘉會駢闐，時標勝義；其一二有志者，直借為儒門進步，謂向上一機，非此不徹；似吾儒原有欠缺在於是」（《劉子全書》卷二一）。

百，結廬相就，其地自姚、許之後，稱再盛雲」（姚，姚樞；許，許衡）。《碑傳集》卷一二五《五公山人王餘祐傳》，說王氏與孫奇逢「往來講學，授生徒」，「遠近從遊者至數百人」。李顒則說「立人達人，全在講學；移風易俗，全在講學；撥亂返治，全在講學；旋乾轉坤，全在講學」。他相信「隨人開發，轉相覺導，由一人以至千萬人，由一方以至多方，使生機在在流貫，此便是『為天地立心，生民立命』」（《匡時要務》，《二曲集》卷一二）：示人以生動的傳道圖景。

前此「王學知識人」講學中即有對於「有教無類」的原則的重申與擴展；明清之際的王學大儒於此亦有承繼。《二曲集》卷九《東行述》：「先生（按即李氏）在車都，不惟士友因感生奮，多所興起，即農商工賈亦環視竊聽，精神躍勃。」同書卷一〇《南行述》記李氏在武進，「上自府僚紳衿，下至工賈耆庶，每會無慮數千人，旁及緇流羽士，亦環擁拱聽。」[35]李顒、孫奇逢更施教於清初當道。經由當道影響當代政治，其中應有孫、李自承的使命。

其時「講學」一詞運用之寬泛，難免使不同性質的「講」界限不清。明人所謂「講學」，非固定的「角色─行為」，所指因情境而有不同。由有關的文獻看，其時固然有師弟間的講學──問答之際主次分明，「講學」卻決不限於此種場合。不必書院，不惟師弟，儕輩、同道間的討論，亦稱「講學」；未必即與多士講，或許只是三五同志者相互講。《明儒學案》記楊爵、錢德洪、劉魁、周怡「先後以事下獄，相與講學不輟」，獲釋後猶於舟中講學（卷九第 167、168 頁）。講學情境之特殊，應無過於此的吧。

程學博《祭梁夫山先生文》說何心隱「平生精力自少壯以及老

---

35 同書卷四五《歷年紀略》記李氏在關中書院講學，「公（按指總督鄂善）與撫軍藩臬以下，抱關擊柝以上，及德紳名賢進士舉貢文學子衿之眾，環階席而侍聽者幾千人」。

死，自家居以至四方，無一日不在講學，無一事不在講學」（《何心隱集·附錄》第 136 頁）。劉宗周亦以講學為日常行為，說「學不可不講，尤不可一時不講。如在父便當與子講，在兄便當與弟講，在夫便當與婦講，在主便當與僕講，在門以內與家人講，在門以外與鄉里親戚朋友講，若是燕居獨處，便當自心自講……」（《劉子全書》卷一一《學言中》）此「講」非但不賴於講會等特定場合，所講也非特定的「學」；非止於講明學術，也包括講明倫理道德。由劉宗周、李顒、孫奇逢文集看，他們確也無處無時不講，隨處示人以大儒的精神感召力。劉氏更將「師友—講學」推拓開去，說「充塞宇宙，靜觀物理，無非師友。仰觀俯察，即俯仰是講明；語默動靜，即語默動靜是講明」（同書卷一三《會講》）。

劉氏所謂的父與子講、兄與弟講，自不同於同志者間的「講明正學」；同儕的聚講，與面向公眾的宣講，亦有不同。下文所說其時的「講學批評」，針對的應當是後者，即當眾布道式的「講」，與上述講明道理、講明正學之「講」無涉；所指一般也不包括師弟間傳道解惑的講。

至於諸儒主持的講會，風格互有不同。《四庫全書總目提要》關於章懋，說其人「講學恪守前賢，弗逾尺寸，不屑為浮誇表暴之談。在明代諸儒，尤為淳實」（集部別集類《楓山集》）。耿定向撰王艮傳，刻畫王氏講學風采，曰：「先生骨剛氣和，性靈澄澈，音欬盼顧，使人意消。即學者意識稍疏漏，不敢正以視。往往見人眉睫，即知其心。別及他事以破本疑，機應響疾，精蘊畢露。」以下所舉實例，也證明了「先生於眉睫之間省覺人最多」（《王心齋先生遺集》卷一《語錄》）。可知王氏的講學也憑藉了機警、對於聽眾的洞察力。侯外廬主編的《中國思想通史》在引了徐樾、耿定向、黎堯勳等人關於王艮講學的描述後，說：「這種講學風采，機應響捷，宛然禪家機

鋒。其啟悟別人，有時靠懸河之口，然而更多的則在說來頗為神秘的
『使人意消』的『音欬盼顧』（第四卷第 963 頁）。此種講學，動人
不只在「道」，也在宣道的方式，演講者的個人魅力。

講學者對於受眾的誘發，意義雖不能比擬於經筵講官之「啟
沃」，卻同樣賴有「講」之為藝術。講學者於此借鑒了佛家的技巧。
《明史‧王畿傳》即說其人「善談說，能動人。所至聽者雲集。每
講，雜以禪機，亦不自諱也」（卷二八三）。關於羅汝芳的《會語續
錄》，清四庫館臣也說：「其開章第一條云：今日吾儕聚講憑虛，是天
下文明一大機會。大宗師諸僚及諸俊彥不下千人，皆應期而集，以昌
明昭代聖化。於道脈固當光顯，即文字精英亦於此須發露妙義云云。
其詞氣亦似禪僧登座語也」（《四庫全書總目提要》子部雜家類存目。
《明儒學案》卷三四關於羅汝芳講學，也有生動的描寫）。劉宗周的
如下批評，卻正針對了上述現象。劉氏說：「群居講學，出禪入佛，
慣用棒喝，正是聖人攢眉事」（《劉子全書》卷三一《論語學案四》）。
陸世儀也發現「近世講學，多似晉人清談」，流弊所至，「惟以口舌相
尚，意思索然盡矣」（《思辨錄輯要》卷一）。晉人清談，禪家機鋒，
既因追求「講」之為藝術，也未必非由於講學風氣中競爭（爭取聽
眾、吸引徒眾）的壓力的吧。講學之為風氣，也使士習的好立異受到
了鼓勵。歸有光就曾說其時之「敢為異論」者，「務勝於前人，其言
汪洋恣肆，亦或足以震動一世之人」（《送何氏二子序》，《震川先生
集》卷九第 195 頁）。[36]追求轟動效應之為誘惑，確也非尋常講者所能
抵拒。

講學，尤其面向公眾之講，也不能不追求現場效果。保存在《二

---

36 歸氏同文中說：「蓋漢儒謂之講經，而今世謂之講道。夫能明於聖人之經，斯道明
矣，道亦何容講哉？凡今世之人，多紛紛然異說者，皆起於講道也。」

曲集》中的講學記錄，令人可考講學這一活動的實際展開，想見其
「講」的技巧，問答之際師弟的情態。記錄者對於李氏答問之敏捷，
極表傾倒，有「答決如流」，「迎機立決，沛若江河」云云（卷一
一）；說李氏「往往於稠人之中，而申之以策勵鼓舞之辭」（卷一
〇）。由文集看，李氏熟於當代掌故、理學家故事，所講多有此類，
故足以動人。部分出諸劉宗周本人所記的《證人社語錄》，亦令人約
略可以想見其時情景，即如劉氏的隨機指點、開示（《劉子全書遺
編》卷一）。孫奇逢《日譜》所記其人與子弟門人友朋問答，亦講學
筆錄。由此《日譜》看，孫氏所講，語皆平易，無機鋒玄理，正如其
人。其它如黃道周的《榕壇問業》、[37] 王夫之的《春秋家說》、《四書訓
義》等，也約略保留了現場氣氛。

明人熱衷於著述；出諸門下的講學記錄，也被作為著述的一種形
式。「記錄」不可避免地導致意義、意蘊的流失，但記錄的刊行卻大
大擴展了講壇，擴大了受眾範圍，擴張了講學的影響。也因有相當數
量的講學記錄的刊刻流傳，令人可據以想見此種場合師弟子間的情感
交流。收入文集的儒者語錄，通常即弟子所記其師的答問，證明了現
場交流，亦「講」藉以展開的條件。可惜的是此種記錄未必全豹，或
對提問有所刪略。但即使刪除了對話的一方，由此種文本所包含的對
話關係、對象化的表述，仍可供想像為講學所特有的情景、氛圍。

一時大儒的講學，授受方式極靈活多樣，往往個人間的問答與集
體討論並用。崇禎七年黃道周在漳郡紫陽學堂講學，曾向諸生「分紙

---

37 關於《榕壇問業》，四庫館臣曰：「此篇乃其家居時講學之語」；「書內所論，凡天文
地志經史百家之說，無不隨問闡發，不盡作性命空談。蓋由其博洽精研、靡所不
究，故能有叩必竭，回應不窮。雖詞意間涉深奧，而指歸可識，不同於禪門機括，
幻窅無歸。先儒語錄，每以陳因迂腐為博學之士所輕。道周此編，可以一雪斯誚
矣」（《四庫全書總目提要》子部儒家類）。

一張，隨所疑難，先經後傳，先籍後史」，黃氏「自次所條答」，即行世之《榕壇問業》（《年譜》，《黃漳浦集》）。據黃炳垕撰黃宗羲年譜，康熙十六年黃氏在海昌講席，「每拈《四書》或《五經》作講義，令司講宣讀，讀畢，辯難蜂起」（《黃宗羲年譜》第40頁）。某些論學書劄，亦講學的一種形式——未必即口講，也未必面授。即如劉門弟子董瑒所輯錄的劉宗周的此種書劄。姚名達編撰的《劉宗週年譜》，係劉氏答秦宏書於崇禎六年，以為「《人譜》之作，即躋此書之意也」（第200頁），可以作為講學中相互啟發、激發之一例。

在講學者，區分或許更在講什麼與為什麼講——不唯所講的內容（即如講「理」抑講「經」），更有講學的目標意識。嚴肅的儒者與時人所鄙的「講學家」，或許就於此見出了分別。即「嚴肅的儒者」，所設目標也不妨各異。鹿善繼曾批評馮從吾等人主持的首善書院不及於朝政；[38]傅山筆下的蔡懋德，卻聘人「講戰，講守，講火攻，講誠明道統，講財用，講防河，各有其說」（《霜紅龕集》卷一五《巡撫蔡公傳》），務期切於實用，是貼近了時務的「講」。[39]李塨《萬季野小傳》記清初京師講會，萬斯同所講乃「宮闕、地理、倉庫、河渠、水利、選舉、政刑諸項」（《恕谷後集》卷六），亦其時被歸入「經世之學」者——無論萬斯同等人旨趣如何，都不妨認為提供了學問、知識趣味（即余英時所謂「智識主義」）擴展的空間，因而與此後的「清學」

---

38 馮從吾以為學有「異端之學」，有「越俎之學」，有「操戈之學」，解釋其所謂「越俎之學」，說：「吾儒講學，所以明道也。講間惟當泛論道理。……無論居官居鄉，當講學日，不得議及他事，論及他人，方得講學家法。不然，是以議事當講學，以論人當講學也，不幾於越俎而失體哉？」（《辨學錄跋》，《馮少墟集》卷一六）。

39 該篇說蔡氏主持的講會月三集，「初集講聖諭六句，薦紳先生至，鄉者裏老咸在焉。再集講經濟，凡國家大政雜務切時利害者，莫不諮辨之，期實效，而鄉者不與。三集則課諸生制舉義」，所講又因對象而有不同。

主流，不無銜接。[40]

　　「時風眾勢」總不免引出其反動。對講學的批評，不始於明亡之後。[41]批評所向，毋寧說更是由「講學」衍生的文化現象，即如因講學而「聚徒」乃至結黨。以講學為罪案，爭持之激烈，尤見於何心隱一案。[42]此種對抗的性質，由王世貞的說法或可得一解釋。《弇州史料後集》卷三五《嘉隆江湖大俠》：「嘉隆之際，講學者盛行於海內，而至其弊也，借講學而為豪俠之具，復借豪俠而恣貪橫之私，其術本不足動人，而失志不逞之徒相與鼓吹羽翼，聚散閃倏，幾令人有黃巾、五斗之憂」（《何心隱集·附錄》第 143 頁）。[43]

---

40 庚辰（1700）李塨曾過萬斯同講會，「講三代以及元、明制度，如選舉、賦稅各項，並漕運及二洪、泇河水道」（《李塨年譜》第79頁）。同書記萬氏主持的京城講會，「皆顯官主供張，翰林、部郎、處士，率四五十人環坐，聽季野（按即萬氏）講宮闕、地理、倉庫、河渠、水利、選舉、賦役、朝儀、兵刑諸項」（第89頁）。

41 《明史》王陽明傳記王氏「嘗謂胡世寧少講學，世寧曰：『某恨公多講學耳。』」張岳傳則說張氏嘉靖中章奏，「極言講學者以富貴功名鼓動士大夫，談虛論寂，靡然成風」（卷二二七）。陳第亦不以講學為然，理由是「聖教重行」（《松軒講義》，轉引自容肇祖《明代思想史》第274頁）。歸有光批評其時的講學，說：「今世不求博學、審問、慎思、明辨、篤行之實，而置然以求名於天下。聚徒數千人，謂之講學，以為名高……」（《送王子敬之任建寧序》，《震川先生集》卷一〇第223-224頁）黃宗羲引顧涇凡批評講學者，「在縉紳，只講得明哲保身一句，在布衣，只講得傳食諸侯一句」（《孟子師說》卷三，《黃宗羲全集》第1冊第83頁，顧涇凡，顧允成）。其它尚可參看《明儒學案》卷四二唐伯元《論學書》、楊時喬《文集》，卷五一黃佐《論學書》等。李贄批評當世的講學，著眼在所講者何，並由所講追究於其人（如言行不一、口是心非），可以認為是有關講學的道德批評（參看李氏《又與焦弱侯》，《焚書》卷二）。

42 參看《何心隱集》卷一《原學原講》；同書卷四《上祁門姚大尹書》、《謝進賢王大尹書》；同書附錄鄒元標《梁夫山傳》、程學博《祭梁夫山先生文》。

43 同文說何氏「所至聚徒，若鄉貢、太學諸生以至惡少年，無所不心服。呂光又多遊蠻中，以兵法教其酋長。稍稍聞江陵。屬江西、湖廣撫按密捕之」（呂光，一作呂光午，何氏門人）。據說同一時期「羅汝芳的講座已經不是一個單純講論學術的場所，而帶有某些政治色彩了，如《明史·羅汝芳傳》中所說，『汝芳為太湖知縣，

　　清初李顒、孫奇逢、黃宗羲的講學，頗招物議。張履祥說其先師劉宗周「恥皋比橫經之習」（《寄贈葉靜遠序》，《楊園先生全集》卷一六），對同門黃宗羲的講學不無微辭。雷箕《張先生履祥傳》：「時黃太沖方以紹述蕺山鼓動天下，先生曰：『此名士，非儒者也。』先生隱約□修，不標門戶……曰：『某自授徒外，未嘗敢以講學為人師也』（《碑傳集》卷一二七）。授徒可，「以講學為人師」則不可。換句話說，教館可，做「講學師」則不可。[44]顧炎武逕說自己將「不改效百泉、二曲為講學授徒之事」（《復陳藹公書》，《顧亭林詩文集》第 67 頁。按百泉，孫奇逢）。其所謂「講學授徒」，應即「以講學為人師」。[45]與黃宗羲反目而親近張履祥的呂留良，則說「講學之事，不但非其所知，亦平生所憎疾而不欲聞者也」（《呂晚村先生文集》卷二《與某書》。呂氏對講學的態度，尚可參看《碑傳集補》卷三六《呂晚村先生事狀》）。李顒的兩次自悔講學（參看《鮚埼亭集》卷一二《二曲先生窆石文》），既繫於遺民的特殊處境，也未必不緣於「講學」的漸成時忌。當其時魏禧也說：「嘉、隆間講學，漸生病痛。惟

---

召諸生論學，公事多決於講座』，可以參證」（侯外廬主編《中國思想通史》卷四第1097頁）。

44　作為個人選擇，張履祥不取講學，對當局的「禁絕」，仍持批評態度：「嘉、隆間一種講學之風，雖足壞人心敗風俗，但當正其學術，以救詖淫邪遁之敝，不當一概禁絕，並自古書院俱從毀拆也。」「江陵為相，得罪天下後世者，毀書院、復淫院二事為最。禁天下講學，與商鞅廢井田、李斯焚書何異！若復淫院，恐李斯未必肯為。小人無忌憚，至此而極」（《楊園先生全集》卷四○《備忘二》。按江陵即張居正）。

45　在書劄中，顧氏一再表明他對於講學的態度，即如說自己雖主持關中的考亭書院，「然不坐講席，不收門徒，欲盡反正德以來諸老先生之風習」（《與蘇易公》，《顧亭林詩文集》第200頁。類似意思，還在與潘耒、李紫瀾、毛錦銜的書劄中說到過）。還說自己「能文不為文人，能講不為講師，吾見近日之為文人、為講師者，其意皆欲以文名，以講名者也」（《與人書》二十三，同書第97頁）。易代之際顧炎武對講學、坊社的態度，有極其自覺的象徵意義，影響於有清一代學人甚巨。

以收斂淡、不露聲光、不畏強禦，方是真人品、真理學」（參看《樹廬文鈔》卷五《鄱陽史惺堂先生文集序》）。黃宗羲卻另有思路，說孫奇逢之所至，「雖不知其淺深，使喪亂之餘，猶知有講學一脈者，要不可泯也」（《明儒學案》卷五七第 1371 頁）——未必不包含了自辯。全祖望也以為黃氏功在扭轉風氣，因了他的講學，「前此講堂錮疾為之一變」（《甬上證人書院記》，《鮚埼亭集》外編卷一六）。[46]陸世儀的下述說法較為平情：「天下無講學之人，此世道之衰；天下皆講學之人，亦世道之衰也」（《思辨錄輯要》卷一）。他甚至說「師道之賤，自不講學始。蓋不講學則人品不立，人品不立，則自知不足以為人師，凡事苟且，人亦從而苟且之，師道自此大壞矣」（同書卷二）。此處所謂講學，所指不止於「師弟子臨講」之「講」，也應包括「朋友切磋」之「講」，卻決非以「聲氣」為標榜的「以多為貴，呼朋引伴，動輒千人」的講（參看其《論學酬答》卷三《與浙中屠□伯、俞右吉、張白方、陸冰修、潘美含書》）。[47]

---

46 全氏在該文中說：「自明中葉以後，講學之風，已為極敝。高談性命，直入禪障，束書不觀，其稍平者則為學究，皆無根之徒耳。」黃氏「始謂學必原本於經術，而後不為蹈虛；必證明於史籍，而後足以應務。元元本本，可據可依，前此講堂錮疾，為之一變」。全氏另在《梨洲先生神道碑文》中，說黃宗羲清初的講學「非其志也」（《鮚埼亭集》卷一一）。劉氏門下弟子對講學的態度互有不同。陳確雖不滿於其時的社集，卻不一般地否定講學，他由知行關係的方面，主張學以心講，更以身講（《答張考夫書》，《陳確集》第592頁），與大致同時的顏元，思路略有契合。對風氣的逆反亦自有弊。劉宗周有見於此，說「世之狃於習者，每以『道學』二字避流俗之誚，而人之諱言講者，轉以躬行一塗開暴棄之門」（《劉子全書》卷一三《證人會約·學檄》）。此義卻少有人道。

47 陸氏說，「嘉、隆之間，書院遍天下，講學者以多為貴，呼朋引伴，動輒千人，附影逐聲，廢時失事，甚至有藉以行其私者——此所謂處士橫議也，天下何賴焉！」（《思辨錄輯要》卷一）為陸氏否棄的，是聚眾宣講者的務為聳動，以及借諸講學而聚黨行私。對朋友間講習之「講會」，他非但無異議，且「身任之」，以為「此真身心切要事」；明亡前即「與同志數人相約為講學之會，一意讀書」（《水村讀書社

　　儘管黃宗羲到八十高齡仍有姚江書院的會講（《黃宗羲年譜》第
46頁），對與講學有關的敝習，批評態度之激切，卻有過於時人。他
說「今日齷齪茸茸之徒無不講學，可羞可鄙，遂令講學為畏途」（《明文
授讀評語匯輯》，《黃宗羲全集》第11冊第164頁）。以為其時講學者
之空疏，更甚於所謂「詩人」（《董巽子墓誌銘》，《黃宗羲全集》第
10冊第476頁）；甚至說「世之講學，僅以口耳；高者清談，卑者無
恥」（《萬公擇墓誌銘》，同書第505頁）。所刻畫的，豈不就是某種
「講學師」的形象？不唯顧炎武，黃氏所不願居的，也是此種「師」。

　　說明亡於門戶、黨爭，到這一時期已漸成陳言，四庫館臣卻進而
說：「夫明之亡，亡於門戶。門戶始於朋黨，朋黨始於講學，講學則
始於東林，東林始於楊時。……」（《四庫全書總目提要》子部儒家類
存目，張烈《王學質疑》）在這條因果鏈中，講學竟像是關鍵的一
環。其時頗有批判精神的唐甄，竟也說：「講學必樹黨，樹黨必爭進
退……」（《潛書》下篇上《尚治》，第104頁）還說：「天下有行於今
必如行於古者，有行於古必不可行於今者。必如行於古者，學也；必
不可行於今者，聚眾以講學也。聚眾講學，其始雖無黨心，其漸必成
黨勢」（同書下篇下《除黨》，第163頁）。口吻與明人之舉發何心隱
者無異，見識遠在王夫之等人之下。[48]

　　當其時，顧炎武固然有意校正風氣之敝，也未必非因意識到了所
處情境的嚴峻性。他本人並不隱諱其政治方面的考量，自說在關中
「非敢擁子厚之皋比，坐季長之絳帳」，倘別人誤以為其「自立壇
坫，欲以奔走天下之人，則東林覆轍，目所親見，有斷斷不為者

────────────────

約序》，《桴亭先生遺書》卷三）。他說：「講學未有所得，是最苦事；既有所得，則
講學之樂，其味無窮」，應即得之於此種講會的體驗（《思辨錄輯要》卷四）。
48 王夫之《宋論》說「禁講說，毀書院，不旋踵而中國淪亡，人胥相食」（卷一三第
296頁），未必非借論宋而論明。關於明何以亡，所見與四庫館臣何其不同！

耳！」（《復張又南書》，《顧亭林詩文集》第 86 頁。子厚，張載；季長，馬融）還說自己所以「不立壇宇，不招門徒」，亦有鑒於「上官逼迫」，於此感歎著「名之為累，一至於斯」（《答李紫瀾》，同書第65 頁）。[49] 由此看來，他的「逃名」，未嘗不也是在逃避政治迫害。張履祥也曾說到「湖州諸兄各率子弟至於一家解經習禮，以觀所業之進退……而嫉之者輒以不降社題之，流言籍籍」（《答吳仲木》，《楊園先生全集》卷三）——不難想見清初明遺民之講學者處境之兇險。顧氏本人始料未及的是，他的上述姿態，因在士風士習的轉捩處，竟獲得了不但預示清學取向，且提示士人命運的嚴重意味！

清二百餘年間的當代（即清代）士文化批評——往往以明代為參照——繼續複雜化著顧氏的選擇的意義。完成與講學有關的學風轉換與有力者，卻並非「士論」，而是「新朝」政治。戲劇性的是，清末因時會又有風氣之轉，康有為至謂「國朝讀書之博，風俗之壞，亭林為功之首，亦罪之魁也。今與二三子剪除棘荊，變易陋習，昌言追孔子講學之舊。」[50] 顧氏何嘗能想到，他的半基於自身處境的選擇，在其身後的世事變幻中，意蘊竟至於如此複雜！

近人論明代事，激烈往往有過於明人者。陳守實就憤憤然道：「當明之閹黨肆毒士林，生祠遍天下，廉恥道喪，非講學何以挽之？

---

49 江藩據此，記顧氏居華陰，「有請講學者，謝曰：『近日二曲以講學得名，遂招逼迫，幾致凶死，雖曰威武不屈，然而名之為累則已甚矣。況東林覆轍有進於此者乎！』」（《國朝漢學師承記》卷八第132頁）。

50 康有為《長興學記》第5-6頁。同文中說：「顧亭林鑒晚明講學之弊，乃曰：『今日只當著書，不當講學。』於是後進沿流以講學為大戒。江藩謂『劉台拱言義理而不講學，所以可取。』其悖謬如此。近世著書，獵奇炫博，於人心世道絕無所關。戴震死時乃曰：『至此平日所讀之書，皆不能記，方知義理之學可以養心。』段玉裁曰：『今日氣節壞，政事蕪，皆由不講學之過。』此與王衍之悔清談無異。……」（第5頁）

邊寇日亟，士習浸靡，非講學何以振之？然則明之晚年，講學者猶恨其少耳。胡清入關，江以南螳臂之抗，前仆後繼，為萬一之希冀者，皆講學之效也。陽明之好講學，何負於明哉！使天下學人皆知『致良知』、『心物一體』之說，張、李奚自起，清人何自入關！」（《明史抉微》，《明史考證抉微》第 21 頁）

錢穆在其《中國近三百年學術史》中說：「書院講學，其事本近於私人之結社。」「實則書院講學，明與朝廷功令相背」（第一章第 20-21 頁、第 7 頁）。由近人看去，明代的「黨社運動」與書院講學，是士人集團活動的形式，標誌著士作為一種社會力量的自覺。經由此種活動，士的意志得以表達。黃宗羲《明夷待訪錄·學校》中屢為人所稱引的著名議論，作為典型的明人言論，正賴有有明一代的政治文化氛圍釀成。由發生於清代的事實看，明代士人的有關活動，確已到了制度所容忍的極限。正是基於此，由宋以來的諸種反應——譴責、辯護、追加罪名與持續辯護，官方的禁講學、毀書院直至清的嚴坊社之禁——發生於近代中國的前夜，是意義深遠的對抗，值得一論再論。

## 私學風味

明清之際的學校論，往往借諸「三代論」的框架展開。以經典為依據，士人重申學校的功能，希冀憑藉了制度復古，恢復、重建士被認為曾經據有的地位。

論學校，理學本有統系。陸世儀說，「學校之制，自漢、唐以下，雖代有興舉，然皆不過得其大略，未能盡復古初之意。惟安定《湖學教法》、伊川《看詳學校》、明道《上神宗書》及朱子分年讀書科舉之法為詳。然三者之中，惟安定、明道，尤得貫通推行之法」

（《思辨錄輯要》卷二〇。安定，胡瑗）。[51]黃宗羲的學校論，卻並不在上述脈絡中。《明夷待訪錄・學校》一篇中最為近人所重的，是「公其是非於學校」。黃氏據以想像的，固然有漢末陳東一流干預朝政的太學生的「學校」，也未必不依據了有明一代的諸生干政、東林諸人的主持清議以至進退人物，以至他本人於明末「黨社運動」中的經驗。但在黃氏關於學校的設計中，學校非但不獨立於官方政治，且張大其功能，擴充其能量，不唯繼續充當官員的養成所，更成其為對於權力機構的制衡力量；即用了近代眼光，也難以對其中的「近代因素」率爾論定的吧。

即危機之際，儒者也往往堅持標本兼治，劉宗周更以整頓學政為「救世第一義」（《修學中興第一要義疏》）。明亡之後的學校論，仍由此思路延伸。顏元、李塨、王源等，均有關於學校之為制度的設計（如李塨《擬太平策》卷三），是涉及各級有關機構、教學內容、目標期待的完整方案；且以「學制」與銓選制度配套，以完成仕、學的統一。當然，儒者不能不關心他們設計中的學校將作養、興起何種樣的人才。與學校有關的制度設計中，灌注著設計者這一方面的目標意識。

一種說法是，「明代官學發達而私學式微」（關文發、顏廣文《明代政治制度研究》第186頁）。[52]至少到本書所論的時期，已不適用於

---

51 關於胡瑗，《宋元學案・安定學案》說，「其教人之法，科條纖悉具備。立經義、治事二齋：經義則選擇其心性疏通有器局可任大事者，使之講明《六經》；治事則一人各治一事，又兼攝一事，如治民以安其生，講武以御其寇，堰水以利田，算曆以明數是也」（《黃宗羲全集》第3冊第56頁）。此即陸世儀所謂「湖學教法」。二程與學校有關的文字，如程顥的《請修學校尊師儒取士劄子》，程頤關於太學學制的《三學看詳文》、《論改學制事目》、《回禮部取問狀》、《論禮部看詳狀》等，均見《二程集》。

52 吳霓以為北宋時期，書院「大都屬於私學範疇」，而元、明、清諸朝的書院則「官

上述判斷。明人所目擊的，是官方教育的失敗。明中葉李賢述說太學
興廢之跡，曰「我國家建都北京以來，有廢弛而不舉者，有創新而不
措者；所廢弛者莫甚於太學，所創新者莫多於佛寺」（《論太學疏》，
《明經世文編》卷三六）。清初王夫之肯定了「學之統在下久矣」這
一事實；他試圖勾畫私學發展的脈絡線索，將「私學興，庠序圮」，
歸結於「章程」、「科條」的濫用，由此論證了「教之下移而不錮之於
上」的積極意義（《讀通鑑論》卷一七第 628-630 頁），可以理解為對
當道假科舉實行學術壟斷、文化統制，「桎梏」士的聰明才智的批
評。在《宋論》中，王氏由私學在儒學傳播中的作用著眼，由儒學承
續（而非知識傳授）評價師的功用，說：「君子於此，以道自任，而
不嫌於屍作師之權者，誠無愧也」（卷三第 79-81 頁）。王氏主張言論
（政治言論，主要指朝廷言論）「權」操之在上（參看《讀通鑑論》
卷八第 327 頁、卷一一第 418 頁），卻又肯定「學之統在下」，於此也
可窺其時有識者自身思路的參差。

　　從事私學者也顯示了活躍的制度想像力。[53]張履祥教館澉浦，曾
作《澉湖塾約》（《年譜》順治十三年）。彭士望為易堂諸友所創「教
式」作序，說「館各條為式，式不必盡同」，「見者或驚為創異」（《三
館教式序》。按「三館」為李騰蛟、邱維屏、魏禧所設館）。士人本不
乏制度設計的智慧。有明一代私學最富於創意者，無過於何心隱為宗
族設計的鄉學。該項設計的內容包括了「不分遠近貧富，必欲總送

---

學化」了（《中國古代私學發展諸問題研究》第95頁）。就我閱讀所及，明代書院，
官方介入與否與介入的程度，不便做一概之論。

53 本書所論的時期，知名之士而教館或設館授徒者多有。劉宗周曾教授舉子業於族
塾。張履祥以教館為生。王夫之僻處湘西，經由授徒傳道傳學，亦以之為謀生手
段。張爾岐教授鄉里終其身。易堂李騰蛟、邱維屏、魏禧均設館授徒。陸世儀，近
人以之為「明清之際的著名蒙學教育家」（周德昌主編《中國教育史研究·明清分
卷》第202頁）。

饌」，「不分遠近長幼，必欲總宿祠」，待「十年大成」，不論貧富「其
冠婚衣食，皆在祠內酌處」（《聚和率教諭族俚語》，《何心隱集》卷三
第68、69頁）——儼若均平社會之模型。[54]

《續文獻通考》卷四七《學校一》：「國學之政，莫備於明初」，
至中葉，「名儒輩出，分教南北」，「晝則會饌同堂，夜則燈火徹旦，
如家塾之教其子弟」。官學而有私學風味，「國學」如「家塾」，「如」
在關係的直接、氛圍的親切。這也被認為私學的優長所在。清初唐甄
批評聚眾講學，以私人授受作為對比，說「升五尺之座，坐虎豹之
皮，環而聽之者百千人。在堂下者，望而不見；負壁者，及階者，見
而不聞；在尋丈之間者，聞而不知；在左右前後者，知而不得；是之
謂觀講。眾觀而已，何益之有！」反於是，「一室之中，不過數人，
朝而見，夕而見，侍坐於先生，侍食於先生，非若大眾之不相接也，
可以教矣」（《潛書》上篇上《講學》，第44頁）。當然講學不盡如唐
甄所形容。李顒也注意到了「大堂開講」的局限，他所擬《關中書院
會約》就有下述內容：「先輩大堂開講，只統論為學大綱，而質疑晰
惑，未必能盡。蓋以大堂人士眾多，規模宜肅，不肅則不足以鎮浮
囂，定心志。私寓則相集略少，情易孚，意易契，氣味浹洽，得以暢
所欲言。」他鼓勵有志進修者到其私寓，「縱容盤桓，披衷相示」

---

54 容肇祖《何心隱集序》說：「他把宗族單位作為一個共同體，在這一單位內，辦了
一個學校，實行集體生活，用『總送膳』的方式集體吃飯，集體在祠內住宿。本姓
子弟們都得到一律平等的待遇；外姓子弟也可以入學，不分親疏厚薄。在集體裏要
遵守節約的原則，不許『盛飾』、『厚味』，大家都過著平等的生活。」「類似烏托邦
的理想」（按容氏所述應據何心隱《聚和率教諭族俚語》、《聚和率養諭族俚語》二
文）。鄒元標《梁夫山傳》記其事，曰何氏「謀諸族眾，捐貲千金，建學堂於聚和
堂之傍，設率教、率養、輔教、輔養之人，延師禮賢，族之文學以興。計畝收租，
會計度支，以輸國賦。凡冠婚喪祭，以迨孤獨鰥寡失所者，悉裁以義，彬彬然禮教
信義之風，數年之間，幾一方之三代矣」（《何心隱集·附錄》第120頁）。則非但有
設計，且付諸實施。

（《二曲集》卷一三）。在李氏看來，「大堂開講」與私寓相集，不唯氛圍不同，功能也互異，不可相互替代。但由其時大儒的文集看，確也以私寓的交流更風味醇厚。而師之於弟子的薰染，也就在此種親密的接觸中。明清與學校有關的禁例，均有警戒生員毋「妄行辨難」的內容（明「禁例十二條」、清《訓士臥碑文》）。由文獻看，辯難駁詰，正是書院及私人講學的重要方式。明代國子監監規嚴苛，對教官「鉗束甚謹」，比較之下，書院、書塾的管理更人性化，氣氛更有可能和諧輕鬆。

儒者講學中的互動，角色（師、弟）的非確定性，是「和諧輕鬆」的條件；其摹本，正是「聖師弟」。見諸《論語》的孔門師弟，提供了令儒家之徒悠然神往的經典意境；據此而有的關於理想的師弟關係的想像，不但影響到私人講學，也未嘗不暗中啟發了關於書院的設計。由大儒主持的講學，以孔門為楷式，往往有對於「浴沂舞雩」的意境的有意營造，氣象力求寬豁。王陽明在滁州，「日及閒人遊遨琅琊瀼泉間，月夕則環龍潭而坐者數百人，歌聲振山谷。諸生隨地請正，踴躍歌舞」（《年譜》正德八年，《王陽明全集》第 1236 頁）。劉汋所撰劉宗週年譜，記劉氏授徒，「朔望考課畢，或尚論古今人物，或商榷坐下工夫，間一命酒，登戢山之巔，歌古詩，二三子和之，聲振山谷，油然而歸」（萬曆四十三年）。[55]

江天一說其師風味「淳古」，「每登堂揖拜，如過家庭，去師弟而父子畜也」（《張臺垣先生擢甕安知縣序》，《江止菴遺集》卷一）。師弟關係最親切者，即「如家人父子」。《黃道週年譜》記陳士奇、陳璸問業於黃氏，入則與黃氏共硯，出則與其共衣，夜則與其共被，日則

---

55 劉氏決非一味和煦。或也因對象不同。據同譜，劉氏授宗人戚屬舉子業，「教學者一準規矩，出入進退，俱有成度。課督甚勤，曠業則令長跪，有不率教者，夏楚之，成童以上勿恕也。末世師道陵遲，見先生嚴毅，咸驚異焉」（萬曆三十五年）。

與其共取柴水（洪思《黃子年譜》，侯真平、婁曾泉校點《黃道週年譜》第 7 頁）——師弟子之親密無間有如此者！劉宗周講授於解吟軒，「凡四方來請教者，悉寓其中」，師弟子同一居處，「朝夕講論」（劉汋《劉子年譜錄遺》，《劉子全書》），也略如家人父子。

此種私人授受，方式之靈活多樣，也非官學所能比擬。張履祥年譜記張氏「雖門人皆對之如嚴賓，丙夜長談，議論津津，歡娛灑落，聽者忘倦」（順治四年，《楊園先生全集》附錄），則「丙夜長談」亦授受。梁份記魏禧教門生，「取古大變大疑事」，掩卷令門生「意度」，並「揣摩、擘畫世故家常事」（《涂君惕岩墓誌銘》，《懷葛堂集》卷七），教法靈活，目標無非在有用，無論用於國還是家。梁氏據親歷，說師生往復討論，氣氛活躍（「皆躍然而後已」）。由此看來，執經問業，授徒淑人，原是一件不無詩意的事。更有獨出心裁者。年譜記萬曆四十一年黃道周「杜門於東皋」，「其旁鑿一竇，惟問業者得入焉」；直至萬曆四十五年，「有問字者，皆從竇中往來授業」（《黃子年譜》，《黃道週年譜》第 7-8 頁、第 8 頁）。其時的人們，對於此種名士行徑似不以為怪。

見諸師弟子之間，名士風自有淵源。上文引顧炎武所謂「子厚之皋比」、「季長之絳帳」。《後漢書》馬融傳，記馬「常坐高堂，施絳紗帳，前授生徒，後列女樂，弟子以次相傳，鮮有入其室者」（卷六〇上）。到明末湯顯祖還津津樂道馬氏授徒而「不拘儒者之節，鼓琴吹笛，設絳紗帳，前授生徒，後列女樂」（《點校虞初志序》，《湯顯祖全集》卷五一第 1651 頁）。儀節乃師的尊嚴所繫，「皋比」決非可有可無的道具；「絳帳」卻只是名士的徽記。馬融的做派，無疑為明代文人所樂賞。錢謙益記陳瑚之父陳朝典教授生徒，歲常五十人，「嘗中酒憊起，諸學子張口坐荻簾外，遣老婢傳誦句讀，犁然若自口出」。以下又寫到宋少蘊所記其業師，「草屋三間，妻子樓一椽，而以其二

聚徒。且起授群兒經，口誦數百過不倦。少間，曳屨慢聲吟諷，則東漢延篤書也。群兒或竊玩侮之，亦不怒」（豈不令人想到魯迅夫子的《從百草園到三味書屋》）；又寫到元的吾衍子行「坐臨街小樓，……弟子以次下樓授書，而己吹簫度曲，樓下書聲琅琅然，無敢嘩者」。錢氏欣賞的，是此數人的「風流樂易」，非「局促僮子師」可比（《溫如先生陳公墓誌銘》，《牧齋有學集》卷三二第 1170 頁）──學塾風味亦如是之悠長。如上為錢氏所記塾師，負才學，有性情，處俗世而能脫出流俗，當其時固有其人；同一時期卻更有關於塾師的笑話大量產出（參看馮夢龍《笑府》等）。那裏有的是庸愚、冬烘、迂陋，被作為調笑嘲戲的對象的塾師。由上文所引張履祥自述其教館的文字看，錢氏的記塾師，多半是隔岸以觀，未必真得其情。錢氏不曾身任其事，對「行業內幕」、業內人士的苦樂，確也難以深知。私學的「風味」，又何可一概而論！

# 附錄
# 所謂「士風」

　　在討論了上述現象之後，將「士風」作為話題，並不意味著將上述現象指為「士風」。事實上我有意避開了「士風」這一名目，也自以為避開了「士風論」式的研究態度，卻不以「士風」為虛構，並不企圖在這一意義上否定已有的士風描述。事實上，以上各篇對有關現象的分析中，均有關於「風氣」的判斷。這種「整體論」的不可避免，不只因其作為思維習慣、表述習慣，也因了極其現實的需要。我們自己不也隨時需要據此確定自己所處的位置，確認自己應取的態度？至於我的選取幾個（未必被認為具有「士風」意義的）點作為分析對象，更因這種方式於我的能力較為相宜，也因我對已有的幾乎任何一種關於明末清初士風的大判斷，均不無懷疑，以為那種判斷很可能障蔽了我們的視野，卻相信它們有可能作為討論的前提：經由質疑打破障蔽，以便發展出較為複雜的認識與把握這一時期歷史的方式。

　　我在下文中將要談到，當我們談論明代士人、晚明士風時，很可能就在以已有的論述為對話的一方，而那些已有的論述，也無不是由論者所處當下的情境中抽出，於是我們讀到了清人以自己所處時代為參照係的明人論、明代士風論，讀到了近代以來以當時、當代為參照的晚明士風論。這些論述的意義，毋寧說更在映照論者所處的時代，提示論者所處情境——他們的歷史想像與自我想像也由此生成。未標「士風」名目的士風論，又何嘗不然？本書的以上各篇，也同樣可以由這一方向看取。

## 作為方法論的士風論

　　清人沈垚說：「六朝人禮學極精，唐以前士大夫重門閥，雖異於
古之宗法，然尚與古不相遠，史傳中所載多禮家精粹之言。至明士大
夫皆出草野，議論與古絕不相似矣」（《與張淵甫書》，《落帆樓文集》
卷八）。這「與古絕不相似」的，是何種面目，沈氏並未付諸說明。
「明士大夫皆出草野」云云卻提示了如下的重大事實，明代士大夫是
在世族式微的時代登上「歷史舞臺」的——近人所謂的「世俗轉
向」、「平民化」，作為一部分背景的，未必不是上述事實。沈氏不曾
對明士大夫的面目做具體刻畫，他的關於士大夫由中古到近古的變化
的洞見，卻無疑出自久經訓練的文化敏感。沈氏前後以迄於今，一再
有論者試圖刻畫明代士人、晚明士人的面目——通常所用，即「士
風」一類名目——卻也不免議論紛紜，莫衷一是。
　　「士風」作為複數概念，指稱某種行為的集合。有關「士風」的
描述，通常出諸直覺的判斷，且預先設定了有整體性的「文化性
格」，存在著精神取向較為統一的士群體，存在著有其一貫的士的基
本取向、姿態。這也是「士風」論的基本預設。「士風」屬於那種不
可能付諸實證、只宜於「描述」的對象。有關「士風」的描述背後，
隱含著「量」的估算，卻又無從做量化分析。「士風」論的模糊性，
也因了不能訴諸量化分析。至於後人對於前此時代「士風」的言說，
所憑藉的，是文獻，片段文字的集合，片段文字依某種經驗、想像、
思維習慣等等的集合，與關於某種行為的記述在文獻中出現的頻率，
不無關係：重複率較高者易於被指為「士風」——又有一種「量」作
為潛在的依據。
　　關於士風的論說，通常賴有化約，無以避免「印象」式的判斷的
模糊影響，似是而非。魯迅在私人書劄中說過，「古人告訴我們唐如
何盛，明如何佳，其實唐室大有胡氣，明則無賴兒郎」（《致曹聚

仁》,《魯迅全集》第 12 卷第 184 頁)。說「明則無賴兒郎」時的魯迅,想到的大約是正德那樣的天子,與沈德符所說的「無賴」的「士人」(《萬曆野獲編》卷二一「士人無賴」條。按沈氏所謂「無賴」,更近於今人所說的「無恥」)。羅爾綱《師門五年記》錄有其師胡適批評其《清代士大夫好利風氣的由來》一文的話。胡適說,「這個題目根本就不能成立」,「我們不能說東林代表明代士大夫,而魏忠賢門下的無數乾兒子孫子就不代表士大夫了」。「治史者可以作大膽的假設,然而決不可作無根據的概論也。」然而論者仍不免要作此概論。對此種概論,不便僅以判斷之「對」、「錯」或所描述之現象的「有」、「無」論。與其否認有所謂「士風」、有某種「士風」,不如檢討通常士風論述的方法論前提,其盲點與誤區。

　　「士風」中的「士」,即「士類」,而無分何種士,比如儒家之徒抑文人。「士風」以籠統的「士」,將其間的千差萬別掩蓋了。即如論「晚明士風」者,依據的文獻,通常更是文人作品,以及較有表現力的士人——如「泰州學派」,亦作「王學左派」——的言論及關於他們的記述。被忽略的,通常還有地區差異,即如以士文化發達的江南尤其東南一區概其餘。江南清議(士的自我監督機制)的發達,鼓勵了士的自我審視。但江南人士所謂的「士風」,未必能涵蓋其它地域。人文薈萃的江南、東南以其「強勢」影響於當時後世有關士風的判斷,使得地域差異難以進入論者的視野。被論有明士風者作為標本的東林、復社,儘管其活動所覆蓋的地域不限於江南、東南,卻仍然更是區域性的士人結社,宜於置諸其地的經濟、文化事實中考量。」[1]

---

1　日本學者宮崎市定《明代蘇松地方的士大夫和民眾》說:「蘇州一地,其文化絕對高出其它地方,因而不斷地向官界輸送人材,同時,在本地由土著的市隱和諸生等左右鄉評,並總是試圖對抗北京政府……」(《日本學者研究中國史論著選譯》第243頁)。

此外，有明一代「黨社」政治極其活躍，以致使得當時及後世的明
士、明史論者難以脫出「黨論」的語境，以某一士群體（即如胡適所
說的東林）的是非為是非，也即以某一士群體的趨向、價值取向論士
風──這種情況，甚至近人、今人也未必能免。

影響於士風判斷的尚不止於此。「時尚」通常由「鉅子」引領，
「主流」則在相當程度上賴有表達。領袖人物的影響力、個人魅力，
足以放大其聲音；在明代「黨社運動」的空氣中，那聲音更由聲氣聯
絡而傳遠，非但影響於當時有關風氣的感知，也作用於後世有關其時
風氣的想像。當著「風氣」因有力者而得以表達，「風氣」之外者即
漸就湮滅。關於「風氣」的認定使現象的豐富、多樣性被刪略、掩
蓋。由此不能不認為，與「風氣」有關的言說，使「歷史生活」的色
調在我們的想像中大大地單一化了。這種情況正與黃宗羲所見正德年
間的詩壇相似：趨時者「一經品題，姓名便不寂寞」，而「窮退無力
之徒，唱之而未必能和，和之而竟亦莫能解」，更無論其流傳（《半山
先生詩集序》，《黃宗羲全集》第 10 冊第 14 頁）。「風氣」也莫不經了
「品題」，「窮退無力之徒」的表現早經汰除。我們關於「士風」的認
知，不能不是「汰除」之餘。意識到這一點，至關重要。我在本書中
力圖於文獻中搜尋「風氣之外」，也因了上述緣故。

名賢嚮慕，從來有根柢的不同。「追星」作為大眾文化現象，無
代無之。明代士風浮躁而熱情，名勝（所謂名流勝流）所在，即不免
群而趨之。黃宗羲《思舊賦·陳繼儒》，記所見陳氏的被崇拜者包圍，
「侵晨，來見先生者，河下泊船數里」（《黃宗羲全集》第 1 冊第 340
頁）。有明一代講學、社集的驚人規模，確也賴此種浮躁（以至膚
淺）與熱情而造成。陳繼儒雖為某些道學先生所不齒，尚稱名士，如
黃氏所記林兆恩因「奇術」而為時人所追逐，「自士人及於僧道，著
籍為弟子者，不下數千人，皆分地倡教，所過往觀投拜者，傾城單

裏；有司約束之，亦不能止」（《林三教傳》，《黃宗羲全集》第 10 冊第 545 頁），尤證其時士人之「好奇」，易於為風尚所鼓動。風氣勢必引出逆反。於是我們由後世看到了「犯沖」的色調。明中葉以降大規模的「黨社運動」固然令人看到了士的群趨、趨同，同一時期的士人卻又被由注重性靈、個性張揚的一面刻畫。群趨與個人化，非但都存在於明代士林中，且均有可稱「極致」的表現。看似背反的取向不止在同一時段、同一「運動」中，甚至彙集於同一人物。上述現象自不能僅由時勢解釋。

　　通常據以論「士風」者，確如胡適所說，往往是某個士群體（如東林）的習尚風貌。與「士風」有關的判斷賴以成立的參照係，包括了其時被認為不足以言「士風」的其它士人行為，以及他時代不同於此時代的風氣習尚。整體論通常是以大量的省略、刪減為條件的，尤其以抹殺個人化的選擇為代價。事實是，關於士風的任何一種描述都不能不同時是掩蓋、遮蔽，出諸不同論者、論旨的描述也難免於扞格、牴牾。

　　「風氣之外」卻又未必無關乎風氣。就明代、晚明而言，當其時自外於風尚者，不肯苟同於「群」的價值取向，有時像是用了絕大的力，甚至為了抵拒而不惜刻意立異——出於對風氣的反撥，不但宜於由風氣解釋，且也印證了風氣的強大。更為悖論的是，立異、自外於風氣，也正演成了其時的一種風氣。因而對於「個人化」的追求，未必不走向其反面。

　　士人的行為方式除受制於既有模式，也受制於一時期士群體的存在方式、生存狀態，士的生活的組織方式（如黨社、講學及更日常化的交往方式等），受制於「時代思潮」（如理學）。無論士有何等豐富多樣的個體取向，他們都共用了某些條件——其時（及其地）經濟生活狀況、諸種制度（如與銓選有關的制度）、學術文化氛圍及學術生

產方式，以至發生於其時的重大事件；他們甚至不能不同受某個
（些）士人領袖的影響。你可以相信通常關於「士風」的描述自有其
根據，包括生當其時的士人不能不囿於個人經驗的描述。我一再談到
明清之際士論之合；由此種事實也不難推想言論的傳播、士人間的交
流與溝通。這自然也可以視為風氣所以造成的一部分條件。「士風」
論雖不能免於片面，「風」卻絕非虛構，它在士人的普遍經驗中，即
使只能訴諸模糊的形容。

　　于慎行說：「士之舉動猶風也，飄風大和，冷風小和，風之所
過，萬竅怒號，風之所止，一塵不動，且再鼓則衰，三鼓則竭，氣亦
有所盡也」（《谷山筆塵》卷一六《璅言》第 184 頁）。於氏所說，更
是士的行為的社會效應，以及發力者自身在時間中的變化，卻不妨移
用來狀寫一種士風由生成、大盛到衰變的過程。清初唐甄更直接地說
到人之為「風」所裹挾，所轉移：「風之中人，易性移心，以偏為
正，以疾為德。賢者甚之；豈不正風，反以成風」（《潛書》上篇下
《格定》，第 55 頁）。你得承認，對於這種為士所參與造成，又反轉
來影響於士人的無形力量，「風」確實是切當的喻體。

　　儒者所說的「習染」，往往得之於風氣。王夫之說：「末俗有習
氣，無性氣」，「惟習氣移人為不可復施斤削」（《俟解》，《船山全書》
第 12 冊第 492 頁）。還說，「立志之始，在脫習氣。習氣薰人，不醶
而醉」（《示子侄》，《薑齋文集》卷四，《船山全書》第 15 冊第 145
頁）。陳確也說，「古來學人，無不為習氣所轉」（《答吳仲木書》，《陳
確集》第 571 頁）。不為風氣所轉而轉移風氣，其時的豪傑之士也即
以此自期。王源引劉獻廷詮釋「人為天地之心」，曰「人苟不能幹旋
氣運，徒以其知能為一身家之謀，則不得謂之人，何足為天地之心
哉！」（《劉處士墓表》，《居業堂文集》卷一八）張履祥的說法與此相
似：「此身在天下，與人並立，不為人轉移，即能轉移人，無中止之

勢」（《備忘一》，《楊園先生全集》卷三九）。陸世儀也說到「轉世界而不為世界所轉」（《思辨錄輯要》卷一）。顏元則說「但抱書入學，便是作轉世人，不是作世轉人」（《存學編》卷四《性理評》，《顏元集》第 95 頁）──像是其時的常談。儒家之徒往往能作豪語；其中固不無大言欺世者，但上述諸人，有的卻是真豪情。

他們所欲「轉移」的，已非止士風，更有世風。在士人的經驗中，士風與世風不僅互為因果，前者是更為主動的一方。士人相信士風關乎世運：「時之污隆，民之休戚，其幾安在哉？存乎士風之直與佞耳」（《明儒學案》卷二五《薛方山紀述》，第 594 頁。按薛方山即薛應旂）。[2]同時認為挽回世風，惟士有此力量──「習俗敗壞已極，挽回習俗，惟有志之士能之」（劉宗周《會錄》，《劉子全書》卷一三）。士由此確認了自己這裏蓄有的能量，也確認了對於時、世所承擔的責任。

## 士風演變論：關於有明一代文化變遷的描述

士易於為風氣所轉移，士風又何嘗不易於轉移！

在論者那裏，「士風」往往被描述為一個過程，其間演化，像是有著清晰可辨的軌跡。王夫之就說，「自萬曆季年以降，士習日靡，一變而虔矯，再變而浮誇，至於今日，則沉埋於米鹽田舍之細，淫泆於胥史訟魁之交……」（《翔雲先生傳》，《船山全書》第 15 冊第 949 頁）「數十年之士風，每況而愈下；其相趨也，每下而愈況。師媚其生徒，鄰媚其豪右，士媚其守令，乃至媚其胥隸，友媚其奔勢走貨之

---

2　方以智有《士習論》，說：「士庶人至眾也。風俗所繇，大半在士。士處公卿大夫與庶人之間，操文法，明習世術，進則為公卿大夫，賤侔庶人；所習不善，則天下因之，俗流以失」（《稽古堂二集》下，《浮山文集前編》卷三）。

淫朋」（《文學劉君昆映墓誌銘》，《薑齋文集》卷二，同書第 122
頁）。所謂「數十年」，也應以「萬曆季年」為始點。這在當時，是相
當普遍的看法。張履祥就說：「隆、萬以來，朝野只成閹然媚世之
習，是非不敢別白，善惡不欲分明。『直道而行』四字，我生之後，
殆不復見」（《備忘四》，《楊園先生全集》卷四二）。[3]顧炎武也說「三
十年之間而世道彌衰，人品彌下」（《常熟陳君墓誌銘》，《顧亭林詩文
集》第 161 頁）。明末士人往往對於嘉、隆之際人物不勝傾倒，話語
間暗含了有關「盛─衰」的感喟。黎遂球以他於崇禎朝所見，與所聞
正德、嘉靖間比較，說：「予聞昔者南巡、議禮時，諸公相率號伏於
烈日下以死者，不知凡幾，而未或少悔。今幸遇明聖，而何其自待與
待主上皆甚薄，不若昔時人也！」（《李仲木製義序》，《蓮須閣集》卷
六）那個風氣轉折的點，也就由諸多的談論所確認。

　　清初明史館當編纂《明史》時，因有大量的有關論說可資依據，
不必賴編纂者自出心裁。也因此我們看到了如下議論：「弘、正、
嘉、隆間，士大夫廉恥自重，以掛察典為終身之玷。至萬曆時，閣臣
有所徇庇，間留一二以撓察典，而群臣水火之爭，莫甚於辛亥、丁
巳……黨局既成，互相報復，至國亡乃已」（《明史・選舉志》）。四庫
館臣的說法大同小異：「隆、萬以後，風氣日偷，道學侈稱卓老，務
講禪宗，山人競述眉公，矯言幽尚」（《四庫全書總目提要》雜家存目
九陶珽《續說郛》）。[4]近人的有關判斷，也未出此種視野。陳垣《明
季滇黔佛教考》由一個特定的方面，說明代士風的變化：「萬曆而
後，禪風寖盛，士夫無不談禪，僧亦無不欲與士夫結納。」「其時士

---

3　錢穆所說明代的「舉世諂媚之風」、明中葉以後的「一種諂媚結附之風」（《國史大
　　綱》第七編第三六章第679頁），未必不也依據了此種議論。
4　用之於對於具體著述的判斷，即如以《觀生手鏡》雖「持論不甚謬，而詞氣儇薄，
　　皆明末山人之習」，即斷其「必萬曆以後人作」（同上）。

大夫風氣，與嘉靖時大異」（卷三第 129-130 頁）。下文將要引述的嵇文甫《晚明思想史論》，將俗世與佛門「思想潮流」一併納入考察範圍，以為在同一「趨勢」中。

　　卻也有將那個士風轉捩的「點」設在弘、正間的。萬斯同讀弘治實錄，感慨於弘、正間士風之變，說：「士風之變易也，豈不易哉！方弘治之世，人人自愛而尚名節、重廉恥，豈不誠忠厚之俗耶？及劉瑾一出，向時之大僚，遂蒙面濡首、爭先屈膝而不恤……」（《讀高銓傳》，《石園文集》卷五）弘治朝的風氣已不那麼可愛。前此沈德符則以為正統至成化，士習即已「大壞」（《萬曆野獲編》「士人無賴」條）。可見士風的演變，世道與士的品質的衰變，確有其「漸」，那個原本出於虛擬的「點」，也就更難以認定。

　　陳澧（蘭甫）說：「我未見貴遠而賤近者也，大都貴近而賤遠耳。於近時之風氣，則趨而傚之；於古人之學術，則輕而蔑之。自宋以來皆如此。」（轉引自錢穆《中國近三百年學術史》第 608 頁）但有關士風的議論卻顯然相反，通常的確是貴遠賤近。士風論，是士的當代批評的形式。處當世而說士風，尤其被作為士以其「類」為單位自我反省的一種方式。對當世持批判態度，也才是士之為士。

　　明清之際士人的風俗談、士風論，多憤激之言。直到明亡之後，易堂李騰蛟仍在指斥士人的「不知所守」，說「天下之壞，人知壞於公卿大夫，而不知早壞於其所守以為士之日」；即朝不坐燕不與的書生，也理應分擔「魚爛河決」的責任（《族子季玉四十一序》，《半廬文稿》卷一）。苛論本身也正在風氣中，在一種嚴肅的自我修省自我策勵的風氣中，甚至也在彌漫其時的「戾氣」中。不滿於當世，固然基於士的文化性格，不滿而至於議論苛酷，則更像是明末的傾向，醞釀在有明一代的思想環境、言論氛圍中；到明亡之際，則是出諸深重的危機感、憂患感的對時事、世事的反應。

目標在於變士習，淑人心，士人對當代、近世士風持論嚴峻，不唯明代為然。見之於典籍的，如《顏氏家訓》之於江南士大夫、梁世士大夫，《抱朴子》之於漢末世風、士風。《抱朴子》外篇《漢過》曰：「道微俗敝，莫劇漢末」，顧炎武卻說東漢末年雖「朝政昏濁，國事日非」，「而黨錮之流，獨行之輩，依仁蹈義，捨命不渝。風雨如晦，雞鳴不已。三代以下，風俗之美，尚無過於東京者」（《日知錄》卷一三「兩漢風俗」條）——倒有幾分像後人的說明末之世。程頤對於宋代士風，也有激烈的批評，說「士風益衰，志趣污下，議論鄙淺」（《又上太皇太后書》，《二程集》第 550 頁），說「近世士風薄惡，士人不修行檢，或無異於市井小人」（《論禮部看詳狀》，同書第573 頁），與後人關於宋代的印象大異。與此相似，明末論者豔稱嘉、隆，嘉靖朝的霍韜論官場、士風宿弊，卻辭情激切（參看其《第三劄》，《明經世文編》卷一八五）。趙貞吉隆慶初年上疏，說「只今人才士習，識者已謂不逮弘、正之時」（《三幾九弊三勢疏》，同書卷二五四）。唐順之失望於其時的「人心士習」（《與程松溪司成》，《唐荊川文集》補遺卷二），說「近世之士，懦熟猥巧之習日工，而羔羊素絲之節或衰矣」（同書卷五《答顧東橋少宰書》）。歸有光感慨「比年以來，士風漸以不振」（《送吳純甫先生會試序》，《震川先生集》卷九第 188 頁）。上述議論似乎並不足以影響後世關於那一時期的想像。這也證明了「貴遠賤近」更出於需求。不可也不必付諸確證的「士風」云云，是士人判斷自己所處時代的方式。他們需要這一種視野，無論這視野本身有何缺陷。至於通常以王朝末年為衰世，且相因有士風之衰，也因了習慣眼界的遮蔽——過於將政治與社會、文化做統一觀了，不免以政治判斷代替了本應更廣闊的社會文化判斷。

士風的轉換、士氣的盛衰，通常被直接歸因於政局，如上引萬斯同所謂「劉瑾一出」。吳偉業也說過：「神宗皇帝在宥四十餘年，士大

夫所持國是，無如江陵奪情、光廟出講一二大事，皆通國爭之，會暴有所摧折，士氣憂不振」（《宋幼清墓誌銘》，《吳梅村全集》卷四七第 976 頁）——以此解釋了何以是「萬曆季年」。在其時士人的經驗中，士風之敝，為當道以至君主所造成。這一種意義上的士風論，未嘗不可以視為當代政治批評（包括君主批評）藉以展開的形式。即如王夫之所一再論及的「氣矜」、「氣激」之由來。萬曆朝劉宗周慨歎道：「嗟嗟！東林何罪哉！自皇上畢世怒忠臣，而江河意氣不免成此一種褊激學問……」（《妄言被糾據疏質明以彰公道揭》，萬曆四十二年，《劉子全書遺編》卷三，《劉宗周全集》第 3 冊第 335 頁）王夫之則說：「天生之，人主必有以鼓舞而培養之，當世之士，以人主之意指為趨」（《讀通鑑論》卷一五第 562 頁）；也因了同樣的理由，「士生無道之世，而欲自拔於流俗，蓋亦難矣」（同書卷二六第 999 頁）。由此看來，君主論並非只在被近人劃定的言論範圍中。

至於由「學術」解釋士風之壞，更是儒者的常談。劉宗周說：「士習之壞也，非一日矣。大都上無教而下無學，淪胥以沒。昔之視為物怪人妖者，今以為布帛菽粟。互相薰染，以至於此……」（《復魏子一》，《劉子全書遺編》卷四，《劉宗周全集》第 3 冊上第 401 頁）李二曲徑直將「近世士風」之「多謬」，歸因於「學術不明」（《匡答問》，《二曲集》卷一四）。武人竟也襲用類似話頭，戚繼光就說：「或有論士習者，予曰：『士習焉得不壞！只看如今各省會郡邑鬻書肆中充棟盈壁者，便知士習壞不壞也』（《止止堂集·愚愚稿上》）。

「士風」描述本是經驗性的。富於批評精神的士人，自以為捕捉到了他們所處的環境中那些他人習焉不察的細微變化。至於更令敏感的士人憂慮的士習敗壞的顯徵，卻另有解釋。由明代至清初，社會物質生活的變動，有效地影響了士的文化性格的塑造。對此，生當其時的士人並非不曾覺知。見諸文字的有關的言說中，往往可見「市」、

「賈」、「貨利」、「貿」、「市井」一類字面，由近人看去，確像是在表達面對「市場關係」無所不在的侵蝕時的不安。歸有光就說過：「今為學者，其好則賈而已矣」(《詹仰之墓誌銘》，《震川先生集》卷一九第 479 頁)。黃宗羲有類似的印象，說今日士大夫「多市井之氣」，「有能不脫學堂之氣，則十無一二也」(《孟子師說》卷七，《黃宗羲全集》第 1 冊第 157 頁)。被認為與「市」有關的，就有士的交往方式。劉宗周狀寫其時士人間的交易行為，說「近世士大夫玉帛相見，率代以黃白，出入袖中，手手相攫，詭秘甚於暮夜」(《處士韓東樓公傳》，《劉子全書》卷二三)，描摹何其生動！即這一具體環節上發生的變化，也被認為可以向時間座標取證。熊開元說自己「嘗見先臣王守仁與同時士大夫各問貽劄子，第一行通己名，第二行著師友姓名，第三行已後則道意，前後並是細書，絕無所謂大字拜帖。古道炤人，良可愛慕。不知陋例始自何年，翰林科道官至京堂以上，拜帖盡用大字，甚有初仕為庶嘗而拜帖即同於內閣者。於是士始進，百端情賄，必求為翰林推知，俸滿亦百端情賄，必求為科道」，以致「上下用黃白鑄成一不可破之局面」(《上恩罔極臣義當明謹瀝血控辭簡命伏祈俞允以順天罰以勵群偷書》，《魚山剩稿》卷一第 71-72 頁)。顧炎武則以為近人較萬曆間人更無恥，於此憤然道：「萬曆以後，士大夫交際，多用白金，乃猶封諸書冊之間，進自閽人之手。今則親呈坐上，逕出懷中，交收不假他人，茶話無非此物。衣冠而為囊橐之寄，朝列而有市井之容」(《日知錄》卷三「承筐是將」條)。「朝列而有市井之容」顯然不是隨手拈來的形容。正、嘉間王廷相就說：「在先朝豈無賄者，饋及百兩，人已駭其多矣；今也動稱千數，或及萬數矣。豈無貪者，暮夜而行，潛滅其跡，猶恐人知；今也納賄受賂，公行無忌，

豈非士風之大壞乎？」（《天變自陳疏》，《明經世文編》卷一四八）[5]
「市井之氣」、「市井之容」，固然與江南、東南地區的城市繁榮不無
關係，士人的上述文化敏感，卻也部分地要由其時商品經濟的發展提
供解釋。

令敏感的士人不安的，更有發生在人心中的變化。這一方面的觀
察所得，他們通常用「機械」一類字樣形容。黃宗羲分析「今日致亂
之故」，說：「數十年來，人心以機械變詐為事。士農工商，為業不
同，而其主於賺人則一也。賺人之法，剛柔險易不同，而其主於取非
其有則一也」（《諸敬槐先生八十壽序》，《黃宗羲全集》第 11 冊第 67-
68 頁）。還說：「世苦於貧，多不持士節，三三兩兩相習於機械之
途，以苟得為才」（《萬公擇墓誌銘》，《黃宗羲全集》第 10 冊第 504
頁）。由我們似的「今人」看來，上述現象與同一時期「經濟活動」
的方式與規模，也應間接有關。其實黃氏所見「機械變詐」，未見得
來自「市場」；倘使歸因於商業文化的浸染，則此種浸染也由來已
久。前此唐順之就說過「廉恥敦樸之道喪，而獪利機械之俗成」（《與
程松溪司成》，《唐荊川文集》補遺卷二）。[6]更前則陳亮就驚歎過「今
天下之習日趨於輕浮變詐矣」（《策問·問古今文質之弊》，《陳亮集
（增訂本）》卷一五第 170 頁）。考慮到古代中國市場、商業文化發

---

5　王廷相同疏描述其時「中外士風臣節頹壞之狀」，有「賄賂大開，私門貨積，但通
　　關節，罔不如意，濕薪可以點火，白晝可以通神」云云。前此成化二年禮部尚書姚
　　夔曾說：「太學乃育才之地。近者直省起送四十歲生員，及納草納馬者動以萬計，
　　不勝其濫。且使天下以貨為賢，士風日陋」（《明史·選舉志》一）。將與「貨」有
　　關的風氣指為某項具體制度的後果。

6　唐氏說：「東南士習之壞也久矣。近年以來其壞者竟不可返，而其山鄉僻邑頗號馴
　　樸者，亦漸澆詭……蓋其紛華之誘已深，而其穠巧機利之習鼓煽又甚」（同書同卷
　　《答馮午山提學》）。陸樹聲也說：「數年以來，人情巧偽，習尚澆浮。驚聲利者，
　　善於趨時；飭廉隅者，病其絕俗。以承迎為將順，以詭遇為通材……」（《敬獻愚忠
　　以備採擇疏》，《明經世文編》卷二九一）。

生、發達之早，如上述論者所說的那一種人格，自有更古的淵源；但當著被作為「風氣」描述，仍然隱含了「量」的估算。

據說風起於青萍之末。王夫之釋所謂「陵夷」，曰：「何以謂之陵夷？陵之夷而原，漸迤而下也。故陵之與原，無畛者也。」倘如此，緣何而得世道變動的消息？他以為有「幾」與「響」可供具特殊敏感者察知。「方亂之終，治之幾動而響隨之，為暄風之試於霜午，憂亂已瘁者，莫之覿焉耳；方治之盛，亂之幾動而響隨之，怙治而驕者，莫之覺焉耳」（《詩廣傳》卷四，《船山全書》第 3 冊第 479 頁）。士風的變化何獨不然！上述論者，正力圖捕捉那「幾」、「響」，未必總能將自己的覺知付諸確證，我們卻由存留的文字間，察覺到了其時士類面對自己所處時代以致面對自身時的緊張。由後世讀來，那些言說的意義，更在於為士的當代認知提供一份證明。

至於「事實」，自然遠為複雜。生活在當時的士人，對風氣的感受已互有不同。黃淳耀明亡之際曾說，「今天下之患，不在於類東漢，而在於類南宋」，指的是南宋士夫「氣弱」（《徐定侯行卷序》，《陶庵文集》卷二）。王夫之對此類議論卻不以為然，他以謝陞、黃文煥事為例，說：「崇禎末士風猶如此，當時善用之，豈至覆亡！」（《搔首問》，《船山全書》第 12 冊第 629 頁）[7]

但明清間士對有明一代士風、學風的激切批評，的確包含了對於明代——且不限於明代——的士文化的省察、檢討。上文已經談到，

---

7　王夫之有關「士氣」的論說較為複雜。他不苟同於其時流行的「士氣」論，說：「所謂士氣者，合眾人之氣以為氣。嗚呼！豈有合眾氣以為氣而得其理者哉？」「故氣者，用獨者也」（《宋論》卷一四第 325 頁）。他由「倡士氣」看到了士的荏弱、不自信。但他的下述說法，卻又正在時論中。他說唐代「上委靡而下偷容，相養以成塞耳蔽目之天下，士氣不伸，抑無有激之者也」，甚至以為「薰蕕並御之朝廷，不如水火交爭之士氣」（《讀通鑑論》卷二三第 881、882 頁）——無疑有故明的經驗作為直接的依據。

士之於士的批評，是士文化的重要內容，是士的文化自覺的顯徵。士以此表明了其為一時代最富於自覺的人群、最具反省能力的人群。士也是古代中國的「四民」中最有設計、營造其形象的自覺意識的一部分。士有能力選擇其儀型，是自己時代理想人格的闡說者，是士之為「類」的道德、行為規範的制定者。本書的以上諸篇，多少為此提供了證明。

## 士風比較：清代文化批評藉以展開的形式

清人據清世看明人，未必批評皆中肯綮。他們的明代士風論，多沿襲明人成見，甚至襲用明人成說，卻也出於清人眼界，有清人的當代感受作為背景。在我看來，這也才是清人的「明代論」、「明人論」中最有意味的部分。

儘管明末、明清間人批評當世持論嚴厲，卻無妨於清人對前代士人的精神意氣懷了豔羨。清中葉以降，出於當代批判的要求，對明代士風，更往往有積極的發現與正面的詮釋。龔自珍說：「俗士耳食，徒見明中葉氣運不振，以為衰世無足留意，其實爾時優伶之見聞，商賈之氣習，有後世士大夫所必不能攀躋者」（《江左小辨序》，《龔自珍全集》第 200 頁）。《皇朝經世文編》的編輯者魏源，將明清士風之不同歸結於制度，由此引向當代制度批評。其《明代食兵二政錄序》說明代銓政：「舉天下仕進一出於科目，無他途雜乎其間，無色目人分占其間，無論甲乙一第，未有終身不沾一祿者；內而部曹，外而守令，未有需次數年、十數年始補一缺者。遇銓選乏人，則輒起廢田間，旋躋錄用，士之得官也易，則其視去官也不難。又士自成進士釋褐以後，則不復以聲律點畫為重，士得以講求有用之學。故中材之士，往往磨厲奮發，危言危行，無所瞻顧。凡本兵、吏部文武之任，

往往有非常豪傑出乎其間，雖佚君亂政屢作，相與維持匡救而不遽
亡。……是明代之得，在於清仕途，培士氣，其失在於大權旁落，而
加派練餉，門戶黨援，則其變證也」（《魏源集》第 161-162 頁）。其
人說明代科目，不啻說「有明三百年養士之恩」。魏氏還說明代「內
外既無兩漏卮，仕途又無兩濫竽；無漏卮則國儲才，無濫竽則士儲
材。故雖以宗祿、土木、神仙之耗蠹，中璫、廷杖之摧折，而司農柄
兵諸臣，得以隨弊隨治，兵患迭出，人材亦迭出，不至有仰屋呼庚之
虞，不至有拊髀乏材之歎」。而清代「士之窮而在下者，自科舉則以
聲音訓詁相高，達而在上者，翰林則以書藝工敏、部曹則以胥史案例
為才，舉天下人才盡出於無用之一途，此前代所無也……」（同上第
162、163 頁）；以有明士氣之振作，歸因於頗為明代人士所詬病的銓
選——後世看前代，與前代人看其當時，眼光之不同有如是者！清人
賴以界定「明代士風」的一種重要的參照係，即本身也有待於界定的
「清代士風」。「明代士風論」於此被作為了清人論說自己的時代、自
己所處風氣的方式，作為清代政治文化批評藉以展開的形式。

　　清人致羨於明代士氣，非到了龔自珍、魏源的時代才如此。清初
陸隴其就在「會墨」中寫道，「我國家初承明季之習，士氣浮誇，不
得不稍示裁抑，而士風日趨於下，砥礪廉隅者百不得一，而刓方為圓
者，比比而是……向以激昂為高者，今且以逢迎為高矣」（《養士》，
《陸子全書・三魚堂外集》卷二）。陸氏說得很明白，即士習的巽軟
是權力者「裁抑」的結果。陸氏還說，「今日議論之弊與前代異，前
代之弊在議論之多，今日之弊在議論之少……前代議論惟其執偏挾私
而不欲言則已，苟其胸中所欲言，則未嘗有所忌諱。今朝廷雖大開言
路，無有忌諱，而議者未能深體上意，往往不敢盡。是以雖章奏日
上，而試問引裾折檻者何人也，碎首玉階者何人也……」（同書卷三
《策・謀斷》）——「引裾折檻」、「碎首玉階」云云，正所以狀寫有

明的所謂「言官風裁」。為明人評價不一的「言路」，在清初士人的回望中，已有了這樣的意味！「士氣」繫於士的存在狀態，士的政治、社會地位（尤繫於君／臣、君主／士）。無論關於故明的想像是否有充分的根據以及是否適度，經由了上述比較，士人處清初之世的沉痛經驗，畢竟獲得了含蓄的表達方式。

同一時期的明遺民，感受了也直接承受了由明至清士氣衰變之為過程。黃宗羲一再致慨於易代之際士人精神意氣的斫喪（參看其《壽徐掖青六十序》等）。他的門人萬斯同，更以切身、切近的體驗，對此提供了例證。明亡未久，萬氏就說到自己與友人沈公厚（沈壽民之子）、梅耦長（梅朗中之子）之不同於前輩，曰：「念餘三人各抱一經，安常守困，庶幾不墜家聲，然視先人之卓然有立，則已遠矣」（《送沈公厚南還序》，《石園文集》卷七。按萬斯同為萬泰之子）。感慨良深。大致同時的邵廷采也說：「明世士大夫矜負廉節，所絀者才。然民心土俗，綿延幾三百年醇厚者，廉節維之也」（《明侍郎格庵章公傳》，《思復堂文集》卷二第 132 頁）。邵氏生於順治五年，去明亡不遠，尚來得及與劉宗周的弟子往還，上述比較應得之於直接的體察，可為此後魏源、龔自珍等人由明人的言論遺跡中讀出的印象作注。

大有意味的是，處鼎革關頭、抗拒這一種歷史變動的士人，不但將他們的學術、文化創造，也將他們的諸種作風、習氣帶進了新朝。即如本書一再提到的顏元、唐甄，面目毋寧說更近明人。唐氏聲稱「世尚剛節，我仍平；世尚殺身，我仍生；世尚朋從，我仍特；世尚道學，我仍直；世尚論議，我仍默。君子之守則然也」（《潛書》上篇下《格定》，第 55 頁），令人隱約可見舉世非之而不顧，雖千萬人吾往矣的氣概。顏元說「轉世」「世轉」，與陸世儀等人如響斯應（見上文）。陸隴其說「必為轉移風氣之人，勿為風氣所轉之人」（《歷科小題永言集序》，《陸子全書‧三魚堂文集》卷九），口吻豈非也近明

人？上述清初士人承續了明人的角色意識，明人所擁有的強大自信，以至明人的言說方式、神情姿態，由此而複雜化了兩個朝代間的關聯；至於明人的精神遺產在此後時間遷流中的命運，就在他們的預料與控馭之外了。

近人的讀明代，也往往將清代作為了潛在的參照。即如以清代為背景，將有明一代士氣之張以致為人所指謫的「士氣過張」，作為了士保存其精神的方式。錢穆在其學術史著作中，每以明清兩代士人比較而揚抑分明。[8]批評明代「士習甚囂」的梁啟超，在另一場合卻又說「我最愛晚明學者虎虎有生氣。他們裏頭很有些人，用極勇銳的努力，想做大規模的創造」（《中國近三百年學術史》第189頁）。日本學者溝口雄三一再談到他由文獻中讀出的明人的昂揚意氣。[9]「昂揚意氣」中也應包含了王夫之所一再批評的「氣矜」、「氣激」。就明代而言，士習之「囂」與「虎虎有生氣」，不過同一事的兩面，不是總能分剖正、負，也不便籠統地論得失利弊。因「囂」才「虎虎有生氣」；也因「生氣」至於「虎虎」，即不免於「囂」。謝國楨《明清之際黨社運動考·自序》說：「我覺得明亡雖由於黨爭，可是吾國民族不撓的精神卻表現於結社。」「明亡由於黨爭」尚可討論，而由結社看出「吾國民族不撓的精神」，視為「人民自覺的現象」，無疑是近代

---

8　錢穆說：「明清之際，諸家治學，尚多東林遺緒。……不忘種姓，有志經世，皆確乎成其為故國之遺老，與乾嘉之學，精氣敻絕焉」（《中國近三百年學術史·自序》）。說閻若璩、毛奇齡、李紱、全祖望等人「所以與晚明遺老異者，豈不在朝廷哉！豈不在朝廷之刀鋸鼎鑊富貴利達哉！」（同上）該書還具體說到「乾嘉考證之學」與「東林之學」「意趣之不同」（第一章第19-20頁）。

9　如曰「萬物一體之仁顯示出陽明的一種昂揚」；聶豹的某段「十分自負的話語，極端地體現出了這種昂揚精神。這是一種士大夫精神的昂揚」（《中國前近代思想的演變》中譯本第444頁）；說「我們也能看出當時地主商人勢力的軒昂意氣」（同書第456頁）。

眼光，宜於由謝氏寫作此書的 1930 年代解釋。[10]

　　由明到清社會政治氛圍的變化，士大夫所體驗的生機的戕賊斲喪，是經由一系列制度性安排（包括儀節一類細節）進行的（參看錢穆《國史大綱》第八編第四十三章《清代政制》）。此外更有文字獄屢興所蓄意營造的肅殺。清初當道的某些行為，的確適於用作心理分析的絕好材料。即如哭廟、科場、奏銷諸案，背後無不像是有對效果的精心估算，由後世看去，對於已失卻了抵抗力的士夫，似乎既不容其退亦不容其進，多少有點像貓之於鼠，玩弄於股掌之上。倘若那是精心設計的報復，那麼士大夫的噩夢在一個朝代定鼎後綿延到如是之久，在古代中國的歷史上，似乎也並不多見。

　　近代治史者由具體事件歸結因果，有時不免將明清兩代間的關聯，解說得複雜而曖昧。孟森《科場案》一文說：「明一代迷信八股，迷信科舉，至亡國時為極盛，餘毒所蘊，假清代而盡泄之」（《明清史論著集刊正續編》第 322 頁）；接下來分析清初科場一案的對士大夫肆其荼毒，給人的印象，也像是明代的陋習弊政招致的報應。謝國楨以為清初的奏銷案，與「明代紳士的貪橫」、「抗糧不納租稅」不無關係；科場案則與明代社局中人的「通關節」有關（參看《明清之際黨社運動考》第 162 頁）。朱倓亦將奏銷、科場諸案，歸因於「明季士紳」之「陋習」（參看其人《幾社始末》，《明季社黨研究》第 319-321 頁）——似乎明季陋習要由清初當道以上述諸案實施校正。我相信以上說法確有所據，卻同時想到，在這樣的敘述中，清初相當一段歷史中途染的血腥，因了「前明」的種種荒謬，似乎有了某種合理性。

　　事實確也是，明季士風的某些方面，如處士橫議、如黨社蔚興，

---

10　《劍橋中國明代史》的著者發現，「儘管明王朝的治理步履蹣跚而很不得力，但它的文官制度卻是生動活潑，在後世也是無與其匹的」（《導言》，中譯本第 7 頁）。上述印象的獲得，無疑有明代士人的「虎虎有生氣」暗中作為了參考。

是由清初當道以強制手段「糾正」的。[11]為新朝所「糾正」的尚不止於此。明代君主曾一再諭示簡化言論，臣工的奏疏卻越寫越長，駢四儷六，洋洋灑灑，非萬言不止。清初以奏摺取代奏本，到清末又取代題本（參看莊吉發《清代奏摺制度》），言自省，文自簡，[12]是否也可以作為明人習氣由清廷校正之一例？明代士人有對朝廷言論「公開」、「透明」的要求，以「密奏」為反常（參看拙著《明清之際士大夫研究》上編第四章），康熙則「命文武大員於露章題達之外，另準繕摺具奏，直達御前」（《清代奏摺制度》第 4 頁）。[13]由此言之為權，柄確操之於上──正如明代某些士人所呼籲；此種更革以集權（於君主一身）為目的，利在君主對政情民情以及士人言論的控馭，決不意味著士人言論空間的擴大。莊氏同書有「清初擴大採行奏摺制度以後，政治益臻清明，行政效率提高」云云，自然是由「王朝政治」的角度立論的；倘由士風的角度，應另當別論的吧。[14]當著清議同時被

---

11　順治九年由禮部題奏，立條約八款，頒刻學宮，更立臥碑，其第八款云：「諸生不許糾黨多人，立盟結社，把持官府，武斷鄉曲，所作文字不許妄行刊刻，違者聽提官治罪」（無名氏《松下雜鈔》卷二，轉引自朱倓《明季社黨研究》第321頁）。

12　順治二年議定，「凡內外官員題奏本章，不得過三百字，雖刑名錢穀等本，難拘字數，亦不許重複冗長，並將本中大意，摘寫貼黃，不許超過一百字，如有字數溢額，或多開條款，或貼黃與原本參差不同者，即以違式糾參，不得封進」（《欽定大清會典事例》卷一三，轉引自莊吉發《清代奏摺制度》第89-90頁）。但雍正二年又「議准嗣後題奏本章，除式樣抬頭錯誤外，通政使司不得以字數款項多寡違式，擅自駁回」（同書第90頁）。

13　據同書，雍正「放寬臣工專折具奏的特權，除督撫提鎮外，司道以下微員，亦准其用折奏事」（第4頁）。

14　莊氏該書說：「明初獎勵臣民上書言事，凡百官軍民灶匠，皆準上書。但因封章絡繹，漫無限制，交章彈劾，以致廷議誤國。順治二年四月，世祖以撫按承差，向來濫用，多至百餘人，故嚴敕各部院止許用二十人，以備齎奏，除緊要文移外，不得擅動承差，擾累驛遞。是年閏六月，通政使李天經以諸司章奏過繁，疏請嚴賜申飭。世祖降旨凡撫鎮按臣奏報及賀捷章奏，准其封進，謝恩者概免，監司等官一應事宜，悉聽撫按代題，總鎮諸臣除事關軍機及兵馬錢糧外，其餘俱歸督撫具題。易

壓制，明人所爭論的言論之為權在上抑在下的問題，事實上已不存在。清初士人每有大言「轉移風氣」者，上述事實所證明的卻是，轉移明代風氣最有力者，更是清廷、清初當道。

## 在整體論的視野之外

　　近人關於「晚明士風」，有詩意的想像。夏咸淳將那「士風」的「文化內涵、主要精神」歸結為「植根於市民文化土壤的人文主義精神」，具體而言則是「尊生貴人思想的高揚，自我意識的覺醒，對個性自由的憧憬，對人的情慾的肯定，對人世間幸福快樂的追求」，等等（《晚明士風與文學》第6-7頁）。左東嶺以為「晚明士人大都具有滑稽幽默的個性」（《王學與中晚明士人心態》第751頁），所依據的，即其時的小品；被選來作為晚明士人的代表的，則是李贄與陳繼儒等。[15]「晚明士風」通常被歸因於明中葉後的「資本主義萌芽」、市民意識的成長、異端思想的發展（以左派王學，尤其李贄為代表）。何滿子序夏氏的《晚明士風與文學》，以為與歐洲「市民階級崛起，人文主義思潮湧現」的文藝復興大致同時，中國也經歷著「城市商業經濟衝擊著封建秩序，市民意識蠢蠢欲動，反理學禮教禁錮的異端思

---

　　言之，臣工上奏權已開始加以限制」（第25-26頁）。此種制度性措施必不可免地參與了對士人言論、精神意氣的抑制。

15　周作人講述「新文學源流」，沿流上溯，發現了明末公安、竟陵派的「新文學運動」與五四新文學運動的諸多相似之處，以為「兩次的主張和趨勢，幾乎都很相同。更奇怪的是，有許多作品也都很相似」；「今次的文學運動，和明末的一次，其根本方向是相同的。其差異點無非因為中間隔了幾百年的時光，以前公安派的思想是儒家思想、道家思想、加外來的佛教思想三者的混合物，而現在的思想則又於此三者之外，更加多一種新近輸入的科學思想罷了。」甚至認為「現在的用白話的主張也只是從明末諸人的主張內生出來的」（《中國新文學的源流》）。這種判斷未必不影響於近人的晚明想像。

想形成相當的氣候，文人要求思想解放的呼聲相當昂揚的躁動時期」。城市與商業經濟尤被作為異端思想與解放要求的土壤。這種因果關係明確的敘述，已成共識。關於明代、晚明的想像，大致在相近的方向上，抽取的「特徵」又因學科而互有異同。日本學者岡田武彥描述其關於明代的印象，說：「在明代，以情為中心比以理為中心更突出的理情一致主義、興趣比技巧更受重視的感興主義、性情自然比理智規範更受尊重的自然主義、主觀比客觀更受強調的主觀主義、提倡反傳統並高喊從傳統中解放出來的自由主義，都相當盛行，甚至出現了近代革新思想的萌芽」（《王陽明與明末儒學》中譯本第 1 頁）。該書還提到明末的「自然主義」「極端地強調自我」，「已有反封建主義，即近代進步主義的萌芽」（第 8 頁）。也如對於明人、清人的士風論，以上「概論」仍然不便以對錯、有無論。前此嵇文甫曾概括過晚明思想界的如下「明顯趨勢」：「其一，從悟到修，這表現於東林各派的王學修正運動，以及雲棲憨山等尊重戒律，特唱淨土；其二，從思到學，這表現於古學復興，及西學的輸入；其三，從體到用，這表現於張居正徐光啟等的事功思想，及左派諸人的大活動……」（《晚明思想史論》第 170 頁）不難發現的是，上述論者即使著眼處互有不同，卻都致力於對該時代、時期「正面意義」的開掘。似乎難以找到中國歷史上的另一王朝覆滅的時期，被投以如此的熱情。包括上引文字在內的近代以來的有關論述，已不假論證，構成了我們關於明代、晚明想像的組成部分。經了渲染的「晚明士風」，為近代以來知識分子的解放要求提供了想像的資源。專業背景、學科視野之不同，卻無妨於近代論晚明者共用某種激情。嵇氏該書有一篇激情洋溢的文字，說作者所面對的，「是一個動盪時代，是一個斑駁陸離的過渡時代。照耀著這時代的，不是一輪赫然當空的太陽，而是許多道光彩紛披的明霞。你盡可以說它『雜』，卻決不能說它『庸』，盡可以說它『囂

張』，卻決不能說它『死板』；盡可以說它是『亂世之音』，卻決不能說它是『衰世之音』」（第 1 頁）。當然，相信有上述「明顯趨勢」者，未必就以為其時的「思想界」抑「文學界」抑「士流」一致而同趨。嵇氏接下來說，諸種趨勢「矛盾衝突，參互錯綜，形成一個斑駁陸離的局面」（第 170 頁）；卻又說，倘「進一層追求，觀其會通，尚可以看出一個總趨勢，即從超現實主義到現實主義是也」（同上）。不止於「明顯趨勢」，且有「總趨勢」；而「參互錯綜」、「斑駁陸離」等本應付諸具體描述的，卻止於抽象的概括，令人想像無從。

　　王汎森由明代後期至清初士人用以修身的「日記」、「日譜」，論及此一時期士人截然不同的取向，說：「隨著商業的發展與習俗之日趨侈靡，明代後期生活有很大的變化，這時士大夫中至少有兩種分化，有一類人，如屠龍、馮夢禎等文人，是盡情地享受這個時代。但是，另外有一群人拼命想抵抗這個時代。從日譜中可以看出這些人是以近乎戰鬥般你死我活的態度在反省自己」，以下即引黃淳耀《甲申日記》、李塨年譜為例（《日譜與明末清初思想家——以顏李學派為主的討論》）。王汎森以「道德嚴格主義」描述他所謂的另外那一群人，卻又說這群人與主張自然人性論者可能正是同一些人（《明末清初的一種道德嚴格主義》）。「道德嚴格主義」無妨於對情慾持通脫見識，甚至未必即以名士習氣為對立物。王氏所說分化著的兩類人也仍難以劃然分割，不免你中有我，我中有你；或此一時是我，彼一時是你。實則明亡前甚至更長的時期中，始終有「道德嚴格主義」，有同一人物的不同面向，只是某種人物或人物的某一種神情往往落在詩意地談論「晚明士風」者的視野之外罷了。上文提到了「極致」。較之這種纏繞糾結，某種極端形態，無疑更便於為人拈出，指為「文化性格」。「極態」也決非虛構。性靈說，童心說，狂禪，對心靈自由的追尋，對規範的破壞衝動，對道德律令的極端強調，跡近自虐的道德修

煉，由理學發展了的儒家理性主義與宗教性狂熱——尋求皈依，供奉宗主（準教主），傳道、布道、殉道的熱忱⋯⋯問題更在具體地把握上述種種間的「參互錯綜」。即以「分化」論，值得做的，也更在尋訪已知類型之外的類型，以至無以名狀者，探查不可窮盡的中介形態。所謂「士風」，本宜於在差異中描述。

上文引于慎行《谷山筆塵》的說「風」，於氏接下來說的卻是，「若夫義理之勇，千萬人倡之而不加，千萬人阻之而不止，當寂則為處女，當銳則為脫兔，豈係風氣哉？」或許不繫於「風氣」的種種更值得關注？事實無疑是，無論「世風」還是「士風」，每一種判斷都不能無破綻，縫隙之大甚至有可能漏掉吞舟之魚。這也正是胡適所說「概論」的一種代價。

至於明代士大夫「與古絕不相似」的是何種面目，沈垚固然語焉不詳，其它的有關論說也像是不具有足夠的說服力，倒也證明了「士風論」尚有相當大的餘地。縱然有如許的缺憾與限制，「士風論」仍不失為進入某一時代、時期的路徑，儘管其多歧，甚至有可能引向迷途。我刻意繞開了「士風」這一名目，具體論說中卻未必不包含了有關的判斷。這裏討論與「士風論」有關的方法論難題，或許並非無謂。

# 徵引書目

《船山全書》第1冊，嶽麓書社，1988年。

《船山全書》第2冊，嶽麓書社，1988年。

《船山全書》第3冊，嶽麓書社，1992年。

《船山全書》第6冊，嶽麓書社，1991年。

《船山全書》第8冊，嶽麓書社，1990年。

《船山全書》第10冊，嶽麓書社，1988年。

《船山全書》第11冊，嶽麓書社，1992年。

《船山全書》第12冊，嶽麓書社，1992年。

《船山全書》第15冊，嶽麓書社，1995年。

《黃宗羲全集》第1冊，浙江古籍出版社，1985年。

《黃宗羲全集》第2冊，浙江古籍出版社，1986年。

《黃宗羲全集》第10、11冊，浙江古籍出版社，1993年。

顧炎武《日知錄集釋》，中州古籍出版社，1990年。

《顧亭林詩文集》，中華書局，1983年。

《劉子全書》，董瑒編，道光甲申刻本。

戴璉璋、吳光主編，鍾彩鈞編審《劉宗周全集》，臺灣「中央研究
院」中國文哲研究所籌備處，1996年。

黃道周《黃漳浦集》，道光戊子刻本。

《榕壇問業》，《影印文淵閣四庫全書》子部儒家類，臺灣商務
印書館，1986年。

《楊園先生全集》，道光庚子刊本。

《陳確集》，中華書局，1979年。

孫奇逢《夏峰先生集》，畿輔叢書。

　　　《日譜》，光緒甲午序刊本。

陸世儀《思辨錄輯要》，正誼堂全書。

　　　《桴亭先生遺書》，光緒乙亥刻本。

　　　《論學酬答》，小石山房叢書。

　　　《桑梓五防》，棣香齋叢書。

　　　《復社紀略》，《續修四庫全書》史部雜史類，上海古籍出版
　　　　社，2003年。

　　　《顏元集》，中華書局，1987年。

李　塨《擬太平策》、《平書訂》，顏李遺書。

　　　《恕谷後集》，畿輔叢書。

呂留良《呂晚村先生文集》，同治八年序刊本。

　　　《呂晚村先生四書講義》，《續修四庫全書》經部四書類。

陸隴其《陸子全書》，康熙四十八年刊本。

　　　《明儒學案》，中華書局，1985年。

周敦頤《周子通書》，上海古籍出版社，2000年。

　　　《二程集》，中華書局，1981年。

　　　《陸象山全集》，中國書店，1992年。

　　　《陳亮集（增訂本）》，中華書局，1987年。

王柏《魯齋王文憲公文集》，續金華叢書。

方孝孺《遜志齋集》，四部叢刊初編集部。

　　　《宋濂全集》，浙江古籍出版社，1999年。

　　　《王陽明全集》，上海古籍出版社，1992年。

王艮《王心齋先生遺集》，宣統庚戌東臺袁氏刻本。

　　　《何心隱集》，中華書局，1960年。

羅洪先《念庵文集》,《影印文淵閣四庫全書》集部別集類。

呂　坤《呻吟語》,《呂新吾先生遺集》,呂慎高重刊。

馮從吾《馮少墟集》,中國西北文獻叢書・西北文學文獻,蘭州古籍
　　　　書店,1990年。

蘇伯衡《蘇平仲文集》,四部叢刊初編集部。

唐順之《唐荊川文集》,江南書局據明嘉靖本重刊。
　　　　《茅坤集》,浙江古籍出版社,1993年。
　　　　《徐渭集》,中華書局,1983年。

歸有光《震川先生集》,上海古籍出版社,1981年。
　　　　《袁宏道集箋校》,上海古籍出版社,1981年。
　　　　《湯顯祖全集》,北京古籍出版社,1999年。

錢謙益《牧齋初學集》,上海古籍出版社,1985年。
　　　　《牧齋有學集》,上海古籍出版社,1996年。
　　　　《列朝詩集小傳》,上海古籍出版社,1983年。
　　　　《吳梅村全集》,上海古籍出版社,1990年。
　　　　《海瑞集》,中華書局,1962年。

張居正《張太岳集》,上海古籍出版社,1984年。

戚繼光《止止堂集》,光緒十四年山東書局重刊本。
　　　　《徐光啟集》,上海古籍出版社,1984年。

孫承宗《高陽詩文集》,崇禎元年序刊本。
　　　　《車營百八叩》,畿輔叢書。

孫傳庭《白谷集》,乾坤正氣集。

盧象昇《盧忠肅公集》,施惠重刊,李庚校,光緒三十四年重修板刊
　　　　本。

鹿善繼《認真草》,畿輔叢書。
　　　　《史可法集》,上海古籍出版社,1984年。

金　鉉《金忠潔公集》，乾坤正氣集。

金　聲《金忠節公文集》，道光丁亥嘉魚官署刊本。

范景文《范文忠公文集》，畿輔叢書。

吳麟徵《吳忠節公遺集》，乾坤正氣集。

黃淳耀《陶庵文集》，乾坤正氣集。

　　　《陶庵全集》，乾隆辛巳刻本。

黃端伯《瑤光閣集》，乾坤正氣集。

劉理順《劉文烈公集》，乾坤正氣集。

黎遂球《蓮須閣集》，乾坤正氣集。

江天一《江止菴遺集》，乾坤正氣集。

張煌言《張蒼水集》，中華書局，1959年。

陳子龍《陳忠裕全集》，嘉慶八年刊本。

　　　《陳子龍詩集》，上海古籍出版社，1983年。

劉　城《嶧桐集》，《貴池二妙集》，貴池先哲遺書，1920年刊本。

傅　山《霜紅龕集》，山西人民出版社，1985年。

徐　枋《居易堂集》，1919年上虞羅氏刊本。

方以智《通雅》，康熙丙午立教館校鐫。

　　　《浮山文集前編》、《浮山文集後編》，《四庫禁燬書叢刊》集
　　　　部，北京出版社，2000年。

錢澄之《藏山閣文存》，龍潭室叢書。

張自烈《芑山文集》，豫章叢書。

張爾岐《蒿庵集、蒿庵集捃逸、蒿庵閒話》，齊魯書社，1991年。

熊開元《魚山剩稿》，上海古籍出版社，1986年。

李　清《三垣筆記》，中華書局，1982年。

　　　《南渡錄》，浙江古籍出版社，1988年。

王弘撰《山志》，中華書局，1999年。

　　　　　《砥齋題跋》、小石山房叢書。

吳應箕《樓山堂集》,《貴池二妙集》,貴池先哲遺書,1920年刊本。

屈大均《翁山文鈔》,商務印書館,1946年。

　　　　　《翁山文外》、《翁山詩外》,宣統庚戌上海國學扶輪社刊本。

　　　　　《歸莊集》,上海古籍出版社,1984年。

惲日初《遜庵先生稿》,清末惲氏家刻本。

陳洪綬《寶綸堂集》,康熙乙酉序刊本。

王猷定《四照堂集》,豫章叢書。

萬斯同《石園文集》,四明叢書。

朱鶴齡《愚庵小集》,上海古籍出版社,1979年。

杜　濬《變雅堂遺集》,光緒二十年黃岡沈氏刊本。

魏　禧《魏叔子文集》,《寧都三魏文集》,道光二十五年刊本。

魏際瑞《魏伯子文集》,同上。

魏　禮《魏季子文集》,同上。

魏　禧《兵跡》,民國胡思敬輯豫章叢書,民國南昌豫章叢書編刻局
　　　　　刊本。

彭士望《樹廬文鈔》,道光甲申刊本。

　　　　　《邱邦士先生文集》,康熙五十八年刻本,易堂藏板。

李騰蛟《半廬文稿》,豫章叢書。

宋　惕《髻山文鈔》,豫章叢書。

　　　　　《易堂九子文鈔》,道光丙申刊本。

梁　份《懷葛堂集》,民國胡思敬校刊本。

潘檉章《國史考異》,包遵彭主編《明史考證抉微》,臺灣學生書局,
　　　　　1968年。

張　岱《四書遇》,浙江古籍出版社,1985年。

施閏章《施愚山集》,黃山書社,1992年。

李因篤《受祺堂文集、續刻受祺堂文集》，道光十年刊本。

閻若璩《潛邱札記》，光緒戊子同文書局刊本。

王　源《居業堂文集》，道光辛卯刊本。

邵廷采《思復堂文集》，浙江古籍出版社，1987年。

陳維崧《湖海樓全集》，乾隆乙卯浩然堂刊本。

朱彝尊《曝書亭集》，國學整理社，1937年。

　　　《靜志居詩話》，人民文學出版社，1990年。

唐　甄《潛書》，中華書局，1963年。

全祖望《鮚埼亭集》，四部叢刊初編集部。

趙　翼《陔餘叢考》，商務印書館，1957年。

錢大昕《潛研堂全書》，光緒十年長沙龍氏家塾重刊。

章學誠《文史通義校注》，中華書局，1983年。

　　　《章學誠遺書》，文物出版社，1985年。

江藩《國朝漢學師承記‧國朝宋學淵源記》，中華書局，1983年。

　　　《龔自珍全集》，上海人民出版社，1975年。

　　　《魏源集》，中華書局，1976年。

沈　垚《落帆樓文集》，吳興叢書。

康有為《長興學記》，中華書局，1988年。

吳自牧《夢粱錄》，知不足齋叢書。

王世貞《弇山堂別集》，中華書局，1985年。

于慎行《谷山筆塵》，中華書局，1984年。

沈德符《萬曆野獲編》，中華書局，1997年。

丁元薦《西山日記》，康熙己巳先醒齋刊本。

宋應星《天工開物》，吉林人民出版社，1999年。

談　遷《北遊錄》，中華書局，1981年。

劉獻廷《廣陽雜記》，中華書局，1957年。

王應奎《柳南隨筆、續筆》，中華書局，1997年。

夏仁虎《舊京瑣記》，北京古籍出版社，1986年。

查繼佐《罪惟錄》，浙江古籍出版社，1986年。

徐　鼒《小腆紀傳》，中華書局，1958年。

計六奇《明季南略》，《明季北略》，中華書局，1984年。

劉汋撰劉宗週年譜，《劉子全書》卷四〇。

姚名達《劉宗週年譜》，商務印書館，1934年。

莊起儔撰《漳浦黃先生年譜》，《黃漳浦集》。

洪思等撰，侯真平、婁曾泉校點《黃道週年譜》，福建人民出版社，
　　　　1999年。

黃炳垕撰、王政堯點校《黃梨洲先生年譜》，《黃宗羲年譜》，中華書
　　　　局，1993年。

蘇惇元纂訂重編《張楊園先生年譜》，《楊園先生全集》，中華書局，
　　　　2002年。

湯斌等編《孫夏峰先生年譜》，畿輔叢書。

馮辰、劉調贊撰，陳祖武點校《李恕谷先生年譜》，《李塨年譜》，中
　　　　華書局，1988年。

梁啟超《中國近三百年學術史》，復旦大學出版社，1985年。

　　　《魯迅全集》，人民文學出版社，1981年。

周作人《中國新文學的源流》，嶽麓書社，1989年。

陳　垣《明季滇黔佛教考》，中華書局，1962年。

孟　森《明清史論著集刊》，中華書局，1959年。

　　　《明清史論著集刊續編》，中華書局，1986年。

　　　《明清史論著集刊正續編》，河北教育出版社，2000年。

　　　《明清史講義》，中華書局，1981年。

容肇祖《明代思想史》，齊魯書社，1992年。

侯外廬等著《中國思想通史》第四卷，人民出版社，1960年。

顧頡剛《史林雜識（初編)》，中華書局，1963年。

陳寅恪《隋唐制度淵源略論稿》，中華書局，1977年。

　　　《柳如是別傳》，上海古籍出版社，1980年。

謝國楨《明清之際黨社運動考》，中華書局，1982年。

吳　晗《讀史札記》，三聯書店，1979年。

嵇文甫《晚明思想史論》，東方出版社，1996年。

　　　《趙儷生史學論著自選集》，山東大學出版社，1999年。

李　洵《下學集》，中國社會科學出版社，1995年。

　　　《明史食貨志校注》，中華書局，1982年。

鄭天挺《明清史資料》，天津人民出版社，1981年。

羅爾綱《師門五年記》，三聯書店，1995年。

錢　穆《中國近三百年學術史》，中華書局，1986年。

　　　《中國歷代政治得失》，三聯書店，2001年。

　　　《國史大綱》（修訂本），商務印書館，1996年。

〔美〕牟復禮、〔英〕崔瑞德編《劍橋中國明代史》中譯本，中國社
　　　會科學出版社，1992年。

〔美〕孔飛力《叫魂——1768年中國妖術大恐慌》中譯本，上海三聯
　　　書店，1999年。

《中華帝國晚期的叛亂及其敵人——1796-1864年的軍事化與社會結
　　　構》中譯本，中國社會科學出版社，1990年。

黃仁宇《十六世紀明代中國之財政與稅收》中譯本，三聯書店，2001
　　　年。

唐德剛《晚清七十年》，嶽麓書社，1999年。

《宮崎市定論文選集》（上卷），商務印書館，1963年。

〔日〕溝口雄三《中國前近代思想的演變》中譯本，中華書局，1997
　　　年。

〔日〕岡田武彥《王陽明與明末儒學》中譯本，上海古籍出版社，
　　　2000年。

《日本學者研究中國史論著選譯》，中華書局，1993年。

黃進興《憂入聖域——權力、信仰與正當性》，陝西師範大學出版
　　　社，1998年。

王汎森《日譜與明末清初思想家——以顏李學派為主的討論》，臺灣
　　　「中央研究院」《歷史語言研究所集刊》第19本第2分，1998
　　　年；《明末清初的一種道德嚴格主義》，臺灣「中央研究院」
　　　歷史語言研究所編《近世中國之傳統與蛻變——劉廣京院士
　　　七十五歲祝壽論文集》上冊；《明末清初思想中之「宗
　　　旨」》，臺灣《大陸雜誌》第九四卷第四期，1997年。

陳　來《明嘉靖時期王學知識人的會講活動》，《中國學術》第四輯，
　　　商務印書館，2000年。

閻步克《士大夫政治演生史稿》，北京大學出版社，1996年。

陳守實《中國古代土地關係史稿》，上海人民出版社，1984年。
　　　《明史抉微》，原載《國學論叢》一卷四號，收入包遵彭主編
　　　《明史考證抉微》，臺灣學生書局，1968年。

傅衣淩《明清農村社會經濟》，三聯書店，1961年。

朱　倓《明季社黨研究》，商務印書館，1945年。

尚小明《學人遊幕與清代學術》，社會科學文獻出版社，1999年。

吳　震《明代知識界講學活動繫年》，學林出版社，2003年。

王學泰《遊民文化與中國社會》，學苑出版社，1999年。

吳　霓《中國古代私學發展諸問題研究》，中國社會科學出版社，
　　　1996年。

鄧志峰《王學與晚明的師道復興運動》，社會科學文獻出版社，2004
　　　年。

左東嶺《王學與中晚明士人心態》，人民文學出版社，2000年。

夏咸淳《晚明士風與文學》，中國社會科學出版社，1994年。

馬積高《宋明理學與文學》，湖南師範大學出版社，1989年。

章培恒、駱玉明主編《中國文學史》，復旦大學出版社，1996年。

蔡景康編選《明代文論選》，人民文學出版社，1993年。

王運熙等主編、王鎮遠等編選《清代文論選》，人民文學出版社，
　　　1999年。

關文發、顏廣文《明代政治制度研究》，中國社會科學出版社，1995
　　　年。

陳谷嘉、鄧洪波主編《中國書院制度研究》，浙江教育出版社，1997
　　　年。

毛禮銳、沈灌群主編《中國教育通史》第三卷，山東教育出版社，
　　　1987年。

周德昌主編《中國教育史研究·明清分卷》，華東師範大學出版社，
　　　1995年。

王毓銓《明代的軍屯》，中華書局，1965年。

毛佩奇、王莉《中國明代軍事史》，人民出版社，1994年。

李浴日選輯《中國兵學大系》，臺灣世界兵學社，1957年。

張夢新《茅坤研究》，中華書局，2001年。

徐新照《明末兩部「西洋火器」文獻考辨》，《學術界》2000年第2
　　　期，安徽合肥《學術界》雜誌社。

莊吉發《清代奏摺制度》，臺北「故宮博物院」，1979年。

　　　《明實錄》，臺灣「中央研究院」歷史語言研究所校印。

　　　《明會要》，中華書局，1998年。

《四庫全書總目》，中華書局，1983年。

馬端臨《文獻通考》，商務印書館，1936年。

《續文獻通考》，商務印書館，1936年。

《明經世文編》，中華書局，1962年。

清經世文編》，中華書局，1992年。

賀長齡輯《皇朝經世文編》，臺灣文海出版社，1972年，沈雲龍主編
《近代中國史料叢刊》。

黃　佐《南雍志》，臺北偉文圖書出版有限公司，1976年。

《清史稿》，中華書局，1977年。

《清代碑傳全集》，上海古籍出版社，1987年。

# 後記

由出版於 1999 年的《明清之際士大夫研究》及出版於 2006 年的該書《續編》選出六篇，於是有了這樣的一本小書。

我的「明清之際士大夫研究」，如友人子平所說，考察的是那一時段士大夫的「思想與言說」。無論「思想」還是「言說」，都在風氣中，也映照著風氣，這是不待說明的。有必要向讀者解釋的，是何以選取了收入本書的諸篇。

在作此項考察的過程中，《說「戾氣」》是發表較早且引起較多關注的一篇，最初發表在 1994 年的《中國文化》上。還記得在那次「長江讀書獎」風波中，曾有臺灣學者引「戾氣」說，批評大陸言論界的論述態度。近一時期，「戾氣」越來越多地被用於「社會文化批評」，有人認為與拙文有關，不知確否。另一篇選自《明清之際士大夫研究》的，是《作為話題的「建文事件」》，著眼在該篇的方法論的意義。我的「明清之際士大夫研究」的相當部分，是「話題研究」，旨趣不在考訂史實，而在分析包含在、隱匿在「言論」中的思想、心態等等，當然「歷史」也在其間。

上述兩篇外的其它諸篇，均取自《制度‧言論‧心態──《明清之際士大夫研究》續編》。近期接受一家報紙的訪談時，我說，寫《明清之際士大夫研究》，有初次踏入陌生領域、與對象不期而遇的興奮；正因對研究對象知之不多，較少顧忌，故而能寫得酣暢淋漓。《續編》諸篇更規範，論述更周延，卻少了那一種元氣。卻又說，《續編》另有價值。還說，學術作品不妨力求可讀，但可讀性畢竟不

是評價學術的標準。此次看本書的校樣，對《續編》更有自信。應當
說，完成「正編」後如何接著做，的確稱得上「考驗」。這種考驗在
於是否能「再出發」，能否在「常規的」學術活動中保持活力。收入
《續編》諸篇，多少近於「命題作文」，其中的一些論題，難度顯而
易見。寫作過程中偶有靈光一閃，更多的時候，是艱難掘進，甚至有
過中途放棄的念頭。最終的結果證明，堅持是值得的。我始終將學術
工作作為自我訓練的過程，挑戰極限，力圖不斷地發現自己的可能
性。而完成了《續編》，我的這項研究也就較少遺憾，近於完整。

　　此次重讀，以為《續編》諸篇可取的，是那種使「題無剩義」的
努力——選入本書的幾篇無不如此。其它如《君主》，如《井田、封
建》，如《易堂三題》，無不如此。本書附錄的「士風說」，也涉及
「方法論」。邊做研究，邊考察、省思自己的研究，也是長期以來形
成的習慣。

　　本來，《明清之際士大夫研究》的正續編都更是論文集，按章節
編排，不過適應出版界的口味。一個時期以來，學術界與出版界重視
所謂的「專著」而輕視「論文集」，何嘗不是誤區！一個學術工作
者，有價值的學術成果本來有限，而「專著」的樣式，不過方便了注
水而已。感謝北京師範大學出版社，使我在「學術生涯」的晚期，有
機會以論文集的形式，對自己的學術作品作一次回顧、檢視。希望著
讀者能由此書獲益。

趙　園

2013年11月

當代名家叢書・趙園選集　A0502009

# 明清之際士大夫研究：士風與士論

作　　者　趙　園
責任編輯　蔡雅如

發 行 人　林慶彰
總 經 理　梁錦興
總 編 輯　張晏瑞
編 輯 所　萬卷樓圖書股份有限公司
臺北市羅斯福路二段 41 號 6 樓之 3
電話 (02)23216565
傳真 (02)23218698

出　　版　昌明文化有限公司
桃園市龜山區中原街 32 號
電話 (02)23216565
發　　行　萬卷樓圖書股份有限公司
臺北市羅斯福路二段 41 號 6 樓之 3
電話 (02)23216565
傳真 (02)23218698
電郵 SERVICE@WANJUAN.COM.TW

ISBN 978-986-496-028-6
2017 年 7 月初版
定價：新臺幣 380 元

如何購買本書：
1. 轉帳購書，請透過以下帳戶
　合作金庫銀行　古亭分行
　戶名：萬卷樓圖書股份有限公司
　帳號：0877717092596
2. 網路購書，請透過萬卷樓網站
　網址 WWW.WANJUAN.COM.TW
大量購書，請直接聯繫我們，將有專人為您
服務。客服：(02)23216565 分機 610

如有缺頁、破損或裝訂錯誤，請寄回更換
版權所有・翻印必究
Copyright©2017 by WanJuanLou Books CO., Ltd.
All Rights Reserved　　　　Printed in Taiwan

國家圖書館出版品預行編目資料

明清之際士大夫研究：士風與士論 / 趙園
著.-- 初版.-- 桃園市：昌明文化出版；臺北
市：萬卷樓發行, 2017.07　面；　公分.--
(當代名家叢書. 趙園選集 ；A0502009)
ISBN 978-986-496-028-6(平裝)
1.知識分子 2.明代 3.清代

546.1135　　　　　　　　　　106011512

本著作物經廈門墨客知識產權代理有限公司代理，由北京師範大學出版社（集團）有
限公司授權萬卷樓圖書股份有限公司出版、發行中文繁體字版版權。